착한 기업의 불편한 진실

착한 기업의 불편한 진실

김민조 지음

21세기북스

:: 프롤로그 ::

불편한 현실부터 직시하라

"기업의 사회적 책임 및 지속 가능한 경영은 다 헛소리다. 우리는 기업의 눈속임에 속고 있다. 이것이 지난 40여 년간 연구한 끝에 내린 결론이다."

2011년 어느 날, 냉소적인 영국인 교수의 이 한마디에 모든 학생이 술렁대기 시작했다. '기업의 사회적 책임'과 관련한 수업, 그것도 첫 시간이었다.

황당했다. 아니 충격이었다. 이게 무슨 소리야? 분명 이 세상은 기업의 사회적 책임, 지속 가능한 경영, 저탄소 녹색성장, 사회적 기업으로 넘쳐 나고 있는데. 착한 기업이 이제는 시대적 대세라는 분위기인데. 기업들이 얼마나 많은 노력과 투자를 아끼지 않고 있는데.

당시 느낀 당혹감과 불편함을 어떻게 설명할까? 그 자리에 모인 세계 각국 학생들의 표정도 가관이었다. 영국, 프랑스, 스위스, 중국, 가나, 미국, 남아프리카공화국……. 국적을 초월해서 서로 말없이 눈을 마주치며 '웬일이니' 하는 표정을 지어 보이는 학생들이 있는가 하면, 황당해서 웃는 사람, 살짝 눈썹을 찌푸리는 학생까지. '아무래도 교수 잘못 만난 것 같다'라고 속닥이는 소리도 들렸다. 한 가지는 분명했다. 희망과 긍정으로 똘똘 뭉친, 그래서 보다 건전한 기업의 성장, 건강한 경제를 만드는 방법을 고민하고 배우고자 모였던 학생들의 의욕과 희망에 찬물부터 끼얹었다는 사실.

그러나 이때 나는 또 하나의 기회를 만났던 것 같다. 긍정과 희망으로만 현실을 보려는 무의식에 경고음을 날린 좋은 기회였다. 그 까칠한 외국인 교수가 내게 던진 것은 하나의 '화두話頭'였다.

기업의 사회적 책임, 그리고 지속 가능 경영의 빛과 그림자

그동안 그린피스와 같은 NGO는 물론 각국 정부, 유엔UN까지 합세해서 기업의 사회적 책임, 지속 가능 경영의 필요성을 소리 높여 외쳐 왔다. 저탄소 녹색성장의 열풍에 힘입은 정책 입안, 기업의 사회적 책임을 추구하는 유엔의 글로벌 콤팩트 운동 등 새로운 시대적 요구에 기업들은 지금 어떻게 대응하고 있는가? 기업들은 '지속 가능 경영', '사회 공헌' 등의 보고서를 발간하고 적극적으로 PR에 나서며 착한 기업의 이미지를 추구하고 있다. 큰돈을 들여 장애인을 후원하고, 형편이 어려운 학생에게 장학금을 제공하며 복지단체들과 손을 잡고 제3세계의 어린이들 또는 난치병 아이들을 후원한다. 또한 환경보호를 위한 각종 활동과 함께 비즈니스로 인한 쓰레기, 에너지 사용 등을 줄임으로써 환경 파괴를 줄이는 데에도 적극적으로 나선다. 이런 모습은 때로는 감동을 넘어 감사의 마음까지 우러나게 만든다.

하지만 이러한 유행 속에는 진정으로 착한 기업의 방식으로 비즈니스를 성장시키려는 기업들이 있는가 하면 착한 기업의 이미지로 부정부패의 얼룩을 세탁하거나 반기업 정서를 완화하려는 '착한 척'하는 기업들도 독버섯처럼 숨어 있다. 단지 '착한 척'하는 기업들이 내놓는 그럴듯한 보고서, 속아 넘어가는 대중들, 시대의 유행이 어우러져 지금 꼭 필요한 개혁과 개선을 지연시키고 있는 것은 아닌가? 착한 기업이라는 유행에 편승한 약삭빠른 기업들의 이미지 마케팅이 부패를 가리는 눈속임으로 전락하지 않기 위해서는 사회 구성원 모두가 냉정하게 현실을 바라볼 줄 아는 지혜가 필요하다.

불편한 현실, 똑바로 보지 않는 죄

"도대체 왜 이러는 걸까요? 불편한 진실은 여기에서 그치지 않습니다."

최근 인기를 끈 한 코미디 프로그램에서는 우리가 당연하게 생각하고 무심코 지나치는, 하지만 냉정하게 뜯어보면 우습기 짝이 없는 현실의 모습을 꼬집는다.

사실 이 코미디는 〈불편한 진실An Inconvenient Truth〉이라는 미국 다큐멘터리의 제목을 패러디한 것이다. 이 다큐멘터리는 지구 온난화로 인한 환경 파괴의 현실을 적나라하게, 또 심각한 어조로 파헤친다. 2006년 제작되어 이듬해 아카데미 다큐멘터리 상을 비롯해 각종 비평가 상을 휩쓸며 전 세계적인 반향을 일으켰다. 이 다큐멘터리는 엘 고어 미국 전 부통령이 1000여 번이 넘는 강의에서 보여 준 슬라이드를 바탕으로 만들어졌다. 엘 고어는 지구 온난화에 대한 강연과 책을 통해 전 세계적인 주목을 받았으며 노벨 평화상까지 수상했다.

현실 이면의 진실을 다루는 블랙코미디, 다큐멘터리, 강연이 대중의 공감을 사는 것은 왜일까? 아마도 바쁘게 돌아가는 세상에서 우리 스스로가 너무나 많은 것들을 당연하게, 무심하게 받아들이고 있기 때문은 아닐까? 많은 이들이 눈에 보이는 것들만, 보고 싶은 것들만, 또는 누군가가 보여 주고자 포장한 현실만 보고 산다. 그래서 이렇게 현실 속에 숨겨진, 지나치기 쉬운 진실을 대할 때면 허를 찔린 듯한 민망함, 묘한 쾌감(?) 또는 불쾌함, 웃음 또는 분노, 놀라움 또는 신기함 등의 다양하고 복합적인 기분을 느끼게 된다.

'착한 기업' 신드롬에 익숙해진 나 역시도 그랬다. 첫 수업에서 화두로 떠오른 '착한 기업의 불편한 진실'과 수업, 논문 준비 과정에서 토론하고 자료를 조사하며 접했던 논쟁과 사례들은 어쩌면 둔감해진, 또는 무심해진 감각과 인식을 깨우는 신선한 경험이었다.

이처럼 새로운 눈과 입장에서 현실을 되짚어 보는 것은 중요하다. 이 순간 우리가 깊이 보지 못하는 현실이 잠재적으로 큰 위험을 안고 있다면 말이다. 하물며 우리의 밥줄인 일터는 물론 우리가 먹고, 입고, 보고, 듣고, 누리는 일상생활의 모든 분야에 구석구석 영향을 미치고 있는 기업이 위험 요소를 안고 있다면 말이 필요 없지 않을까? 막강한 힘과 권력을 쥐고 있는 기업이 한 번 사고를 치면 그 파급력이 얼마나 큰지 우리는 알고 있다. 기름 유출로 멕시코 만을 쑥대밭으로 만들고 어쩌면 추후 30년까지도 지속될 수 있는 엄청난 환경 파괴를 일으킨 BP의 사태를 보라. 미국 최대 에너지 기업 중 하나이자 재계 서열 7위였던 엔론이 분식 회계가 드러나 파산하면서 2만여 명의 실업자를 발생시킨 사건은 또 어떤가? 이들은 모두 파괴적인 결과를 낳았지만, 그러한 사태가 벌어지기 직전까지 그들이 '우리는 좋은 기업'임을 내세워 세계적인 명성과 신뢰를 얻어 온 기업이었다는 사실은 아이러니다. 그리고 그러한 명성과 신뢰가 안으로 썩고 있는 기업의 환부를 도려내지 못하게끔 숨기고 포장하고 있었다.

현실을 뚜렷하게 인식할 수 있다면 기업이 이 세상에 끼칠 위험을 예방하고, 고치거나 변화시킬 수 있다. 이를 보지 못하고 무심하게 지나치는 것이 가장 큰 위험일 수 있다. 이 현실을 함께 살아가야 하는 나와 내 주변의 사람들을 위험에 빠뜨릴 수 있으며, 심지어는 이 시대를 넘어 내 아이, 후손까지 위험하게 하는 심각한 문제를 일으킬 수도 있다.

이 책은 긍정으로만 채색된 착한 기업 신드롬 속에서 우리가 놓치고 있는 사실들을 되짚어 본다. 그럼으로써 진정으로 착한 기업이 세상과 어떻게 관계를 맺고 어떠한 미래 비즈니스 전략으로 이 세상과 함께 성장해야 하는가에 대해 논의해 보고자 한다.

첫 장에서는 이익을 위해 탄생한 기업의 역사적·경제적인 배경을 다룬다. 그리고 인간에 의해, 인간(주주)을 위해 만들어진 기업이 '사이코패스psychopath'의 성향을 갖게 됨으로써 오히려 인간을 공격하게 된 현상을 다룬다. 이익만 추구함으로써 사람을 다치게 하는 '프랑켄슈타인의 괴물'이 탄생한 것이다. 이어서 2장에서는 사이코패스 기업 경제의 부작용에 대한 반발에 대응하고자 등장한 착한 기업 신드롬을 다룬다. 이를 둘러싼 오랜 논쟁들을 조명하고, 아시아 기업 그리고 한국 기업의 특수 상황과 문화에서 어떻게 착한 기업이 탄생할 수 있을지 논의해 본다. 3장에서는 기업들이 어떻게 착한 이미지를 이용해 우리를 눈뜬장님으로 만드는지, 우리가 보편적으로 지닌 착각을 분석해 봄으로써 알아본다. 그리고 마지막으로 4장에서는 전략적이고 보다 실용적인 관점에서 이러한 착한 기업의 속성을 어떻게 활용할 것인지, 어떻게 비즈니스 전략과 선의를 결합해 새로운 자본주의 경제, 원원 경제성장 모델을 만들 수 있을지 다룬다.

이 책은 기업의 사회 공헌 담당자를 비롯해 경영자들, 그리고 사회적 기업가들, 기업 정책과 관련한 정부 부처 관계자, 기업의 미래 전략 담당자 뿐만 아니라 '착한 기업 만들기'에 관심이 있는 모든 독자들에게 보다 균형 잡힌 시각을 갖게 하고자 썼다. 착한 기업 신드롬을 냉정하게 바라보되, 진정성 있는 착한 기업을 응원하고 더 깊이 있게, 전략적으로 발전시켜야 한다는 것이 이 책의 의도다.

비판적으로 현실을 해부해 보지 않는 것은 나와 당신의, 우리 모두의 직무 유기다. 낯설게 보자. 눈을 좀 똑바로 뜨고 살자. 날아오는 야구공을 무심히 보다가 맞아서 다치기보다는, 끝까지 똑바로 보고 홈런을 치자는 소리다.

[차례]

프롤로그 불편한 현실부터 직시하라 · 4

제1장
기업은 왜 사이코패스가 되었나

유럽에 간 이방인, 나쁜 기업을 만나다 · 15
이기적인 사람들이 만드는 완벽한 시장 · 19
세상을 주무르는 거대한 사이코패스의 탄생 · 24
기업은 이익에 미쳤고, 경제는 산으로 가버렸다 · 41
우리는 왜 잘못된 것을 보고만 있는가 · 45

제2장
사이코패스 기업의 위기

기업들의 거짓말이 들통 나고 있다 · 57
기업에 착한 사람의 이미지를 입혀라 · 60
주주의 이익이 우선인가? 사회적 책임이 우선인가? · 64
착한 기업의 가능성을 보여 준 아시아의 기업들 · 71
재벌들을 압박하는 한국인의 공동체 의식과 공정성 욕구 · 84

제3장
착한 기업 신드롬, 그 불편한 진실

너도 나도 뛰어드는 착한 기업 열풍 · 105
착한 척하는 기업들의 속내 · 108
우리의 눈을 가린 다섯 가지 허구 · 117
'착한 기업' 업무는 왜 홍보팀 몫일까 · 163

제4장
이기적인 기업에 이타적인 마음을 심어라

프랑켄슈타인의 괴물과 바이센테니얼 맨 · 173
우리가 찾는 것은 정답이 아닌 모범 답안 · 176
지금 기업에 필요한 것: 새로운 환경, 새로운 성공 전략 · 194
지금 우리에게 필요한 것: 냉정한 눈, 창조적 액션 · 235
'일곱 빛깔 무지개' 관념에서 벗어나기 · 274

에필로그 변화의 열쇠는 우리가 쥐고 있다 · 279
감사의 글 · 283
주석 · 288

제1장

기업은 왜 사이코패스가 되었나

1999년 12월 25일 새벽, 앤더슨 가족은 크리스마스이브 미사에 참석하고 집으로 돌아오는 중이었다. 신호등이 빨간색으로 바뀌어 차를 세웠다. 그때였다. 뒤따르던 차가 '쿵' 하고 범퍼를 들이받았다. 순식간에 앤더슨 가족의 차는 불길에 휩싸였다. 범퍼에 충격이 가자 연료탱크가 폭발한 것이다. 앤더슨 가족이 타고 있던 1979년형 쉐보레 말리부 차량의 설계 결함 때문이었다. 이 차는 후면 범퍼에서 불과 28cm 떨어진 곳에 연료탱크가 설치되어 있었다. 이 사고로 온 가족이 피부가 녹아내리는 끔찍한 화상을 입었다.

앤더슨 가족은 GM에 소송을 걸었다. 재판 과정에서 GM이 연료탱크로 인한 화재 위험을 처음부터 알고 있었다는 사실이 밝혀졌다. 1973년 설계 당시 경영진은 '연료탱크 화재 사고 사망자 가치 분석' 보고서를 받았다. 보고서상의 계산으로 GM이 치를 비용은 다음과 같았다.

　-설계 결함을 그대로 두고 사상자들에게 피해 보상금을 줄 때: 차 한 대당 2달러 40센트
　-화재 방지를 위해 설계를 변경할 때: 차 한 대당 8달러 59센트

그래서 당시 GM의 경영진들은 비용 효율성을 따져 설계 변경을 하지 않기로 했다. 20년 후 벌어진 앤더슨과 GM의 소송에서 배심원단은 "사람의 목숨보다 비용을 우선시한 GM 측이 유죄"라고 의견을 모았다. 하지만 GM을 옹호한 상공회의소는 항소법원에 "평결이 잘못됐다"는 법정 의견서를 냈다. 그 이유는 이랬다. "첫째, 배심원들은 복잡한 기술 문제가 얽힌 소송에서 리스크와 효용을 정확히 판단할 능력이 부족하다. 둘째, 배심원들은 사고로 다친 원고를 보고 감정적으로 판단하기 쉽다. 리스크와 효용을 저울질하는 경영 판단을 비인간적인 행위로 보도록 유도하는 원고 측 변호인단의 전략에 쉽게 말려들었다."

－조엘 바칸Joel Bakan, 『기업의 경제학』 중에서[1]

**리스크와 효용 수치가 인간의 생명보다 중요하다는 경영 판단
그리고 그러한 판단을 옹호하는 집단들
이들의 미친 논리는 어떻게 시작됐을까?**

유럽에 간 이방인,
나쁜 기업을 만나다

⋮

"뭐라고요? 비행기가 그냥 떠났단 말이에요?"

파리 샤를 드골 공항. 유럽의 대표적 저가 항공사인 이지젯easyJet 카운터에서 내 목소리가 다급함에 떨렸다.

"그럴 리가 없어요. 기다리겠다고 했단 말입니다. 아니 멀쩡하게 탑승구에 서 있는 사람을 '카운터로 가서 체크아웃 다시 하라'고 돌려보내더니 그냥 떠나버려요? 도대체 뭐가 문제였나요?"

까칠해 보이는 프랑스인 여직원은 무심한 눈길로 나에게 말했다.

"그건 저희도 모릅니다. 비자에 문제가 있었나 보죠."

"문제가 있을 리 없잖아요. 내 여권, 비자, 항공권 다 여기 있는데. 확인해 보세요."

여직원은 프랑스어로 여기저기 전화를 해 대며 상황을 확인하더니 이윽고 나에게 말했다.

"이미 가버렸으니 내일 다른 항공편으로 예약해 드리죠."

"그럴 수 없어요. 전 오늘 에든버러에 가야 해요. 그리고 지금 난 파리 시내로 돌아갈 수도 없어요. 떠나려고 생각했기 때문에 유로화는 공항에서 다 써버렸고 신용카드뿐입니다. 어떻게 이럴 수가 있어요?"

"그건 어쩔 수가 없네요. 공항 안에 호텔이 몇 개 있으니 신용카드로 체크인하세요."

그 순간 내 옆에서 초조하게 기다리고 있던 한 일본인 아가씨가 갑작스레 끼어들었다.

"저도 탑승구에서 이유 없이 돌려보내졌어요. 빨리 체크아웃 다시 해 주세요! 제 비행기는 20분 후에 떠난단 말이에요."

순간 불길한 예감이 들었다. 오늘은 아시아인들의 수난의 날이구나.

"매니저를 불러 주세요."

마르고 불친절해 보이는 여자가 나왔다.

"대체 항공편을 제공할 테니 내일 다시 오세요."

"그럼 제 호텔 숙식을 제공해 주세요."

"그건 어렵습니다. 티켓만 다시 드리죠."

"뭐라고요? 당신들 잘못인데 내 일정을 망친 것도 모자라서 지금 저에게 호텔비까지 추가로 부담하라는 거예요? 어떻게 이럴 수가 있어요?"

"우선 당신 신용카드로 결제하시고, 영국에 돌아가신 후 이지젯 고객센터에 영수증을 보내고 배상 절차를 밟으세요."

미안하다는 말도 없었다. 매니저는 휴대전화가 울리자마자 전화를 받으며 딴청을 부렸다. 카운터 직원이 티켓을 다음 날짜로 발권하더니 밑에 '로사Rosa'라는 이름과 함께 OK 사인을 했다.

"그럼 이 상황에 대해서 영국 이지젯에서 여기로 문의를 할 테니, 매니저 당신 이름을 알려 주세요."

"그냥 드골 공항 매니저라고 하면 됩니다."

그렇게 그 매니저는 이름도 가르쳐 주지 않고 자리를 떴다. 내 일정이 망쳐진 것보다도 무책임한 항공사 측의 태도에 더 화가 치밀어 올랐다. 결국 나는 원치 않았던 하루를 드골 공항의 호텔에서 보내야만 했다.

다음 날 마침내 비행기에 오른 나는 또 한 번 황당한 경험을 했다. 영국 여성 승객 한 명을 기다리는 바람에 30분이나 늦게 이륙하게 된 것이다.

'이게 뭐야? 어제 나는 안 기다리고 그냥 가버리더니. 이게 말로만 듣던 인종 차별인가?'

며칠 후, 이지젯 고객센터에 전화를 했다. 상황 설명에 덧붙여 정중한 항의를 했다.

"호텔비 영수증을 스캔해서 이메일로 보낼 테니 배상 처리해 주세요."

그리고 일주일 후, 그 담당자로부터 답 메일이 왔다.

"죄송하지만 드골 공항의 직원에게 확인한 결과 우리는 호텔 비용을 물어 주겠다고 '약속한 것은 아니었다'고 합니다. 시니어 팀의 회의 결과 귀하께 호텔비를 배상해 드릴 수 없음을 알려 드립니다.

여행에 불편을 끼쳐 죄송합니다. 이번의 불쾌한 경험이 향후 고객님이 이지젯을 이용하는 데 장애가 되지 않기를 바랍니다. 이 메일이 당신의 요청에 대해 충분한 답이 되었으면 합니다. 더 문의하실 사항이 있으시면 이 메일에 답을 주십시오. 기꺼이 더 도와 드리겠습니다."

세 번째 황당함, 나는 드디어 폭발했다.

"이 회사, 뭘 믿고 이렇게 뻔뻔하게 굴지?"

이지젯 웹사이트는 자신들의 지속 가능 경영과 기업의 사회적 책임, 자선 등을 아름답게 이야기하고 있었다.

'우리 직원들의 열정과 전문성, 헌신은 고객 만족의 강조를 통해 우리들의 지속적인 비즈니스 성공을 일궈내는 핵심입니다.'

때때로 우리는 기업들이 겉으로 하는 말과는 전혀 다른 비양심적이고 무책임한 행위들로 인해 피해를 본다. 위의 사례는 내가 겪은 소소한 개인적 피해다. 하지만 어떤 기업들은 개인을 넘어 사회 전체, 전 세계적인 큰 문제를 낳기도 한다. 예를 들어 보험사들의 불공정하고 까다로운 약관 때문에 환자들이 아픈데도 치료를 받지 못하는 상황, 한 기업이 지역사회의 식수를 오염시켜서 수많은 암 환자가 발생하는 상황 등을 떠올려 보라. 그런데 만약 이러한 기업들의 잘못된 행위가 기업 개개의 문제가 아닌, 기업이라는 존재 자체가 안고 있는 근본적인 문제라면 우리는 어떻게 해야 할까? 그리고 존재의 정의 자체를 바꾸지 않는 한, 기업이 언제든 세상에 나쁜 짓을 할 위험이 도사리고 있다면?

이기적인 사람들이 만드는
완벽한 시장

:

'우리가 저녁 식탁에서 맛있는 소고기를 먹을 수 있는 것은 푸줏간 주인의 이기심 때문이다.'

우리는 중·고등학교 때부터 애덤 스미스의 '보이지 않는 손' 이론을 귀에 못이 박히게 들어 왔다. 인간의 합리적인 이기심에 근거한 자율 경쟁이 우리 모두의 이익을 가져온다는 것이다.

내 푸줏간이 다른 푸줏간보다 고기를 더 많이 팔아서 내가 부자가 되려면 어떻게 해야 할까(개인의 이기심을 채우려면)? 더 질 좋은 고기를 보다 저렴한 가격에 팔아야 한다(합리적인 해결법). 결국 푸줏간 주인들의 이기심이 만들어낸 경쟁은 소비자들에게 더 좋은 서비스와 상품을 공급하게 만든다. 똑똑한 푸줏간 주인은 돈을 벌고, 소비자들은 맛 좋은 고기를 먹고. 누이 좋고 매부 좋은 결과가 아닌가?

이처럼 보이지 않는 손, 즉 합리적인 인간의 이기심에 의한 질서로 움직이는 자유시장경제 이론에서는 시장을 내버려 두면 된다. 시장 거래에 참여하는 사람들의 이기심에 근거한 합리적인 수요와 공급 곡선에 의해 시장 스스로 알아서 균형점을 찾아 가기 때문이다. 주는 가치에 비해 가격이 비싸다고 생각되면 소비자들은 덜 사게 되고, 그러면 공급 과잉으로 가격이 떨어진다. 가격이 떨어지면 어느 순간 소비자들이 '이 정도면 사야겠다'는 생각이 들어 또다시 수요가 늘어나게 된다. 그렇게 자연스럽게 균형점이 찾아지는 것이다.

이 과정에서 질 낮은 고기를 비싸게 팔려는 푸줏간은 망하게 될 것이다. 그럼 또 시장에는 합리적인 이기심으로 무장한 더 현명한 푸줏간 주인이 진출해 경쟁에 참여하게 된다. 그 경우 경쟁을 통해 새로운 서비스와 제품, 더 나은 선택권이 소비자들에게 주어지는 것이다. 개인의 이기심을 극대화하면 공공의 선이 저절로 얻어진다. 이것이 바로 자율 경쟁을 통한 시장과 서비스의 진화다. 이 이론은 규제 철폐와 시장 자유화를 부르짖는 주류 경제학자들과 기업인들, 정치가들의 든든한 논리적 배경이 되어 왔다.

이러한 자유 경쟁 시장경제의 이상을 추구하고 실현해 가는 집단이 기업이다.

기업의 정의를 백과사전에서 찾아보면 '자본주의하에서 이윤 추구를 목적으로 하는 자본의 운용 단위'라고 되어 있다. 정의를 놓고 보면 이익 추구만이 기업의 미덕이자 본질이다. 그리고 이 이익은 기업을 설립하는 데 자본을 댄 주인들, 주주의 것이다. 자연스럽게 주주를 위한 이익 추구가 기업의 본래 목적이 된다. 수많은 기업들이 '주주 이익'을 위해 전쟁 같은 경쟁을 벌이게 된 것이 이러한 목적 때문이다. 그렇다면 어떻게 주주가 기업 활동의 주체가 됐을까?

서구에서는 몇몇 자본가가 돈을 대는 조합이 기업의 시초였다. 이때는 투자에 참여한 몇몇 사람들이 기업을 공동 소유하고 운영하는 형태였다. 그런데 16세기 영국 엘리자베스 여왕 시대에 이르러서 주식을 발행해 대규모 자본을 모으는 주식회사가 탄생했다. 사업 초기 단계에서 큰 종잣돈이 들 경우 돈을 여기저기서 끌어와야 했기 때문이다. 사업이 망할 위험을 감수하고도 돈을 투자하는 사람들에게는 그 대가로 기업의 이익을 나눠 갖고 의사 결정에 참여할 수 있는 특혜와 권리를 주었다. 한마디로 주인으로서의 권리(주식)를 준 것이다. 주식을 통해 돈 대는 사람과 운영하는 사람이 다른 형태의 기업, 즉 소유와 경영이 분리된 주식회사가 탄생했다. 이는 조합을 급속히 대체하기 시작했다.

18세기 증기기관의 발명으로 대량생산이 가능해지면서 산업혁명이 시작됐다. 산업혁명과 함께 광산, 직물, 제분 등의 산업에서 주식회사가 폭발적으로 늘어났다. 제품을 더 싸게, 더 많이 팔아서 이익을 극대화하기 위해 대규모로 생산하려니 큰 종잣돈이 필요했기 때문이다. 이어 19세기 중반 미국에서 철도 건설 붐이 일어나면서 부자 자본가뿐 아니라 중산층들도 철도 회사 주식에 투자하기 시작했다. 소위 대박을 노리고 주식시장에 뛰어든 것이다. 하지만 이때까지만 해도 주식 투자에 일반 노동자와 같은 대중이 참여하기에는 부담이 있었다. 왜냐하면 기업이 망해서 빚이 남을 경우 투자자들이 빚을 탕감해야 하는 연대 책임이 있었기 때문이다. 빚보증설 때의 부담감을 생각해 보라. 주식 투자에 돈 없는 소시민이 뛰어들기란 부담스러운 일이었다.

그런데 이러한 장벽도 사라졌다. 영국에서는 1856년, 미국은 19세기 후반에 주주의 유한책임이 법으로 보장됐다. 즉, 사업이 망해도 주식에 투자한 돈만 잃을 뿐 기업의 남은 빚에 대해 투자자가 갚아야 할 책임이 없어진 것이다. 주식 투자 책임에 대한 부담감이 사라지면서 대중들까지 너도나도 주식시장으로 뛰어들게 됐다.

이어 미국의 각 주마다 자신의 지역에 기업을 유치하기 위해 기업에 대한 규제를 철폐하면서 기업의 자유와 특혜를 보장해 주기 시작했다. 이때 기업들이 마음껏 작은 기업들을 인수합병M&A하면서 급속히 대기업화되기 시작했다.

그런데 이러한 시스템에서 문제가 불거졌다. 대기업의 주주가 수천, 수십만 명으로 늘어나면서 주주의 권한이 희석되기 시작한 것이다. 주주들이 워낙 전국에 흩어져 있으니 주주총회에 일일이 참석할 수도 없었고 경영에 무관심해질 수밖에 없었다. 게다가 요즘처럼 주식을 사면 돈을 번다고 뭔지 알지도 못하고 무작정 뛰어든 묻지 마 투자자들도 있었을 터다. 그들이 경영에서 멀어지니 경영진이 기업을 지배하는 권한이 커졌다. 그런데 경영자의 판단 실수나 부패로 인해 기업이 잘못되더라도 기업의 주인인 주주에게 법적으로 책임마저 물을 수 없게 되었다. '주주의 유한책임'이라는 법적인 장치 때문이다.

책임을 질 누군가를 만들어내야 했다. 그래서 기업을 법적으로 '사람'처럼 만들었다. 그리하여 19세기 말에 '법인'이 탄생했다. 기업이 사람처럼 자기 이름을 걸고 사업을 하고, 땅이나 건물 등을 사들이고, 사람을 고용하고, 세금을 내고, 권리를 주장한다. 기업이 변호사를 사서 법정 싸움을 벌이는 것만 봐도 마치 사람 같다. 거의 사람의 대접을 받다 보니 인간처럼 '자유로운 개인'으로 대해야 한다는 논리가 힘을 얻게 되었다.

세상을 주무르는
거대한 사이코패스의 탄생

⋮

　사이코패스란 무엇인가? 양심이나 죄책감 없이 수단과 방법을 가리지 않고 자신의 목표를 이루는 것만 생각하는 사람이다. 자신의 목적을 위해 거짓말과 속임수를 거리낌 없이 구사하고 남을 조종하고 이용한다. 그래서 잔혹한 범죄자, 연쇄살인범들 중에서 사이코패스가 많다. 우리에게 잘 알려진 영화 〈양들의 침묵〉의 한니발 렉터 박사부터 우리 사회를 충격에 몰아넣었던 부녀자 연쇄살인범 강호순에 이르기까지 사이코패스는 정상인들이 이해할 수 없는 잔인함과 이기적인 면모를 보인다. 나의 이기심(즐거움, 분노 등)을 위해 사람들을 희생시켜도 죄책감이나 미안함 따위를 느끼지 않는다.
　기업이 이익 추구의 정의를 토대로 더 큰 이익을 추구하며 덩치를 키워 가면서, 국경을 넘어 전 세계로 사업을 펼쳐 가면서 거대 기업들이 탄생했다. 미국의 유력 경제지인 《포천Fortune》이 선정하는 세계 500대 기업들을 면면이 살펴보면 작게는 전 세계 수십 개 나라부터 많게는 150여 개국 이상에서 사업을 하는 기업들이 수두룩하다. 이들은 수만 명에서 수십만 명의 직원들을 거느리고 있다. 기업의 매출이 웬만한 작은 나라의 GDP를 넘어서기도 한다.

거대 기업들은 그 덩치만큼이나 세상을 주무르는 큰 힘을 갖게 됐다. 전 세계의 사람들이 특정 기업이 만든 제품과 서비스를 쓴다. 한 입 베어 먹은 사과 모양의 로고 하나가 미국, 중국, 베트남, 영국, 남아프리카공화국 등 언어의 장벽과 문화를 뛰어넘어 사람들에게 공통된 이미지(예컨대 최신 휴대전화, 노트북, 쿨하고 스타일리시한 느낌, 모던하고 수준 있는, 경제력 등)로 인식된다. 이 정도의 대중 지배 능력, 자본력, 광범위한 영향력을 다 갖게 되면 다국적 대기업이 때로는 한 국가의, 또는 전 세계적인 경제 시스템을 주무르기도 한다. 만약 한 나라의 정부가 다국적기업에 규제를 가하려 한다면 그 기업은 그 나라에서 사업을 접고 다른 나라, 즉 더 좋은 조건을 약속하는 자유의 땅으로 가버리면 된다. 이제 정부가 기업의 눈치를 봐야 하는 상황이 된 것이다. 수많은 고용을 창출하고, 그 나라의 경제에 투자하며, 지역사회 발전을 일으킬 수 있는 기업을 잃고 싶은 나라가 어디 있겠는가? 경제, 사회제도, 인권 등이 아직 충분히 발달되지 못한 개발도상국들은 외국 투자자들을 끌어들이기 위해 더 열악한 조건의 법을 유지하려는 노력까지 한다. 최저임금을 낮은 수준으로 유지하고, 법정 노동시간을 늘리는 방식으로 말이다. 스리랑카는 인접한 중국에 섬유·직물 산업 경쟁력이 밀릴 것을 걱정해서 직물 생산 업자들이 정부를 대상으로 법정 근로시간을 늘려 달라고 로비를 했다. 이런 국가에 진출한 다국적기업들은 낮은 임금과 긴 노동시간의 혜택을 누리면서 '우리는 지역사회의 법을 철저히 준수한다'는 적절한 구실도 마련하게 된다.

『기업의 경제학』이라는 책2)에서 법학자인 저자 조엘 바칸은 "권력을 쥔 거대 기업들이 필연적으로 '사이코패스'의 성격을 지니게 됐다"고 말한다. 한마디로 돈을 위해 사람을 해치고, 사회적으로 악영향을 끼치며 환경을 파괴하는 짓을 서슴지 않게 된 것이다. 그렇다면 기업들은 도대체 왜 사이코패스로 전락하게 될까?

경제 이론이 문제다: 기업의 목적은 이익 추구

'자기실현적 예언self-fulfilling prophecy'이라는 것이 있다. 말하는 대로, 생각하는 대로 이루어지는 현상을 말한다. 살인, 폭행 등 폭력적인 가사의 노래를 부르다가 갱에 의한 충격 사건으로 사망한 갱스터랩 가수들, 자신이 맡은 악역에 너무 깊이 몰입한 나머지 우울증에 빠져 자살하는 배우들, 또는 '나는 반드시 이런 사람이 될 거야'라고 말하고 다니던 사람이 결국 꿈을 이루는 현상 등이 자기실현적 예언으로 설명된다. 스티븐 스필버그 감독, 선박 왕 오나시스 등은 대표적인 성공 사례다. 스필버그는 영화감독 지망생 시절부터 감독이 된 것처럼 굴었다. 유니버설 스튜디오에 다짜고짜 찾아가서 감독이라고 소개하고는 빈 사무실을 하나 얻어 '스티븐 스필버그 감독 사무실'이라는 간판부터 걸었다. 출근을 하고 만나는 사람들에게 '나는 감독'이라고 인사를 하고 다녔다. 오나시스는 가난뱅이 이민 노동자 시절 한 달간 열심히 모은 돈을 갖고 부자들만 드나드는 최고급 레스토랑에 앉아서 자신이 그 사회의 일원이 된 것처럼 꿈꾸고 행동했다. 그리고 결국 그들은 성공했다. '현실이 된 것처럼 말하고 믿고 행동하면 진정 현실이 된다'는 것이 자기실현적 예언의 핵심 메시지다.

그런데 경제학 이론들도 이처럼 자기실현적인 예언으로 작용했다.[3] '기업은 주주의 이익을 위해 태어났다'는 존재 정의는 어느새 현실 속의 기업을 '주주의 이익을 위해서 수단과 방법을 안 가리는 존재'로 만들어버렸다. 경제·경영 관계자들에게 그 이론과 정의가 널리 인용되고 인정받기 시작하면서, 사람들이 그것을 세뇌된 것처럼 받아들이면서 말이다. 이론은 찬반과 검증을 통해 더욱더 정교화되고, 널리 퍼지고, 체계화된다. 그러면서 더 큰 힘을 얻게 된다. 마치 작은 눈덩이가 구르면서 점점 커져 산사태를 내듯 끝내는 거부할 수 없는, 속도와 방향을 제어할 수 없는 상태까지 간다. 이익이라는 존재 의미가 바이블처럼 널리 각인되면서, 경제학 이론이 각종 경제 관련 법과 제도, 기업 분석 및 평가 기준들을 이익에 초점을 맞추도록 만들어낸다. '이익 창출이 기업의 목적이다'라는 전제하에서는 매출, 순익, 투자 이익, 자기자본 이익 등 재무적인 부분이 경영 성과 측정의 기준이 된다. 기업이 이익만을 추구하게 만든 법과 제도는 또다시 기업의 행동에 영향을 끼치고, 경영자들의 의사 결정에 한계를 만든다.

간단한 상황을 예로 들어 보자.

멸종 위기의 특정 동식물 보호구역 A가 있다. 여기에 10억 원을 들여 공장을 지으면 앞으로 10년간 매년 1000억 원의 큰 이익을 얻을 수 있다. 하지만 여기에 공장을 지을 경우 환경 단체에서 들고일어난다.
 만약 그곳이 아닌 다른 지역, B 또는 C에 공장을 짓는다고 치자. B나 C는 위치상으로 A보다 원료 수급이나 제품 유통 등에 불리하다. 공장 시설도 보완해야 해서 약 20억 원이 들고, 향후 10년간 매년 600억 원 정도의 이익만을 얻을 수 있다. A를 두고 여기에 공장을 지으면 단기 이익이 상대적으로 줄어들 것이고 주주들이 들고일어날 게 뻔하다.

 만약 당신이 이 기업의 전문 경영인이라면 어떤 결정을 내려야 할까? 수많은 경영자들이 이와 비슷한 상황에 수도 없이 놓인다. 예를 들어, 사장인 내가 윤리적인 사람으로서 사회 환경적인 영향을 고려해 회사 이익을 극대화할 결정을 포기했다. 그 결과 이익이 줄었다면, 주주들이 법적으로 당신을 해고할 충분한 이유가 된다. 기업은 주주의 이익을 추구하는 존재라고 법적으로, 경제 이론적으로 명시되어 있기 때문이다. 당신은 개인윤리에는 충실했지만 직업윤리를 위반했다. 배임이다. 이런 시스템 아래에서는 월급 사장이 감히 기업의 이익을 희생하면서까지 사회적·윤리적 선택을 할 수 없다.
 경제 이론을 근거로 주주의 이익만을 위해 돈 이외에는 아무것도 신경 쓰지 않고 사이코처럼 돈에만 집착하는 많은 기업이 생겨났다. 아이들의 노동력을 착취해서 가격경쟁력이 있는 운동화를 만들고, 아프리카 빈곤층의 농작물이나 커피를 가난을 벗어나지 못할 정도의 헐값만 지불하고 싸게 사서 소비자에게 막대한 이윤을 남기고 판다. 그리고 부패한 국가의 정부 관료들을 상대로 로비를 벌여 법과 제도를 특정 기업의 사업에 유리하게끔 바꿔 놓는다. 이것은 합리적인 이익 추구 행위다. 이익을 극대화해서 시장 경쟁에서 이기기 위한 전략일 뿐이다. 법에 저촉되지 않으면 금상첨화다. 벌금을 물어 주주의 이익을 갉아먹지 않아도 되니까. 혹시 법에 저촉되어서 벌금을 내면 또 어떠랴. 벌금의 액수가 그런 행동을 해서 얻게 될 수익에 비해 '새 발의 피' 정도라면 벌금을 내면 그만이다. 벌금보다 싸게 해결할 수 있다면 정부 관료나 입법·사법기관 관계자를 매수하는 것이 더 나을 수도 있다.

너무 극단적이라고? 2009년 세계를 떠들썩하게 했던 토요타의 리콜 파문을 돌이켜 보자. 철저한 생산 효율화와 품질 개선으로 명성을 얻었던 토요타는 미국 교통부를 상대로 로비를 펼쳐 측면 충격 기준과 같은 안전 규정의 도입 시기를 늦췄다. 그 결과 1억 2400만 달러의 비용을 절감했다. 또한 2007년 리콜 대상 차량을 줄여 1억 달러 이상을 아낄 수 있었다. 하지만 비용 절감으로 인해 생긴 결함으로 수많은 인명이 희생됐다. 렉서스를 타고 가다 차체 결함으로 일가족이 모두 사망하면서 미국 정부의 감사가 시작됐고, 결국 토요타의 탐욕은 내부 문건을 통해 만천하에 폭로됐다.

기업은 때때로 인간을 해치거나 인간이 살아가는 환경을 파괴하는 결정을 한다. 노동자들을 위험한 화학약품에 노출시켜 작업을 시키더라도 이익을 위해 쉬쉬하고, 비용 절감을 위해 어쩌면 사고로 사람들이 죽을 수도 있는 차, 부속품의 내구성이나 안전성을 떨어뜨린 차를 만든다. 멸종 위기 동물의 서식지를 파괴하면서 공장을 세운다. 왜? 이익만이 목적이기 때문이다. 결국 경제 이론이 '이익만 좇는 기업'이라는 현실을 만들어낸 셈이다. 마치 예언이라도 한 것처럼.

사람이 문제다: 경영자의 덕목은 냉정한 이기심

2011년 8월 흥미로운 연구 결과가 하나 눈길을 끌었다. 뉴질랜드 빅토리아 대학교의 연구팀이 「탐욕은 좋은 것인가? 학생들의 전공 선택과 스스로 밝히는 정신 질환 성향」이라는 논문을 발표했다. 학부 학생 903명을 대상으로 정신 질환 성향과 전공과의 관계를 조사했다. 그 결과 학생들의 정신질환 성향, 즉 사이코패스 성향이 가장 높게 나타난 전공은 상과, 그 다음이 법학과 순으로 나타났다. 반면 정신 질환 성향 점수가 가장 낮은 학생들은 과학, 인문학 전공자들로 조사됐다. 아마도 상과 전공 학생들에게는 기분 나쁘기 짝이 없는 실험 결과일 듯하다. 이 연구팀은 세계 금융 위기의 영향으로 이번 연구를 시작하게 되었다.[4]

"사이코패스라고 해서 모두가 연쇄살인범이 되는 것은 아닙니다. 아마도 모든 연쇄살인범은 사이코패스겠지만 말이죠." 이 실험을 진행했던 마크 윌슨Marc Wilson 교수는 말한다.

"본성뿐 아니라 양육 또한 사이코패스 성향에 영향을 미칩니다. 상과는 다른 분야보다 사이코패스적인 특성들을 지지합니다. 그럼으로써 그런 성향을 강화하게 되기 쉬운 거죠."[5]

이 실험 결과를 접하고 자연스럽게 '사이코패스 기업'이 떠오르지 않는가? 결국 남을 이용하고 양심이 없는 성향이 높은 사람들이 유독 경영·경제와 관련한 일을 좋아하고, 그런 사람들이 기업에 침투해 돈벌이와 출세를 다투다 보니 기업도 그렇게 되어 가는 것일까? 아니면 기업과 경영의 속성이 그렇다 보니 그 관련한 지식을 배우는 학생들도 자연스럽게 그런 사고를 형성·강화해 나가게 되는 것일까? 마치 닭이 먼저냐 달걀이 먼저냐 하는 논의 같다.

연구의 대표성을 얼마나 믿어야 할지는 모르겠다. 하지만 어쨌든 사이코패스적인 성향이 기업 활동과 관련이 있다는 것을 실험으로 밝혀낸 흥미로운 연구였다.

이러한 사례는 현실에서도 찾아볼 수 있다. 숫자와 이익 중심의 사고를 하는 사람들은 현실에서 어떤 행동을 하는지 살펴보자.

"투자은행 1위인 골드만삭스가 돈 버는 방법을 보면 똑똑한 게 아니라 비열해요. 기름을 잔뜩 사 놓고 오일 가격이 오를 것이라고 시장에 소문을 퍼뜨립니다. 시장에 소문이 퍼지면 자기실현적 예언으로 발전해 시장이 반응을 합니다. 상상이 가시죠?" 가격이 오를 때 골드만삭스는 미리 사 두었던 기름을 풀어 돈을 번다고 했다.

— 월 스트리트 파생상품 트레이더 김항주의 인터뷰 중에서[6]

고백할 것이 있다. 난 매일 밤 잠자리에서 또 다른 경기 침체를 꿈꾼다. 왜냐고? 1930년대 대공황은 단지 시장 붕괴에 대한 것이 아니었다. 엘리트뿐 아니라 누구든지 돈을 벌 준비가 되어 있던 사람들은 그 상황에서 돈을 벌었다. 유로 마켓이 붕괴되면 당신은 많은 돈을 벌 수 있다. 헷징 전략, 트레저리 본드에 투자하는 등의 방법으로 말이다. 이것은 기회다. 세계를 움직이는 것은 정부가 아니다. 골드만삭스다. (……) 준비하라. 지금 행동하라. 가장 큰 리스크는 지금 (돈을 벌기 위해) 행동하지 않는 것이다.

- 런던의 개인 트레이더 알레시오 라스타니Alessio Rastani의
유럽의 금융 구제안에 대한 BBC 인터뷰 중에서[7]

이처럼 숫자만 중시하는 사고를 하는 사람들이 기업의 의사 결정자 중에 많을수록 사이코 기업이 탄생할 확률은 더욱 높아질 수밖에 없다. 경제 침체나 시장 왜곡으로 인한 파괴적인 결과, 다른 사람들이 받을 고통은 안중에 없다. 나는 내 돈을 벌 궁리만 하면 된다. 전쟁이나 테러가 나서 수천 명의 사상자가 났다는 속보가 TV에서 나오면 머릿속에는 '주식이 어디까지 떨어질까? 금을 확보하고, 선물과 옵션도 빨리! 빨리!'라는 목소리가 먼저 들린다. 이런 성향은 월 스트리트의 탐욕을 설명해 주는 하나의 단서가 될 수 있다.

사이코패스는 범죄자나 정신병자의 형태로만 존재하지 않는다. 우리 주변에 특히 직장 동료 중에도 얼마든지 자신의 뛰어난 능력을 발휘하는 매력적인 사이코패스들이 존재할 수 있다. 사이코패스 표준 진단 기준PCL-R을 개발해낸 범죄심리학의 대가 로버트 D. 헤어 교수와 산업심리학자인 폴 바비악은 기업과 조직 안에서 화이트칼라 범죄를 일으키는 사이코패스 행동에 관해 연구했다. 이들은

치명적인 매력을 지닌, 하지만 주변 사람들과 기업을 파국으로 몰아넣을 수 있는 사이코패스들이 직장으로 침투하게 되는 배경을 네 가지로 말한다.[8]

첫째, 사이코패스들은 자신감과 카리스마가 있고 사회적인 조작, 즉 남을 속이는 데 능숙하다. 따라서 아무리 능숙한 기업의 면접관들이라도 이러한 조작에 속아 넘어가는 실수를 한다.

둘째, 일부러 이러한 특성의 사람들을 기업이 뽑기도 한다. 왜냐하면 때때로 사이코패스적인 특성을 '리더십 요소'로 잘못 보기 때문이다. 사이코패스들은 자신들이 지닌 위압과 지배, 속임수의 속성을 그럴듯하게 리더십, 카리스마로 포장하기도 한다.

셋째, 겉으로 보이는 자신감과 힘, 자기중심주의와 피도 눈물도 없는 냉정함은 기업체에는 꼭 필요한 신선한 재능의 인재로 비춰지기도 한다. 요즘 같은 초경쟁 시대에 뒤떨어진 거대하고 비효율적인 관료제를 깨고 기업에 새로운 자극과 변화를 몰고 올 구세주처럼 말이다.

넷째, 사이코패스들은 규칙과 규제를 무시하고 속임수와 조작에 탁월한 재능을 가지고 있는 것으로 알려져 있다. 그래서 제약과 규칙이 별로 많지 않은 조직, 개인적으로 받을 수 있는 보상이 큰 조직에 주목했다. 그래서 빠르게 움직이고 고위험·고수익의 환경을 제공하는 기업에서 일하는 것이 매력적인 기회라 여기게 된 것이다.

자율 경쟁을 중시하고, 시장을 조작하며, 고위험·고수익을 좇고, 막대한 보상까지 약속하는 기업이야말로 사이코패스들이 열광할 최적의 환경이 아니겠는가? 물론 이는 기업에 침투한 일부 사이코패스들에 대한 이야기일 뿐이다. 그러한 분야, 기업에서 일하는 사람 전체를 일컫는 것은 아니니 오해는 마시길 바란다.

위압적인 카리스마와 똑똑한 머리, 냉정한 이기심과 비양심으로 무장한 매력적인 사이코패스들은 종종 직장 내에서 고속 승진을 하고 높은 자리에 앉아 기업의 권력을 휘두를 수 있다. 또는 월슨 교수의 말대로 기업이 사이코패스적인 자기 이익 중심의 사고와 행동을 지지함에 따라(성과 평가 및 보상 체계를 통해) 조직 내에서 승진과 출세를 다투는 사람들이 사이코패스적 특성을 배우고 강화하기도 한다. 이들은 궁극적으로 기업을 망하게 하거나 동료와 이해관계자들에게 해를 끼치며, 경제적·사회적·환경적인 가치를 파괴하는 결정을 내릴 수 있다. 자신의 이기심을 채우기 위한 목적(막대한 보너스, 승진, 명성) 등을 '기업 이익'을 근거로 그럴듯하게 정당화하면서 말이다. 이들이 기업의 의사 결정을 내리는 리더가 된다면 그 기업이 사이코패스적인 행동을 서슴지 않을 것임을 예상할 수 있다.

경제 위기 이후 최근 하버드, 와튼, MIT 등 수많은 MBA 과정에서 지속 가능 경영, 기업의 사회적 책임 관련한 강의를 더욱 강화하는 추세다. 이러한 움직임은 그동안 이익 중심의 기술적인 교육에 치우친 경영경제학의 '도덕 불감증'적인 측면을 보완하기 위해서, 수많은 똑똑한 학생들이 숫자 중심의 기계적인 사고에 빠져 초래할 수도 있는 또 다른 위기의 예방을 위해서라도 꼭 필요한 조치다. 숫자에만 기반한 기술적이고 효율적인 기업 운영을 생각하는 사람들에게 사회적인 가치, 즉 인간미, 관계, 의리, 정의, 서로 간의 신뢰, 장기적인 공동체 의식은 고려의 대상이 아니다. 이렇게 똑똑한 사람들이 자신의 이익에만 몰입한 채 인간과 사회를 위한 본질적인 가치를 무시하고 결국 위기를 낳은 것을 우리는 역사적으로 자주 봐 왔다.

사이코 기업 경제로 가지 않기 위해서 우리가 경계해야 할 것은 도덕 불감증을 낳는 개개인의 좁고 기계적인 사고다. 그리고 그러한 사고에 빠져 있는, 유능하지만 비양심적인 사이코패스들이 기업 내에서 막대한 보너스와 성공, 권력을 챙길 수 있게 만들어 놓은 기업 문화와 시스템이다.

시스템이 문제다: 양심을 마비시키는 거대한 조직

"우리 오빠가 고등학교 때 몰래 담배를 피우다가 아버지한테 딱 걸렸거든."

그리스인 아버지와 캐나다인 어머니 사이에서 태어났으며, 스위스에서 자랐지만 대학은 캐나다에서 나온 영국 대학원생 애나가 이야기했다.

"아버지가 처음에는 '너 언제부터 담배 피우기 시작했냐'며 오빠를 막 나무라시더라고. '난 네가 웬만하면 담배를 피우지 않았으면 좋겠다. 네 건강에 좋지 않고 주변 사람에게도 피해가 간다'라면서. 그런데 아버지가 마지막에 그러시는 거야. '만약에 네가 정 담배를 피워야겠다면…….'"

애나가 키득대며 말을 이었다.

"'아버지 회사 담배를 피워라.'"

당시 애나의 아버지는 낙타가 그려진 브랜드 담배를 생산하는 회사의 회계 임원이었다.

이런 코믹한 상황은 오늘날 우리가 당면한 '역할 충돌'을 적나라하게 보여 준다. 내 소중한 자식이 담배 피우는 것을 말리고 싶은 아버지의 역할과, '우리 회사 제품이 더 많이 팔려야 한다'는 사명감을 가진 직장인의 역할을 한 사람이 동시에 담당하고 있는 것이 문제다. 일상 속에서 애나의 아버지는 매우 다정하고 윤리적이며 가정적이다. 고등교육을 받았고, 사회성도 좋은 평범하고 정상적인 아저씨다.

사실 기업이 사이코패스의 성향을 갖게 되는 것을 이기적인, 혹은 사이코적인 개인의 성향 때문이라고만 보기에는 무리가 있다. 경제 및 기업의 시스템이 구성원의 의사 결정에 미치는 영향이 크기 때문이다. 특히 조직이 거대해질수록, 개인이 하는 일이 그 최종 결과로부터 멀어질수록 무책임하고 이기적인 성향은 제어할 수 없는 방향으로 흘러간다. 다음의 사례를 보자.

어느 직장인의 하루

당신은 세계적인 중공업 기업의 공장 노동자다. 당신이 하는 일은 컨베이어 벨트에서 나오는 부품을 조립하는 것이다. 나사를 돌려 두세 개의 부속품을 맞춘 후에 다음 과정으로 넘긴다. 하루에 여덟 시간씩 이 일을 하고 집에 돌아가 쉰다. 그리고 한 달에 한 번 월급을 받는다. 당신은 당신이 하는 일을 사랑한다. 아니, 사랑하지는 않더라도 최소한 이 일이 매우 중요하다고는 생각한다. 왜냐하면 가족을 먹여 살리는 일이기 때문이다. 이 일로 나는 내 자식들을 대학까지 보낼 수 있고 1년에 한두 번 근사한 곳으로 여행을 갈 수도 있다. 또한 내가 지난 10년을 바쳐 전문성을 키워 온 일이다. 내가 생산한 부품은 불량률이 한 달 기준 0.01%에 가깝다. 게다가 우리 회사는 직원을 정말 잘 대우해 준다. 의료보험, 고용보험을 비롯해 각종 혜택을 제공하는 한편 경영자들이 자주 공장을 방문해 우리들의 노고에 감사한다. "우리의 혁신적인 제품들은 이 세상을 더욱 발전시키고 있다"며 말이다. 우리 회사는 동종 업계의 다른 회사들이 따라오지 못할 정도의 최고 기술력을 갖고 있다.

당신이 모르는 사실

　당신이 만들고 있는 그 부품은 비행체의 추진력을 내는 엔진의 일부분을 구성한다. 그래서 항공기는 물론 미사일 제조에 사용되고 있다. 그 미사일 하나면 수천 명의 사람을 한순간에 죽일 수 있다. 그리고 당신이 만든 부품을 이용한 미사일과 전투기는 상당수가 중동의 분쟁 지역으로 수출된다. 어제 그 미사일이 반정부군이 숨어 있다고 알려진 한 마을을 파괴하는 데 사용됐다. 그리고 약 2500여 명의 사상자가 발생했다. 그중에는 무고한 어린아이와 여성들이 상당수 포함되어 있었다.

　누가 당신을 비난할 수 있겠는가? 당신은 다만 조직에서 당신에게 주어진 일을 성실하게 수행할 뿐이며 당신의 직업윤리도 철저하게 지키고 있다. 그 부품이 추진력을 내는 장치에 쓰인다는 것은 알고 있다. 하지만 최종적으로 어디에 사용되는지는 잘 모른다. 또한 그 결과를 통제할 수도 없다. 이것이 직장인들의 현실이다. 나는 다만 내 눈 앞에 있는 역할에 충실할 뿐이며, 그것이 기업을 발전시키고 나의 삶을 발전시키는 일이라는 믿음을 갖고 있다. 아니 이런 믿음이 없더라도 이것은 내가 먹고살아 가는 방법이기 때문에 해야만 한다. 직장인들은 대량 살상 무기인 마징가제트의 새끼손가락 끝부분을 이어 주는 나사를 만들고 있는 수백, 수천 명의 일꾼 중 하나일 뿐이다.

현대사회가 낳은 비극은 이렇게 거대한 조직의 아주 파편화된 인간들이 자신의 본업에 충실함으로써 나타나게 됐다. 이는 관료제의 특성으로 설명된다.[9] 이익을 추구하는 기업의 월급쟁이 CEO도, 사무실의 팀장도, 공장의 노동자도 결국은 조직 업무의 매우 작은 부분을 담당하게 된다. 쉴 새 없이 돌아가는 거대 시스템 아래에서 나는 전적으로 의사를 결정하는 주체가 아닐 수 있다. 나는 의사결정을 하는 이사회의 한 구성원이거나 부분적인 의사 결정을 하는 관리자일 수 있다. 하지만 내가 의사를 결정하더라도 그 전체의 결과, 파급된 부작용까지 책임질 능력이나 의무는 없다. 사회윤리와 직업윤리의 충돌이 일어났을 때 직업인으로서의 우선순위는 직업윤리를 지키는 것이다. 내가 아무리 윤리적인 사람이라고 할지라도 내 개인윤리는 직업윤리와 별개가 된다. 내 결정과 행동이 궁극적으로 사회적·환경적으로 파괴적인 영향을 발생시켜도 나는 그 사실을 모르거나, 알아도 어쩔 수 없는 상황, 또는 그것이 큰 문제인지조차 인식을 못하는 상황에 처한다.

예를 들어, 직업인으로서 전문 경영인은 주주들에게 이익이 돌아가게끔 하는 결정을 내려야 할 의무가 있다. 만약 주주가 바라는 이익이 나지 않는다면 그는 그의 역할을 다하지 못한 것이며 한순간에 잘릴 위험에 처한다. 따라서 사회적·환경적으로 나쁜 영향을 끼칠 수 있더라도 우선은 이익을 내는 매우 합리적이고 기술적인, 결과를 숫자로 보여 줄 수 있는 결정을 해야만 한다.[10] 수많은 전문 경영인이 단기 실적을 높이기 위한 결정을 하는 것도 이런 이유에서다. 기업 실적이 안 좋아질 때 가장 빠르고 손쉽게 이를 회복하려면 인건비를 줄이면 된다. 즉, 사람들을 정리 해고하면 된다. 이 상황에서 '기업은 이익을 추구하는 것이 목적'이라는 명제를 기억한다면 잘리는 직원들에 대한 죄책감보다는 자신의 직업윤리에 따랐다는, 회사를 살리는 것이 먼저라는 자기 정당화가 우선시된다.

그렇다면 주주는 어떠한가? 주주들은 자신들의 이익을 위해 기업에 투자한다. 기업이 어떠한 경로로 돈을 벌든 그것을 추적해야 할 의무가 없다. 그 결과에 대해 책임을 질 필요도 없다. 그래서 기업 활동으로 인한 공해, 자원 고갈, 빈부 격차와 같은 사회문제 등 외부에의 영향(외부 효과 externality)은 고스란히 그 사회 구성원들과 지역사회, 정부가 떠안게 된다. 물론 기업에 벌금이나 세금 등을 부과할 수도 있지만 이미 생긴 문제를 근본적으로 완전하게 해결하기는 어렵다.

법학자인 바칸은 소유와 경영의 분리, 즉 기업을 소유한 주주가 경영을 하지 않는 기업의 특성을 기업 부패의 원천으로 봤다. 경영자들이 이익을 생각해 부패하기 쉽고, 기업이 부패해서 사회적인 물의를 일으켜 망하더라도 주주들은 투자한 돈을 잃을 뿐 책임을 질 필요가 없다. 그들의 최대 관심사는 모두 '내가 벌 돈'이다. 기업 활동으로 인한 경제·사회·환경적 영향이 아니다.

 이것이 거대 기업이 지닌 맹점이자 사이코패스 기업의 탄생 시스템으로 볼 수 있다. 개개인은 역할에 충실할 뿐이며, 나쁜 결과의 최종적인 책임이 직접적으로 누구에게 있다고 명확하게 밝힐 수도 없다. 아무도 결정에 대해 죄책감을 느끼지 않기 때문에 모르는 사이에 나도 시스템 속에서 공범이 되고 있는 현실이다.

기업은 이익에 미쳤고, 경제는 산으로 가버렸다

⋮

    2008년, 전 세계적인 경제 위기를 초래한 금융기관들은 이익 중심으로 돌아가는 거대 사이코 경제의 산물이었다. 월 스트리트의 금융 기업들은 신용이 불량해서 대출받기 힘든 사람들에게 주택을 담보로 대출을 해 주었다. 능력이 부족한 저소득층 사람들이 집값의 100%에 달하는 주택 담보대출을 받아서 집을 산 것이다. 이때 '부동산 경기가 좋으니 몇 년 뒤에 집값이 오르면 팔아서 대출을 갚아야지' 하는 심리도 있었을 것이다. 우리나라의 부동산 투기 열풍을 떠올려 보자. 이 대출금은 집값이 떨어지거나 대출자가 실업에 처하면 떼일 가능성이 높다. 결국 이런 고위험의 채권을 잘게 쪼개서 섞은 다음 구조도 파악할 수 없을 정도로 복잡한 파생상품을 만들어 이자를 붙여 판다. 또 파생상품의 위험을 담보로 한 보험, 채권, 선물, 옵션 등 또 다른 파생상품도 만들었다.

문제는 이 파생 금융 상품을 파는 사람들조차도 자신들이 무엇을 파는지 모르고 있었다는 것이다. 다만 팔면 이익이 생기기 때문에 회사가 팔라는 금융 상품을 고객들에게 팔아 댔다. 더 나아가 신용평가기관들은 고객인 금융기관으로부터 돈을 받고 이러한 고위험의 파생상품들에 높은 신용 등급을 매겨 주었다.

하지만 마침내 담보가 되는 주택 값의 거품이 꺼졌다. 1억 원을 대출받아서 1억 원짜리 집을 샀는데 집값이 5천만 원이 되어버린 것이다. 결국 담보인 집을 경매로 팔아도 돈을 회수할 수 없는 상황이 되었다. 그 집을 담보로 한 수많은 파생상품들은 휴지 조각이 되어버렸다. 그리고 그 파생상품에 부채를 끌어다 대규모로 투자한 금융기관들이 휘청댔다. 리먼브라더스는 무너졌고, AIG, 씨티은행 등도 파산의 벼랑 끝으로 몰렸다. 하지만 수많은 실업자 발생과 경제적 파급을 걱정한 미국 정부의 구제금융 투입으로 겨우 살아났다.

그렇다면 이러한 부실채권 파생상품을 만들어 무리수를 두었던 사람들은 책임을 졌을까? 이는 총체적인 공동 범죄였다. 만든 사람도, 판 사람도, 산 사람도 모두가 실체가 없는 자산의 거품 만들기에 끼어들어 자신의 이익을 챙겼다. 하지만 파산 상황에 책임을 진 사람은 없었다. 그리고 누가 책임을 져야 하는지도 명확하지 않았다. 그 상품을 만든 사람이 책임을 져야 할까? 아니면 판 사람이 책임을 져야 할까? 아니면 의사 결정의 최상위에 있었던 임직원들이 책임을 져야 할까? 어처구니없지만 책임은 기업을 운영하고 이익을 챙긴 사람들이 아니라 국민이 세금으로 지게 됐다.

더 놀라운 것은 구제금융을 받은 기업의 임직원들은 오히려 이후 막대한 성과급 잔치를 벌였다는 사실이다. 국민들의 엄청난 혈세가 사고를 친 기업을 구하는 데 들어갔지만 결국 책임을 져야 할 사람들과 해당 기업은 그 혈세로 또다시 자신의 이익을 챙겼다. 1800억 달러의 구제금융을 받은 AIG의 임원들이 2008년 말 1억 6880만 달러의 막대한 성과급을 챙겼으며, 450억 달러의 구제금융을 받은 씨티은행은 당시 CEO였던 비크람 팬디트가 3820만 달러의 보너스를 받았다. 금융 위기가 전 세계로 퍼진 2009년 말 뱅크오브아메리카, JP모건체이스, 골드만삭스 등 월 스트리트 38개 금융기관의 성과급은 사상 최고치를 기록했다. 이쯤 되면 '미쳐도 단단히 미친 상황'이라는 말이 어울린다. 한마디로 양심도 죄책감도 없는 사이코패스들의 전형적인 묻지 마 이익 범죄인 셈이다.

오바마 대통령은 "세금 부과든 어떤 수를 써서든 이러한 성과급 잔치를 막아야 한다"고 분개했다. 그러나 금융기관들은 아랑곳 않고 그들만의 돈 잔치를 벌였다. 더 나아가 엉망이 된 경제를 되살리기 위해 금융 안정화 정책을 추진하는 티모시 가이트너 재무장관의 자문위원들이 각각 월 스트리트 금융기관의 임원, 수석 이코노미스트 등으로 활동하며 엄청난 돈을 받아 챙겨 온 것으로 드러났다. 결국 개혁을 위한 정책 입안에조차 금융 위기의 주범들이 개입해 입김을 넣고 있었던 것이다.[11]

기업이 만들어진 이유와 목적이 '이익을 추구한다'라는 단순한 명제에 묶여 있는 한, 이러한 기업의 속성을 이용해 자신의 이익만을 추구하는 사람들이 권력을 쥐고 있는 한 기업은 사이코패스로 전락할 위험이 크다. 사람을 착취하고, 환경을 파괴적으로 이용하며, 경제 시스템을 교란시키면서도 죄책감을 느끼지 않아도 된다. 왜냐하면 이 또한 이익을 극대화하는 방법이자 기업의 존재 의미를 실현해 가는 방법이기 때문이다. 더 심각한 것은 기업이라는 법적인 인간(법인)은 그게 잘못이라는 생각조차 하지 않는, 감정이나 윤리 의식이 없는 존재라는 점이다. 마치 프랑켄슈타인 박사가 만든 괴물처럼 말이다.[12]

미국에서 시작된 신용위기는 전 세계 경제 침체로 이어졌고, 수많은 나라가 아직까지도 몸살을 앓고 있다. 유럽의 국가들은 재정파산과 구제금융, 실업, 사회 및 경제 양극화로 아우성이다. 이들 나라와 교역을 하고 있는 개발도상국들에까지도 불황의 고통이 퍼져 나갔다. 이 같은 상황에 더 고통받는 것은 대다수의 경제적 취약 계층이란 것을 우리는 알고 있다. 이제 세계는 1%의 부자와 99%의 가난한 사람들로 나뉘는 이상한 경제를 껴안고 고통스러워하고 있다. 이기심이 궁극적으로 공공의 이익을 가져올 것이라는 이론은 허구에 불과했다는 사실을 전 세계는 깨달았다. 경제가 이미 산으로 가버린 후에야.

우리는 왜
잘못된 것을 보고만 있는가

⋮

지배적인 경제 이론, 거대 시스템 속에서 우리가 잊기 쉬운 것은 경제 이론도 시스템도 결국 인간이 만들어냈다는 사실이다. 그리고 그 시스템을 움직이는 것도 바로 우리 인간들이다. 따라서 낡은 정의, 잘못된 시스템을 바꿀 힘도 우리에게 있다. 그런데 현실에서는 왜 쉽게 바꾸지 못하는가?

첫째, '시스템을 움직이는 주체'로서의 자신을 잃었다.

절이 싫으면 중이 떠나라는 말을 떠올려 보자. 시스템은 바꾸기 힘들다는 말이다. 하지만 이 말처럼 조직의 개혁과 개선을 저지하는 말이 또 있을까? 이건 정말 무관심을 방조하는 말이다. 그리고 변화를 만들어내고자 하는 주체로서의 의욕과 가능성마저 꺾어버린다. 이렇게 시스템에 기생하는 무력해진 개인은 너무나 많다. 어쩌겠는가? 먹고살려면 치사해도 그냥 참고 회사 다닌다는 직장인이 태반인데.

"야, 정말 너무하는 거 아냐? 저지르는 사람 따로 있고 수습하는 사람 따로 있다더니!"

2008년 겨울, 태안으로 봉사 활동을 다녀온 후 친구들과 이야기를 나누고 있었다. 당시 삼성중공업에 다니는 동생을 둔 친구가 말했다.

"삼성중공업 직원들도 다들 동원됐어. 그런데 몰래 봉사 나가서 돌 닦고 있대."

"왜 몰래 나가는데?"

"워낙 민심이 흉흉해서 그렇지. 삼성중공업 직원이라고 하면 욕먹을 테니까."

2007년 12월 충청남도 태안 앞바다에서 대규모 기름 유출 사건이 있었다. 삼성중공업의 해상 크레인이 홍콩 선적의 유조선 허베이 스피리트 호와 충돌하여 원유 약 7만 8000배럴이 유출됐다. 바다는 물론 인근 해안까지 검고 끈적끈적한 기름으로 덮였다. 해양 생태계 파괴는 물론 어민들의 생계가 끊기는 등 피해가 막심했다.

언론은 재해 성금 모집에 나서는 한편 국민들의 동참을 호소했다. 젊은이들이 떠나버린 어촌 마을에서 고기잡이를 하며 살아가는 노인들이 제대로 된 보호 장비도 없이 맨몸으로 기름을 일일이 닦고 있었다. 눈물이 고인 눈으로 "앞으로 어찌 사나?"라고 말하며 쉬지 않고 일하고 있었다. 유독 성분과 접촉하며 오랫동안 작업하던 어르신들이 두통과 구토 증세를 호소하는 모습이 TV에 비춰졌다. 책임 촉구 시위 도중 생계를 비관한 어민이 분신자살한 사건도 일어났다.

　이 참담한 현실은 수많은 국민들의 마음을 울렸다. 수십만 명의 국민이 자원봉사자로 나서 몇 달 동안 해안을 덮은 검은 기름을 닦아냈다. 나도 당시 회사 사람들과 주말을 이용해 자원봉사를 다녀온 참이었다. 우비처럼 생긴 보호복을 입고 마스크를 쓰고 돌 사이를 헤집고 다니면서 뭉쳐 있는 검은 타르 덩어리를 찾아서 닦아냈다.

　당시 삼성중공업은 언론과 시민 단체, 피해자들의 촉구에도 불구하고 사고 한 달 후가 지난 시점까지 사과 성명을 내지 않고 있었다. 유조선주 측과 책임 소재 공방을 벌이고 있던 터라 먼저 나설 경우 자신들에게 수사 결과가 불리하게 돌아갈까 걱정했기 때문이다.[13] 하지만 삼성중공업과 유조선주 측이 쌍방 과실 혐의로 고발되면서 결국 삼성중공업은 사건 발생 47일 만인 1월 22일에야 신문 광고를 통해 사과 성명을 냈다. 온 국민적인 반발 여론을 의식해서 한 달 후 삼성중공업은 "1000억 원의 지역 발전 기금을 내겠다"고까지 약속했다.

　그런데 사고 1년 후인 2008년 12월 6일에 삼성중공업은 손해 배상 책임 제한 신청을 법원에 냈다.[14] 배상을 최소화하기 위해서였다. 그리고 이듬해 3월 24일 "56억 원만 배상하라"는 판결을 받아냈다.[15] 당시 국제유류오염보상기금IOPC Fund은 사고 피해액을 5663억~6013억 원으로 추정했다. 쌍방 과실의 양측이 피해를 보상하고 국제유류오염보상기금이 투입된다고 해도 피해 금액에는 훨씬 못 미치는 배상이다. 1000억 원의 지역 발전 기금 출연만을 약속한 삼성중공업 측에 어민들이 "배상금을 더 늘려야 한다"고 크게 반발하는 상황에서 회사 측은 오히려 배상금을 줄이기 위해 법을 이용했다. 게다가 사과 성명 직후에 출연한다던 지역 발전 기금 1000억 원마저 4년여가 지난 2011년 말까지도 집행이 되지 않았다.[16] 대부분의 사람들 머릿속에 이제는 지난 기억으로 사라져 가는 태안 기름 유출 사고는 사실 아직도 현재진행형이다.

 삼성중공업 기름 유출 사고 당시 직원들은 묵묵하게 회사 측의 소극적이고 방어적인 대응 방식에 동참하는 수밖에 없었다. 즉시 위기관리와 커뮤니케이션을 해야 할 홍보팀은 사과 성명을 47일 후에나 냈다. 법무팀은 회사가 부담해야 할 돈과 책임을 축소하는 데 동원됐다. 다른 관련 부서에서는 검찰이 봐서는 안 될 만한 컴퓨터 하드디스크를 옮기거나 데이터를 삭제하는 등의 행동에 참여했다는 뒷이야기를 들었다. 직원들은 쉬쉬하며 봉사 활동 현장에서조차 기업의 이름이 거론되는 것을 피했다. 기업의 임원들도 마찬가지였다. 그 누구도 나서서 기업의 자발적인 책임감과 그에 맞는 행동을 이끌어내지 못했다. 개인적으로는 참사에 미안해하고 안타까워하는 책임감 있는 사람들이었을 것이다. 하지만 직장인이라는 이름은 조직의 이익을 우선시하는 문화에 끌려다니며 회사의 손해만을 계산하고, 면피용 대책 마련에 급급하게 만들었다.

 둘째, 이해관계에 따라 그 시스템을 유지하려는 기득권 층의 힘은 강하다.

 특히 그 기득권의 리더들이 사이코 성향의 이기적인 경제인일 경우 대참사가 발생할 수도 있다. 시스템에 기생하는 사람들 중에 기득권 층이 되기를 지향하는 사람들은 이러한 시스템에 충성하기도 한다. 월 스트리트에서 시작된 경제 위기를 떠올려 보자. 오바마 대통령이 그렇게 애를 써도 월 스트리트 문제 해결이 지지부진한 것도 월 스트리트 기업들의 권력자들이 그의 정책을 거부하고 있기 때문이다. 이들 기득권 층은 기업의 돈과 로비력, 똑똑한 인재, 사회적인 영향력 등을 이용한다. 그리고 법과 규제의 빈틈을 찾아내어 유리하게 활용하거나 아예 기업을 옭아맬 위험을 안고 있는 법안과 규제 정책 결정 과정에 개입해 힘을 발휘하기도 한다.

셋째, 감사와 규율 기관의 부패 및 기존 기득권 층과의 결탁(특히 그것이 엄청난 부와 로비력을 지닌 기업이라면)도 무시할 수 없는 문제다.

"그분, 겉보기와는 달라요."

세계적인 기업의 한국 지사 CEO를 인터뷰하고 난 직후였다. 외국계 CEO들 중에서 입지전적인 인물이었다. 몇 년마다 물갈이가 되는 다른 외국계 기업 CEO들과 달리 장수 경영자로 항상 꼽혔다. 그가 이끈 기업의 실적이 탁월했기 때문이다.

그 CEO가 있던 기업에 다니다 다른 외국계 기업으로 옮긴 여직원이 나에게 말했다.

"성희롱 사건으로 본사에서 감사까지 나왔어요."

몇몇 젊은 여직원들을 대상으로 밤늦게 업무를 핑계 대어 개인 공간으로 부르거나 연애편지를 보내고 피해자들에게 수치심을 유발할 수 있는 행동 등을 함으로써 여러 가지로 괴롭혔다고 했다. 한 여직원이 견디다 못해서 변호사에게 이 사실을 알리고 소송을 할지 의논했다. 일단 변호사가 개입해 글로벌 본사 감사팀에 고발을 했다. 본사 측에서는 여직원이 수집한 증거가 워낙 명확했기 때문에 비밀리에 한국으로 감사팀을 보냈다. 결국 대부분의 혐의가 사실로 드러났다. 하지만 투명성과 직원윤리에 매우 철저하다고 내세우던 그 존경받는 외국계 기업은 최악의 선택을 했다. 회사 측은 탁월한 실적을 낸 그 CEO를 보호하기 위해 여직원과 비밀리에 합의를 했다. 사 측에서 수억 원의 배상금을 지불했고, 결혼을 앞둔 상황이었던 그 여직원도 소문이 커지는 것을 꺼려 배상금을 받고 회사를 그만뒀다. 그리고 회사 측은 사실을 덮었다. 그 CEO는 은퇴할 때까지 그 기업을 성공적으로 이끌었다. 기업이 이익 앞에서 얼마나 쉽게 윤리성을 저버리는지 보여 준 사건이다. 기업의 감사기관은 기업의 이익과 관련된 것이라면 이처럼 눈을 감을 수 있다.

비단 내부 감사기관의 문제만이 아니다. 엔론이 파산하면서 엔론의 회계를 맡았던 컨설팅 회사 아서앤더슨도 2002년 파산했다. 아서앤더슨은 회계감사를 하면서 한편으로는 컨설팅 서비스를 제공해서 막대한 돈을 엔론으로부터 수수료로 받아 왔다. 이렇게 돈을 벌게 해 주는 중요한 고객이니 팔이 안으로 굽을 수밖에 없었다. 엔론의 부정 조사가 이루어지자 아서앤더슨은 엔론의 회계 관련 문서와 데이터를 파기하는 등 조사 방해를 해서 기소됐다. 회계 부정을 방조하고 오히려 협조까지 한 것이다. 외부 감사기관의 부패가 기업의 타락을 부추긴 예다.

행정부나 사법, 정치, 언론과 기업의 결탁은 어떤가? 역사적으로 항상 불황과 호황의 사이에서 기업 규제와 자율을 넘나드는 정책은 유행을 따랐다. 이 과정에서 기업이 주식을 발행하기 시작한 엘리자베스 여왕 시대부터 정치권력과 기업의 결탁은 항상 있어 왔다.

엔론은 망하기 전 행정부, 국회, 정당, 언론에 이르기까지 광범위한 친분 관계를 쌓았다. 이러한 영향력이 엔론의 성공과 부패를 함께 가져왔다. 부시 대통령을 비롯해 공화당과 민주당, 국회의원은 엔론으로부터 막대한 정치 자금을 받았다. 엔론이 에너지 정책에 입김을 넣을 수 있는 환경이었다.[17] 문제를 사전에 포착했어야 할 언론계도 마찬가지였다. 《뉴욕타임즈》의 대표적인 칼럼니스트인 폴 크루그먼은 엔론의 자문으로 일하며 5만 달러의 대가를 받았으며, 《포천》에는 엔론을 찬양하는 기사까지 써 주었다(하지만 엔론이 파산한 이후 태도를 바꿔 비판에 나섰다).[18]

마지막으로, 대중이 문제를 보고도 알지 못하는, 느끼지 못하는, 쉽게 분노하고 금세 잊는 인식의 둔감함에 빠져 있다.

앞에서 말한 이유들에 앞선 가장 중요한 것이 있다. 먼저 '무엇이 잘못되었는가?', 즉 현실적인 갈등과 모순을 제대로 보고 그것이 문제라는 사실을 인식해야 한다는 점이다. 하지만 오늘날의 우리는 대중매체의 표면적이고, 단순하고, 명확한 메시지에 너무나 쉽게 좌우된다. 광고, 홍보 등을 통한 이미지 포장과 겉모습에 쉽게 넘어가며, 그 이면을 들여다볼 생각은 좀처럼 하지 못한다. 그리고 문제가 터졌을 때 맹렬하게 분노하다가도, 바쁜 일상에 묻혀 또다시 너무나 쉽게 잊는다. 거듭되는 비리와 부패에 대해서도 '언제는 안 그랬나' 하는 무심한 태도를 견지한다.

"대기업 하는 짓이 다 그렇지 뭐."

"정치인들 하는 짓이 다 그렇지 뭐."

우리는 이렇게 쉽게 현실의 문제들을 넘겨버린다. 이러한 둔감한 인식, 자포자기한 현실 타협은 같은 문제를 또다시 키우는 악순환을 낳는다. 우리의 둔감해진 인식부터 새롭게 깨워야 한다.

잘못된 기업행동을 바꾸기 위해서는 기업 구성원들이 예민한 인식을 바탕으로 매우 강한 주체성과 응집력을 발휘해서 해결에 나서야 한다. 개개인이 기업의 잘못에 대해 입바른 소리를 낼 수 있어야 하며, 이런 바른 소리를 포용할 수 있는 열린 기업 문화, 바른 기업 문화를 세워야 한다. 이런 기업 문화를 세우기 위해서는 기업의 최상부에서 의사 결정과 문화 형성을 이끄는 기업인들부터가 변해야 한다. 기업의 이익뿐 아니라 사회의 가치를 생각하는 사고와 그에 일치하는 행동을 지속적으로 보여 주어야 하는 것이다. 그리고 이러한 기업인들의 생각이 실제로 힘을 쓸 수 있게끔 하는 사회·경제적인 시스템 및 문화가 뒷받침되어야 한다.

잘못된 기업행동에 대한 감시 및 규율 기능이 제대로 작동하기 위해서는 정치와 경제, 사회 시스템의 공정성과 투명성이 확립되어야 한다. 시민·환경 단체를 비롯해 각종 비영리 압력 집단이 현실의 잘못을 지적하고 이를 바로잡는 데 힘을 쓸 수 있어야 한다. 다시 말해 기업과 관련한 개개인, 정부, 입법, 사법, 각종 비영리 단체들의 구성원들이 모두 얽혀 해결책을 마련하고 실행해야 하는 것이다.

이 과정에서 방향성과 비전이 명확해야 한다. 즉, 기존 자본주의가 가져온 문제점을 인식했다면 어떤 방향으로 이 문제점을 해결해 나갈 수 있을지를, 그 명확한 모습과 대안적인 방향을 함께 고민하고 제시해야 하는 것이다. 그리고 그 방향성에 맞게 나아가고 있는지 현실 점검과 지속적인 평가, 잘못에 대한 실질적인 제재, 정책과 법안의 오류 수정이 계속되어야 한다.

　역사를 들어 살펴보면, 사이코적인 기업의 행동에 제동을 건 것은 결국 이익을 넘어서 대의를 생각한 경영인들, 깨어 있는 대중의 단합된 목소리, 그리고 적절한 규칙과 규제를 세운 정부의 행동이었다.

제2장

사이코패스
기업의 위기

소나무는 멀리서 바라보면 참으로 의연한 자태를 가지고 있다. 그러나 가까이서 바라보면 인색한 성품을 그대로 드러내 보인다. 소나무는 어떤 식물이라도 자기 영역 안에서 뿌리를 내리는 것을 절대로 허락하지 않는다. 소나무 밑에서 채취한 흙을 화분에 담고 화초를 길러 보라. 그 어떤 화초도 건강하게 자라서 꽃을 피울 수가 없다. 그래서 대나무는 군자의 대열에 끼일 수가 있어도 소나무는 군자의 대열에 끼일 수가 없는 것이다.

— 이외수, 「하악하악」 중에서

낡은 자본주의하에서는 소나무가 성공의 대세였다.
소나무가 점점 많아지면서, 소나무들이 커서
더 넓은 자리를 차지하면서 숲은 사계절 내내 푸르렀지만
이상하게 꽃들이 다 사라지기 시작했다.
척박한 숲의 모습에 질린 사람들은
소나무를 베고 대나무를 심기로 했다.
결국 수많은 소나무는 대나무의 껍질을 뒤집어쓰기로 했다.
성난 군중에게 베어지기 싫었기 때문에,
그 모습에 대나무들은 혀를 찼다.

기업들의 거짓말이
들통 나고 있다

⋮

'Don't be evil(악마가 되지 말자).'

세계적인 혁신 IT 기업으로 꼽히는 구글의 본사에 가면 이런 슬로건이 쓰여 있다. 기업이 성장하면서 악마처럼 변해 가는 것을 경계하는 말이다. 이 슬로건은 구글의 바른 생각, 자랑스러운 기업 문화를 단적으로 상징해 왔다.

하지만 이 슬로건은 역설적으로 기존 기업들에 대한 그동안의 불신을 단적으로 보여 주기도 한다. 얼마나 많은 기업이 악마처럼 변했으면 저런 표어까지 등장한단 말인가? 역사적으로 많은 기업들이 성장을 위해 경쟁자를 파괴함으로써 자신의 이익을 극대화해 왔다. 이익을 위해 인간의 기본적인 권리, 공정한 경쟁 원리를 위반하기도 했다. 아동 노동력 착취로 비난을 받은 나이키, 유럽에서 반독점법 위반으로 엄청난 벌금형을 선고받은 마이크로소프트 등 많은 성공 기업들이 때때로 나쁜 방식으로 사업을 펼쳤다. 구글은 자신들이 성장하며 이러한 전례를 밟을까 늘 경계하자는 의미로 이러한 슬로건을 보이는 곳에 걸어 두고 있는 것이다.

안타깝게도 이제는 공룡처럼 커져버린 구글도 슬슬 낌새를 보이는 듯하다. 최근 아르헨티나, 한국, EU, 인도, 미국 등지에서 구글이 시장에서 우월적인 지배력을 남용했는지와 관련해서 반독점법 위반 여부 조사가 잇달아 진행됐다. 또한 2010년에는 구글의 엔지니어가 스트리트뷰를 통해 사용자의 개인 정보를 불법 수집했던 사건도 있었다. 당시 회사 측은 '몰랐다', '실수였다'고 해명했지만 2012년 4월 중순에 미연방통신위원회FCC의 조사 결과 회사 측 임원이 사건 직후 해당 엔지니어로부터 보고를 받았다는 사실이 드러났다. 구글은 이 사건과 관련해 조사 방해 혐의로 2만 5000달러의 벌금을 냈다. 그런데 이 소식을 접한 프랑스, 영국, 독일 등에서도 불법 개인 정보 수집과 관련한 조사에 착수하려는 움직임을 보이고 있다. 국내 한 유력 언론사는 '거짓말이 들통 났다'는 표현으로 구글을 비꼬았다.[19]

'돈 잘 버는 대기업이 남들보다 더 성공할 수 있었던 것은 나쁜 짓을 했기 때문이다'라는 불신은 사실상 19세기 말에서 20세기 초부터 대중에 널리 퍼지기 시작했다. 기업이 공해를 일으키고, 노동자들을 착취하며, 소비자들을 현혹해 불필요한 소비를 부추긴다는 것이다. 기업에 대한 불신은 반기업 정서로 인한 규제를 만들어내고, 노동 운동, 소비자 운동, 환경 운동을 촉발시켰다. 기업의 권력과 영향력이 제어할 수 없을 정도로 커지면서 사람들이 경계심과 반발심을 갖게 된 것이다. 최근에도 우리는 이러한 반발을 목격할 수 있었다. 2011년 말 뉴욕의 월 스트리트에 수많은 시위대들이 몰려 탐욕스러운 자본주의자들과 기업들이 경제 위기를 초래했다고 강도 높게 비판했다. 약 두 달간 월 스트리트를 점령했던 이 시위는 하버드 대학교 캠퍼스는 물론, 유럽 등 약 80여 개국으로 확산됐다. 그리고 반년이 지난 시점까지도 전 세계 곳곳에서 산발적으로 시위가 발생했다. 역사적으로 거듭되는 규제와 반발을 접하면서 대중과 정부가 그렇게 호락호락하지 않다는 것을 기업들은 깨달아 왔다.

기업에 착한 사람의
이미지를 입혀라

⋮

　삼성전자의 '또 하나의 가족' 광고캠페인을 기억하는가? 클레이 애니메이션으로 제작된, 온 가족이 시골집에 둘러앉아 화목한 시간을 보내는 그 광고 말이다. 또는 '여보, 아버님 댁에 보일러 하나 놓아 드려야겠어요' 하는 광고는? 우리는 기업과 제품에 인간의 감성을 입히는 광고캠페인을 일상적으로 접하고 있다. 그러다 보니 기업을 너무나 자연스럽게 '사람처럼' 받아들이고 있다. 이러한 광고캠페인의 자연스러움은 지난 100여 년간 기업들이 갈고닦은 대중 홍보와 광고 기법의 승리다.
　대중의 반발심에 대처하는 부드럽지만 효과적인 방법으로 20세기 초부터 기업들은 '착한 기업 이미지'에 주목했다. 그 결과 사람의 마음을 잡기 위한 새로운 종류의 홍보, 광고, 마케팅, 경영 기법이 등장했다.

직원들이나 친근한 이웃 같은 모델을 광고에 등장시켜 '인간미가 넘치는 기업'의 광고를 만들거나 상징적인 캐릭터를 내세우기도 했다. 그럼으로써 '인간의 마음을 지녔기에 책임감도 있어 보이는 기업'의 이미지를 적극적으로 홍보·마케팅하기 시작했다. 1910년대에 AT&T나 GE, GM 같은 대기업들이 선두에 섰다. 예를 들어 전화 회사인 AT&T는 교환원과 설치 기사, 주주들을 광고에 출연시켰다. '우리의 주주들'이라는 제목의 잡지 광고에서는 미망인으로 보이는 한 여인이 어린 자녀 둘과 함께 AT&T 유가증권을 읽는 모습을 보여 준다. 이는 AT&T가 회장 개인 소유가 아닌 국민들이 주식을 통해 함께 소유할 수 있는 기업이기 때문에 민주주의의 발현이라고 선전한다.[20]

GM은 대표 자동차 브랜드인 뷰익의 잡지 광고에서 온 가족이 뷰익을 타고 시골길을 달리는 모습을 보여 준다. 1910년대 GM의 홍보이사였던 알프레드 스웨인Alfred Swayne은 말한다.

"기업이라는 단어는 차갑고 비인간적이라 오해와 불신을 사기 쉽다. 반면 '가족'이라는 단어는 인간적이고 친근한 느낌이 든다. 편안한 가족 같은 모습이 바로 GM이 추구하는 이미지다."[21]

기업들은 '신자본주의new capitalism'라는 용어를 쓰며 보다 나은 작업 환경과 적절한 임금, 사원 복지를 약속했다. CEO들이 대중매체 등의 앞에 나서서 '우리는 정부와 노조가 나서지 않아도 스스로 책임감 있게 행동한다', '기업은 이 사회를 위해 좋은 일을 많이 할 수 있다'는 메시지를 전했다.

1930년대 주식 대폭락으로 촉발된 대공황으로 기업들의 신뢰가 땅에 떨어지면서 이러한 움직임은 더욱 강화됐다. 대공황을 일으킨 '탐욕스러운 기업'에 대한 불신을 누그러뜨리기 위한 기업들의 '사람의 마음을 지닌 착한 기업' 활동은 더욱 활발해졌다.

1930년대 경제공황 당시 문제 해결을 위해 루스벨트 정부가 내놓은 뉴딜 정책이 시행되면서 '자발적으로 착하게 행동하려던(또는 그렇게 보이려던)' 기업들은 어쩔 수 없이 정부의 시장 개입과 규제라는 처방약을 받아들여야 했다. 그리고 이후 정부가 바꾼 시장의 규칙 아래에서 노동 복지와 사회 복지 향상에 참여하며 차차 세력을 키워 왔다. 권력이 커지는 만큼 책임도 키움으로써 기업에 대한 경계와 반발을 어느 정도 누그러뜨릴 수 있었다.

하지만 또 한 번 자유를 통한 기업의 이익 극대화는 역사적인 큰 기회를 맞게 됐다. 1973년과 1979년 두 차례의 오일쇼크로 서구는 실업률과 물가 상승, 경기 침체라는 삼중고에 처했다. 소위 스태그플레이션이었다. 이때 '경제난을 타개하려면 시장 자유화를 통해 경쟁을 촉진시켜 시장을 살려야 한다'는 목소리가 커졌다. 이로써 '보이지 않는 손'을 신봉하는 신자유주의가 득세하게 됐다. 1979년 취임한 영국의 대처 수상과 1980년 취임한 미국의 레이건 대통령이 신자유주의를 경제 정책의 근간으로 삼았다. 기업들은 또 한 번 최대한의 자유를 누리며 민영화와 감세, 규제 완화 등 권력의 무한 팽창 기회를 잡게 됐다. 더불어 이 시기에는 교통, 통신의 발달로 세계화가 가속화됐다. 국제기구인 WTO는 기업들의 글로벌 비즈니스를 방해하는 각국에 '규제 철폐' 압력을 행사할 수 있게 됐다. 이제 기업의 권력은 국제기구와 손잡고, 한 국가의 국경

안에 한정되어 있는 정부 권력을 넘어서게 됐다.

그리고 이익 집착형 사이코 기업 경제의 양상은 거듭되는 논쟁 속에서 전면전을 맞게 됐다.

주주의 이익이 우선인가?
사회적 책임이 우선인가?

⋮

"기업에게는 사회적 문제를 해결할 의무가 없다. 기업에게는 이익 극대화라는 오직 하나의 사회적 책임이 있을 뿐이다."

1970년 《뉴욕타임스》에 실린 이 사설 하나가 엄청난 논쟁의 불을 당겼다. 노벨 경제학상 수상자이자 신자유주의 경제학의 대부라 불리는 밀튼 프리드먼Milton Friedman의 사설이었다.

프리드먼은 "책임 있게 행동하려는, 소위 기업의 사회적 책임을 운운하는 경영자들은 결국 자신의 돈이 아닌 타인, 즉 주주에게 돌아가야 하는 돈을 유용하는 셈이다"라고 비판했다. 좋은 일을 하려면 개인 돈으로 기부나 할 것이지 왜 당신이 쓸 권리가 없는 회사 돈을 마음대로 쓰느냐는 것이다. 그는 "기업의 사회적 책임 활동은 지난 수십 년간 자유경쟁 사회의 근간을 훼손했다. 기업이 내는 세금으로 정부가 사회문제를 해결해야 한다. 그것이 정부의 고유 역할이다"라고 지적했다.

주주 이익의 극대화만이 기업의 사회적 책임이라는 입장을 '주주이익주의shareholder theory'라고 한다. 프리드먼은 "기업의 이익을 키워주는 사회적 책임 활동에 한해서만 비용 사용이 정당하다"고 말한다. 예컨대 직원들의 복지 예산을 늘린다면 그 결과 생산성이 높아졌다는(복지 예산으로 들어간 돈을 보충하고도 남을 만큼의 이익을 더 냈다는) 확실한 인과 관계를 증명할 수 있을 때에만 비용 사용이 정당화된다는 말이다.

이에 대해 정면으로 맞서는 입장이 '이해관계자 이익주의stakeholder theory'다.[22] 이해관계자란 주주뿐 아니라 직원, 소비자, 기업이 속한 지역사회, 정부, 환경 등 기업 활동과 밀접한 관련을 맺고 있는 모든 대상을 말한다. 이 입장은 주주의 이익만 생각하는 편협한 이기주의가 다른 이해관계자들의 이익을 해치는 경우를 낳았다고 비판한다. 기업은 다른 이해관계자들에 미치는 영향을 고려해 종합적이고 폭넓은 관점에서 사업 의사 결정을 해야 한다는 것이다. 이 입장은 기업의 목적과 의미를 주주의 금전적 이익을 넘어 '모두를 위한' 가치 창출의 개념으로 확대시켰다. 또한 종업원의 신뢰, 일자리, 지역 경제와 사회의 발전, 소비자의 만족, 환경오염의 최소화 등 보다 폭넓은 가치를 만들어내는 존재로서의 기업을 설명할 수 있게 되었다. 이는 기업의 사회적 책임론, 지속 가능한 경영에 대한 논리적 토대가 됐다.

이미 1930년대부터 학계와 기업계에서 이해관계자 이익주의의 입장을 수용해 왔다. 1932년 에드윈 도드Edwin Dodd라는 기업 연구가는 "기업이 주주의 이익만을 대표하는 것이 아닌 영향을 미치는 모든 사람들의 이익을 지키는 사람이라고 인식해야 하고, 이 인식을 전파해야 한다"며 무책임하게 행동하는 기업은 존립에 위협을 받을 것이라고 내다보았다. 또한 1934년 GE 회장이 "대기업이 앞장서서 근로자, 대중, 주주에게 책임지는 모습을 보여야 한다"고 말한 것은 오늘날 기업들이 하는 말과 매우 닮아 있다.23)

하지만 이해관계자 이익 이론도 모호한 면 때문에 비판을 받았다. 우선 이해관계자의 범위가 너무 넓다. 그 모든 이해관계를 다 파악해서 그들의 관심사를 의사 결정에 일일이 다 고려해서 반영할 수 있을까? 과연 그들의 이해관계를 모두 만족시킬 수 있는 결정이 있기나 할까? 만약 이해관계자들의 요구가 상호 충돌한다면 누구의 요구를 우선 고려해야 할 것인가? 예를 들면, 직원들의 임금 인상 요구를 어디까지 받아들여야 주주들의 이익을 과도하게 깎아 먹지 않겠는가? 이런 것을 다 따지다 오히려 기업이 망할 수도 있다. 오늘날처럼 치열한 경쟁 속에서 기업들이 신속하고 정확한 사업 의사 결정을 내려야 하는 상황에서는 말이다.

이 두 입장 간의 첨예한 논쟁은 지난 2007년 경제지 《이코노미스트》의 '착한 기업을 찾아서'라는 기사로 다시 불거졌다. 클린턴 정부의 노동부 장관이었으며 UC버클리 교수인 로버트 라이시Robert Reich는 그의 책 『슈퍼 자본주의』를 통해 "기업의 사회적 책임이라는 부수적인 부담이 기업들에게 큰 비용으로 작용하고 있다. 기업은 사회적으로 책임이 있을 수 없다"고 잘라 말한다.

라이시 교수는 기업들이 사회적으로 책임이 있었던 제2차 세계

대전 직후의 미국을 돌아본다. 당시 경영자들은 경제성장의 이익은 균등하게 나눠야 할 의무가 있다고 믿었다. 지금의 기업들과는 반대 입장인 셈이다. 그렇다면 그때와 지금의 기업 환경은 무엇이 다를까? 당시 미국의 큰 회사들은 독점의 사치를 누리고 있었다. 그 사치가 그들에게 사회적으로 책임질 수 있는 능력을 주었다. 그러나 지금의 기업들은 아니다. 오늘날의 슈퍼 자본주의는 격렬한 글로벌 경쟁에 기반을 두고 있다. 그러한 경쟁하에서 회사들은 더 이상 예전의 거대한 부富를 누릴 여력이 없다. 결국 영세한 중소기업들에게는 사회적 환경적 책임을 지려고 할 때 드는 비용 자체가 기업의 생존을 위협할 만큼 부담이 될 수도 있다. 장기적인 이익을 생각하려 해도 당장 오늘내일 먹고살 일을 걱정해야 하는 이들에게는 배부른 소리일 수밖에 없는 것이다. 이런 이유로 라이시 교수는 '기업은 이익 추구라는 본질에 충실해야 한다'는 논리를 펴고 있다.

라이시 교수는 더 나아가 "CSR(Corporate Social Responsibility, 기업의 사회적 책임) 운동가들은 보다 현실적으로 중요한 임무를 잊고 있다"고 말한다. 즉, 정부로 하여금 사회문제를 해결하도록 채찍질해야 함에도 불구하고 오히려 기업에게 사회적인 책임을 전가하는 데 나서고 있다는 것이다. 정치가들은 잘못하고 있는 회사들, 예를 들면 높은 값으로 소비자의 돈을 착취하는 석유 회사들을 공공연하게 비난함으로써 점수 따는 것을 즐기고 있다. 회사들의 잘못된 행동을 허용하는 법규들을 바꿔야 함에도 말이다. 라이시 교수는 "잘못된 법규들이 존재하는 것은 기업 로비스트들의 영향력 때문이다"라고 지적한다.

"월마트나 구글이 좋은 기업이냐 나쁜 기업이냐 하는 논란 자체가 핵심을 놓치고 있다. 핵심은 회사들이 사회 이익에 반하지 않게 행동하도록 규칙을 세우는 역할을 '정부가 해야 한다'는 사실이다. 더 나쁜 것은 회사들이 착한 기업 이미지를 앞세워 대중들로 하여금 '문제들이 처리되고 있다'고 믿도록 호도한다는 것이다. 그럼으로써 보다 의미 있는 정치적 개혁을 막는다."

라이시 교수는 기업의 사회적 책임 활동의 공로로 여겨지는 것들에 대해 반박한다. 사회적으로 책임 있는 회사들이 더 이익을 낸다고? 라이시 교수의 입장은 '헛소리 마라'이다. 분명 회사들은 때때로 비용을 절감하는 방법들을 찾아낸다. 월마트는 환경을 생각한 그린 패키지를 도입해서 비용을 줄이고 스타벅스는 파트타임 종업원들에게 건강보험을 제공해서 이직률을 낮춘다. 이를 책임 있는 행동이라고 생각한다면 '기업의 사회적 책임'이라는 용어 자체가 기업이 이익을 내기 위해 하는 행동 중에서 사회 전반에 어느 정도 좋은 영향을 끼친다고 하면 무엇이든 다 포함할 정도로 개념이 확대될 것이다.

CSR 옹호자들도 역시 "회사들이 자신의 이익에 반하는 일을 할 것 같지 않다"고 인정한다. 하지만 이들은 "회사들로 하여금 근시안적이고 단기적인 이익보다는 계몽된, 보다 선하다고 생각되는 장기적 자기 이익을 위해 행동하게 만들어야 한다"고 주장한다. 이에 대해 라이시 교수는 "장기적 이익을 위해 착한 일을 하는 것은 사회적 책임 때문이라기보다는 단지 '영리한 경영'일 뿐이다. 물론 잘될 경우 사회적으로 이익을 제공하면서 직원들을 고양시키고 브랜드를 강화시킬 수도 있다"고 말한다.

밀튼 프리드먼과 로버트 라이시 교수의 말대로 합리적이고 공정한 경쟁을 위한 정부의 역할은 필수다. 정경 유착, 로비스트의 영향력에 의해 무너진 규제의 끈을 다시 조이는 것, 불공정한 규칙을 찾아내어 다시 규칙을 세우는 것은 매우 중요하다. 그것이 정부가 해야 할 핵심적인 역할이라는 것은 누구도 부정할 수 없다. 지금과 같은 경제 위기는 이러한 느슨해지거나 구멍 뚫린 시스템을 점검하는 좋은 기회라고 할 수 있다.

하지만 규제에는 한계가 있다. 사이코 기업을 영원히 규제만으로 가둬 둘 수 있으리라고 보는가? 결국 철창을 뚫고 탈출한 한니발 렉터 박사처럼 거대 기업에게는 규제로부터 탈출할 수 있는 똑똑한 머리와 시스템을 바꿀 돈, 능력(로비력)이 있다. 어떤 방식으로든 규제를 피해 빠져나갈 여지는 마련될 수 있다. 위법이 아닌 편법을 추구할 수 있을 정도로 기업은 우수한 두뇌들이 모인 집단이다. 수십만, 수천만 가지 경우를 다 고려한 완벽한 규율은 나올 수 없다. 규율의 채찍만으로는 문제를 다 해결하기는 힘들다는 점을 감안하면 당근도 필요하다. 예를 들어 하이브리드 차량에 대한 세제 혜택이나 친환경, 공정 무역, 에너지 절감 제품 인증 마크 등과 같은 보상 수단이 '착한 일'을 장려하기 위한 당근이다. 이 같은 규율과 당근은 착한 행동을 이끌어내는 '외적인 동기'라고 할 수 있다.

거기에 더해서 더 현실적이고 절실한 기업 자체의 니즈needs, 즉 자율적인 '내적 동기'를 강화하는 데 주목해야 한다. 기업들이 자발적으로 자기 규제에 나서서 사회적·환경적 가치를 추구하지 않으면 안 되게끔 만드는 동기 말이다. 기대치를 넘어서는 더 높은 수준의 제품, 기업, 문화를 만듦으로써 경쟁자들보다 앞서고픈 욕구, 이해관계자들의 마음으로부터 존경받는 기업이 되고 싶은 욕구, 돈을 벌 뿐만 아니라 사회적인 기여도 하고 싶은 이타적인 욕구 말이다. 만약 규제와 보상 같은 외적 동기와 자발적인 내적 동기의 두 가지 축, 두 가지 씨실과 날실을 엮는다면 더 촘촘한 경제 안전망을 짤 수 있을 것이다.

라이시 교수는 "기업들이 자신의 이익을 위해 하는 착한 일들은 사회적으로 책임 있는 행동이 아니라 단지 영리한 경영일 뿐이다"라고 비판했다. 이는 기업의 자율적인 내적 동기가 지닌 가능성을 과소평가한 말이다. 기업이 이익을 얻는 동시에 사회적 혜택을 만들어낼 수 있다는 아이디어는 기업들의 강력한 내적 동기로 작용한다. 이러한 내적인 동기야말로 정부의 규제로는 해결되지 않는, 경제 정책의 구멍을 메워 줄 방법이다. 또한 낡은 자본주의를 근본적으로 바꿀 실마리다. 사이코 기업들이 만들어내는 경제 · 사회 · 환경적 병리 현상을 해결할 단서는 이러한 내적 동기에서 찾아야 한다.

내적 동기가 강하게 작용한 아시아 기업들의 사례를 통해 착한 기업이 어떤 문화, 어떤 기업 정신을 바탕으로 태어날 수 있는지 생각해 볼 수 있다.

착한 기업의 가능성을 보여 준 아시아의 기업들

"저희 직원들은 아무 잘못이 없습니다. 회사가 잘못된 것은 전적으로 제 책임입니다. 부디 저희 직원들이 새로운 직장을 찾을 수 있도록 도와주십시오."

1997년 11월 일본의 NHK 방송에서 한 기업인이 눈물을 흘리며 기자회견을 하는 모습이 방영됐다. 그의 이름은 노자와 쇼헤이. 야마이치 증권의 CEO로서 회사의 파산 기자회견을 하는 중이었다.

이날의 기자회견은 일본의 '잃어버린 10년'을 상징하는 모습이었다. 경직된 사회와 침체된 경제, 금융 기업의 몰락, 실업자들의 양산으로 신음하는 일본이 적나라하게 드러났다. 하지만 그의 모습에서는 그 이상의 무엇이 있었다. 보는 이들마저 눈물짓게 할 정도의, 나보다는 직원들을 생각하는 공동체적 책임 의식이었다. 이는 서구의 어떤 CEO들도 보여 주지 않은 지극히 예외적인 모습이었다. 기업과 사업이 망가져도 막대한 보너스를 챙겨 쿨하게 떠나는 미국의 CEO들과 달리, 때때로 일본의 망한 기업 CEO들은 무릎을 꿇고 눈물을 흘리며 책임감 때문에, 남겨질 직원들 걱정에 몸을 떤다.

우리나라에서 가장 오래된 기업은 동화약품이다. 이 기업은 마시는 소화제 '활명수'로 1897년에 사업을 시작한 동화약방이 모태다. 당시 소화기 질환이 많았던 민간인들은 급체로 죽기도 하고 소화불량에도 탕약을 달여 먹어야 했다. 당시 조선 궁중 선전관(무관의 한 직급)이었던 민병호 선생은 한의학에 조예가 깊었는데, 이러한 불편한 현실을 인식하고는 양약과 한약을 복합해 편리하게 마실 수 있는 소화제 활명수를 만들었다. 그리고 이를 대중화하기 위해 동화약방을 창업했다. 이후 동화약방은 일제시대 독립운동 자금을 조달하는 역할도 담당했다. 역대 사장 중 세 명이 독립운동가로 활동했다. 해방 후 6·25 사변을 겪은 혼란기에도 이익을 위해 약값을 함부로 올리지 않았다. 기업의 태생과 성장 과정에서 사회적인 가치를 추구했다. 1937년에는 지배인, 오늘날로 치면 전문경영인인 윤창식 5대 사장이 취임했으며 '동화 정신'이라는 기업가 정신을 확립했다.

- 동화는 좋은 약을 만들어 소비자에게 봉사하고 그 효험을 본 정당한 대가로 경영되는 회사다.
- 동화는 정도를 밟고 원리·원칙에 의하여 경영되는 회사다.
- 동화는 젊어서 정당하게 땀 흘려 일하고, 노후에 잘살아 보려는 동

화 식구의 회사다.
- 동화는 동화 식구가 업무 수행 중 잘못이 있을 경우 이를 솔직히 시인할 줄 알고 고쳐서 전화위복이 되게 하는 회사다.

기업이 종업원과 고용계약 관계를 넘어 '식구, 가족'으로서의 관계를 추구한다는 것, 소비자에게 좋은 제품을 팔아 바른 방법으로 돈을 벌겠다는 것 등을 밝혀 놓은 기업의 철학은 '주주의 이익을 극대화한다'라는 서구의 자본주의와는 확실히 다른 양상을 보여 준다.

나는 아시아의 기업들이 보여 준 가치 사상과 공동체주의(부정적인 의미로는 집단주의)에서 서구의 개인주의, 이기적인 합리주의가 낳은 병폐를 넘어설 수 있는 가능성을 보았다. 오랜 역사를 통해 서구와 다른 양상의 정신문화를 이룩해 온 아시아는 공동체 의식을 바탕으로 사회적인 책임감을 갖는 기업 활동에 대한 개인적·사회적 욕구가 높았다.

계약 관계를 기반으로 한 영미 자본주의 기업들과 달리 일본과 한국의 수많은 기업들은 '가족주의'를 표방하며 평생 고용, 보다 인간적인 관계를 추구해 왔다. 무엇이 이런 차이를 만든 것일까? 바로 기업과 이를 운영하는 사람들이 속한 문화다. 이미 우리는 오랫동안 사회적 책임과 관계를 중시하는 문화 속에 살아왔다. 유교를 바탕으로 한 아시아 문화권에서는 공자, 맹자가 사상을 세운 기원전부터 상호 관계와 전체 속에서의 개인의 역할, 리더가 지향해야 할 이상적인 모습, 즉 대의大義를 생각하는 군자君子에 대한 논의가 사회와 문화적 현실을 형성해 왔다. 한마디로 '나무뿐만 아니라 숲까지 보는 넓은 혜안'을 중시 여겼다.

> 子曰, 君子 喩於義, 小人 喩於利.
> 공자께서 말씀하시기를, "군자는 의를 밝히고 소인은 이익을 밝힌다"라고 하였다.
>
> — 『논어』

이처럼 대의를 높이 여기는 유교 문화와 사상에 익숙한 개인들이 모였으니 기업 문화와 역할, 가치관도 서구와 차이가 날 수밖에 없다. '합리적인 이기주의'와 '무책임한 이익 추구'로 상징되는 서구의 사이코 기업 경제와는 다른 경제적 양상이 아시아적인 가치관과 문화에서는 펼쳐질 여지가 있는 것이다.

문화의 차이가 경영의 차이를 낳는다

네덜란드의 문화인류학자인 호프스테드Geert Hofstede가 역사적으로 매우 유명한 실험을 하나 했다. 호프스테드는 1967년부터 1973년에 걸쳐 다국적 대기업 IBM의 세계 40개국 직원 거의 모두를 대상으로 설문 조사를 했다. 11만 6000개가 넘는 질문지 데이터가 모였다. 이를 바탕으로 각 나라마다 다르게 나타난 네 가지 문화적 측면을 분석했다. 이 실험으로 '직장에서의 가치는 문화에 영향을 받는다'는 사실이 확인됐다. 이후 추가적인 설문 조사를 통해 50개국 다섯 가지의 문화적 측면으로 늘어나게 된다. 이 조사는 국가에 따른 조직 문화 차이를 조명한 기념비적인 작품이 됐다. 다

섯 가지 문화적 차이를 보면 다음과 같다.[24]

- 집단주의 대 개인주의 '아시아 사람들이 집단주의가 강하다'는 말이 나온 것은 이 조사 결과에 근거한다. 개인주의 관련 수치를 보자. 한국은 18, 타이완은 17, 일본은 46인 반면, 미국은 91, 스웨덴은 71이었다(숫자가 높을수록 개인주의 성향이 강하며, 낮을수록 집단주의 성향이 강하다).
- 남성성 대 여성성 일본처럼 남성성이 높은 문화에서는 경쟁, 성공, 물질, 소유 등을 높은 가치에 두며, 북유럽 국가나 네덜란드 등 여성성이 높은 사회에서는 생활환경, 인간관계, 보살핌 등이 중시된다.
- 권력 격차 거리 power distance 현실에서 권력의 불평등을 스스럼없이 받아들이는 정도를 말한다. 점수가 높을수록 가부장적이고 권위적인 문화이며, 낮을수록 민주적이고 평등한 문화다. 미국은 40, 스웨덴과 노르웨이는 31, 한국은 60, 일본은 54, 필리핀은 94였다.
- 불확실성 회피 불확실한 경우, 즉 모험을 해야 하는 상황을 피하고 싶어 하는 성향이다. 동아시아가 불확실성 회피 성향이 높았다. 한국은 85, 일본은 92, 미국은 46, 스웨덴은 29, 스위스는 58로 나타났다. 미국에서는 벤처기업 창업이 붐을 일으키지만 한국이나 일본과 같은 경우 안정된 직장을 선호하는 것도 이런 성향으로 보면 이해가 된다.
- 장기·단기 지향 한국은 75, 타이완은 87, 일본은 80인 반면, 미국은 29, 뉴질랜드는 30, 스웨덴은 33으로 나타났다. 숫자가 높을수

록 장기 지향의 성향을 보여 준다. 서양 국가들의 단기 지향이 확연하게 드러났다. 평생 고용을 선호하는 일본의 문화가 어디서 왔는지 짐작이 가지 않는가?

단기 이익 중심, 이기적인 합리주의, 개인주의가 지배하는 서구 기업들과 장기 지향, 공동체주의 문화에서 설립된 일본, 중국, 한국 등 아시아의 기업들이 추구하는 가치와 문화는 다르다. 물론 이러한 아시아적인 가치는 양날의 칼처럼 작용했다. 비합리성과 불투명, 비능률, 부패의 원천으로 오랫동안 비판받아 온 반면, 긍정적인 측면에서 본다면 사회 환경적인 가치를 훼손하지 않으려는, 더 장기적인 비전에 근거한 공동체적인 사업 스타일을 낳기도 했다.

호프스테드의 조사와 실험은 집단 문화 연구이기 때문에 개인차를 반영하지는 못한다. 실험 결과를 놓고 각국의 사람들에게 "저 조사 결과에 동감하는가?" 하고 물어보면 "대략 그런 것 같기도 한데, 저 부분은 아니다"라고 반박하는 경우도 많이 봤다(특히 자신들이 생각하기에 부정적으로 느껴지는 항목에서 자국이 높은 점수를 받을 경우). 하지만 그의 연구는 방대한 자료를 근거로 국가 간 문화의 차이를 통해 기업 문화와 리더십, 의사 결정의 차이를 낳는 요인들을 객관적으로 분석했다는 데 의의가 있다.

2002년에 호프스테드가 발표한 나라에 따른 기업 리더들의 관점 차이를 보면 비즈니스 지향점이 문화에 따라 어떻게 극명하게 갈리는지 나타난다.[25]

중국과 인도, 덴마크와 미국의 성공한 기업 리더들에게 열다섯

표1 **중국과 미국 비즈니스 리더들의 목표의식 차이**

국가	중국	미국
가장 중요한 목표	윤리 규범 존중 애국심, 국가 자존심 힘 존경, 체면, 평판 사회에 대한 책임	비즈니스 성장 개인적 부 올해 이익 힘 법률 준수
가장 덜 중요한 목표	새로운 것의 창조 게임·도박 정신 올해 이익 개인적 부 법률 준수	10년 후의 이익 직원에 대한 책임감 가족의 이익과 관심사 비즈니스의 지속성 새로운 것의 창조

개의 선택지를 주고 "상대적으로 가장 중요하다고 생각하는 목표와 가장 덜 중요하다고 생각하는 목표 다섯 가지를 각각 꼽아 보라"고 했다. 여기서는 간단하게 아시아를 대표하는 중국과 서구 대표 미국의 경우만을 비교해 보겠다(1999년 설문 조사 결과).

차이가 명확하게 보이는가? 중국의 기업인들은 사회적인 평판과 윤리, 국가와 같은 공동체적인 가치를 중시하는 데 비해 미국의 기업인들은 단기 이익과 개인의 성공을 더 중시했다. 이러한 차이가 경영 의사 결정과 기업의 비전, 전략 등에 반영된다면 다른 양상의 기업 활동이 펼쳐질 것임을 짐작할 수 있다.

개인의 이익을 넘어 공동체적인 가치를 생각하는 경영자들은 서구 사회에도 물론 있었다. 하지만 개인의 가치관과 윤리 의식을 비즈니스에 반영하려니 전체적인 문화와 시스템이 걸림돌이 됐다. 이익을 기업 활동의 본질이자 목적으로 생각하는 문화에서 그에 반하는 개인의 윤리성과 책임 의식을 발휘할 수는 없기 때문이다.

포드자동차의 창업주였던 헨리 포드가 이런 문화 속에서 꼼짝 못하게 된 윤리적 경영자의 대표적인 예다. 그는 '기업은 봉사하는 기관'이라고 정의하고 "큰 마진은 필요 없다. 합리적 수준의 이익만 거두면 충분하다"고 말하는 양심적인 기업인이었다. 그는 이익을 경영의 목적으로 하지 않았다. 기업 경영을 잘하면 이익은 '우연히' 따라오는 것으로 보았다. 그는 일반적인 기준보다 높은 임금을 근로자들에게 주었다. 소비자들에게 혜택을 돌려주기 위해 포드가 출시하는 모델 T 자동차의 값을 매년 내렸다. 1908년 첫 출시 때 900달러 정도였던 차 값이 1916년에는 그 절반 수준으로 떨어졌다. 그런데 포드자동차 설립 때 투자를 했던 대주주 닷지Dodge 형제가 이에 반기를 들었다. 이들은 포드의 배당금으로 자신들의 자동차 회사를 설립할 계획이었다. 하지만 포드가 모델 T 자동차의 값을 내리기 위해 배당금 지급을 취소하자 소송을 걸었다. 그리고 법원은 닷지 형제의 손을 들어주었다.

"기업을 조직하고 경영하는 주요 목적은 주주의 이익을 증진하기 위해서다. 주주에게 우연히 이익을 주고, 주로 주주 외의 사람에게 이익을 주려고 기업을 경영하는 것은 잘못이다"라는 판결문과 함께.

이 소송은 '주주 이익 우선주의'라는 법적인 원칙을 역사적으로 확립했다. 이익은 결과가 아닌 그 자체로 목적이 되어버렸다. 그리고 서구의 기업인들은 주주 이익을 목적으로 하는 시스템에 발목을

잡혔다.[26)]

반면 동양에서처럼 사회적인 책임과 공동체에 대한 의무의 압박이 큰 문화에서는 오히려 기업 이익을 추구하기 위해 남에게 피해를 주는 것에 대한 반발이 크다. 그렇기 때문에 영미의 자본주의를 그대로 받아들여 구조 조정, 성과주의에 나서려던 아시아 기업들은 때때로 조직 내 반발과 사회적 비난 여론이 걸림돌로 작용하기도 했다. 1997년 IMF 구제금융을 받았던 당시 우리나라에서도 많은 기업들이 구조 조정에 나섰지만 거센 반발과 함께 파업, 소송 등의 진통을 겪어야 했다. 그래서 어떤 기업은 사람을 자르지 않기 위해 사업부를 잘라내 매각하거나 고통 분담의 차원에서 전체 근로자의 임금을 동결 또는 삭감하는 대안적인 방법을 택하기도 했다.

이타적인 기업가 정신이 일군 착한 문화

아시아의 존경받는 기업인들은 사사로운 이익보다는 대의를, 리더의 덕목으로 재능보다는 인격을 갈고닦는 것을 중시했다. 영미 자본주의 기업들이 '합리적이고 이기적인 개인'이라는 전제를 바탕으로 커 온 것과는 다르다. 그래서 이상적인 리더십과 인사, 보상 등에 대한 기업인들의 생각과 양상도 영미 자본주의와는 확연하게 다르다.

이나모리 가즈오 교세라 그룹 명예 회장은 일본에서 '살아 있는 경영의 신'으로 추앙받는 이다.[27)] 그는 27세 때 맨손으로 사업을 시작해 정도 경영과 도덕 경영을 바탕으로 교세라를 세계 100대 기업으로 일궈냈다. 우리나라와는 씨 없는 수박을 개발한 우장춘 박사의 사위라는 인연으로 이어진다. 그는 '세상을 위해, 사람을 위해 일한다'는 이타적인 경영 원칙으로 유명하다.

이나모리 회장이 DDI(현재 KDDI)라는 통신사를 세워 시장에 진출할 때였다. "국민을 위해 장거리 전화 요금을 낮추자. 한 번밖에 없는 인생을 뜻있게 만들자"라며 직원들을 독려했다. 그의 진심이 전해지자 직원들은 열정을 다해 기업의 성공을 위해 뛰었고 고객의 지지를 이끌어냈다. DDI가 주식시장에 상장했을 때, 이나모리 회장은 단 한 주도 받지 않았다. 일체의 사심을 갖지 않기 위해서였다. 막대한 스톡옵션과 보너스를 챙기는 서구의 CEO들의 눈으로는 결코 이해할 수 없는 행동이었다. 이후 휴대전화 사업에 합작으로 진출할 때 수도권을 비롯한 알짜 시장을 상대 합작 기업에 양보했다. 그때도 이나모리 회장은 "손해 보는 것이 이득이고, 지는 것이 이기는 것이다"라는 말로 반발하는 DDI의 임원들을 설득했다. 이후 DDI는 일본 최대 통신사인 NTT도코모와 격전을 벌일 정도로 빠르게 성장했다. 이나모리 회장은 "동기가 선하면 반드시 성공하게 되어 있다"고 강조한다.

경영 일선에서 은퇴해서 거리의 탁발승으로 돌아가기도 했던 그는 말과 행동이 일치하는 청렴한 경영자로 이름이 높다. 그는 46년간 재직한 교세라를 퇴직할 당시 6억 엔의 퇴직금을 받았다. 다른 기업 최고경영자들의 퇴직금에 비추어 보면 형편없이 낮은 수준이었다. 교세라 이사진이 "퇴직금이 너무 적으니 더 받으십시오"라고 설득하자 이나모리 회장은 "나는 일을 즐겼고 사회에 공헌한 것으로 만족합니다"라며 받은 퇴직금마저도 전액 교육기관에 기부했다.

이나모리 회장은 2010년 파산 위기의 일본항공JAL을 구해 달라는 일본 정부의 요청으로 일흔여덟의 나이에 JAL의 회장으로 영입됐다. 그는 무보수로 일하며 단 1년 만에 JAL 사상 최대 흑자라는 실적을 일구어냈다.

이나모리 회장은 말한다.

"리더의 가장 중요한 자질은 재능이 아닌 인격이다."

그는 인생의 방정식을 이렇게 꼽는다.

$$사고방식 \times 열의 \times 능력 = 인생(일)의 결과$$

곱해지는 각 변수는 0에서 100까지의 값을 갖는다. 능력은 지능이나 재능처럼 선천적인 요소다. 열의는 노력하려는 마음과 정열과 같은 후천적 요소다. 즉, 능력이 1밖에 안되어도 열의가 100이면 결과는 그만큼 좋게 나올 수 있다. 하지만 세 변수 중에서도 가장 중요한 것은 '사고방식'이라는 변수다. 이는 철학, 이상, 윤리관 등의 인격으로, +와 -의 값을 갖는다. 다시 말해 부정적인 사고방식(-)을 가진 사람은 능력과 열의가 아무리 뛰어나도 -가 곱해져 최악의 결과를 낼 수 있는 것이다.

"불상사를 일으킨 엘리트들은 모두 보통 사람보다 뛰어난 능력을 가지고 있다. 열의나 사명감도 있고 보통 사람 이상의 노력을 했음에 틀림없다. 그러나 중요한 '사고방식'에 문제가 있어 모처럼 받은 능력과 열의를 올바른 방향으로 발휘하지 못했다. 그래서 잘못된 행동을 범하고 사회에 악영향을 끼치는 등 스스로의 목을 조이는 결과를 초래했다."28)

이나모리 회장은 탐욕스러운 자본주의 엘리트주의를 경계한다.

"미국식 성과주의의 극단적 사례는 사회적인 폐해를 낳는다. 나는 욕심을 부려 월급을 더 받아야 한다고 말하는 사람에게 '만족할 줄 알라'고 말한다."

그래서 미국 지사에서도 교세라는 일본식 집단 성과주의를 정착시켰다. 자신의 이익을 극대화하려는 인간의 합리적인 이기심을 바탕으로 한 서구의 자본주의와는 사고방식 자체가 다르다.29)

우리나라의 존경받는 기업인들 중에도 이기심을 버린 성공적인 기업가가 있다. 고故 박태준 포스코 명예 회장이 대표적이다. 그는 '짧은 인생을 영원히 조국에'라는 좌우명을 지키며 생전에 '무사無私', 즉 '사심 없이 헌신한다'를 실천하는 삶을 살았다.30) 그는 황무지였던 한국의 철강 산업을 세계적인 수준으로 끌어올린 '철강 왕'이었다. 자본, 기술, 원료, 경험, 그 어느 것도 없는 상황에서 대일청구권으로 얻은 자금에 의지해, 오로지 '제철 보국'이라는 사명과 군인 정신으로 포항제철을 세웠다. 25년을 포스코에 몸담았던 그였다. 하지만 1988년 포스코의 기업공개 당시 "직원들이 아닌 임원들은 주식을 받아서는 안 된다. 경영진들이 사리사욕에 사로잡히면 기업을 제대로 이끌 수 없다"며 단 한 주도 받지 않았다. 생의 마지막 순간까지 집도, 주식도 소유하지 않았던 그였기에 임종 당시 자녀들이 병원비를 마련해야 했다. 보국과 애국이라는 대의를 위해 평생을 바치면서 자신의 이익은 결코 돌아보지 않았다. 그의 경영 방식은 '합리적인 이기심'이라는 사심을 근본으로 하는 서구 자본주의의 시각으로는 결코 설명될 수 없다. 또한 그가 일군 세계적인 기업 성과는 '사심이 아닌 대의로서 큰 이익을 만들 수 있다'는 아시아적인 책임 경영의 진수를 보여 준다.

　이러한 사회적인 경영 철학이 서 있는 기업에서는 자신의 이익 극대화만을 생각하는 똑똑하고 무자비한 사이코패스가 성공할 수 없다. 공동체적 가치주의가 인정받는 아시아 문화에서는 경영자들이 이익을 희생하고 윤리적인 결정을 하면 비난이 아닌 격려와 존경을 받는다. 대의를 생각하는 경영자들은 이익 자체보다는 올바른 방식의 사업을 통해 이익이 따라오는 것을 원칙으로 삼는다. 만약 주주도 그 사회의 일원으로서 단기보다는 장기적인 이익, 사회적 책임과 이익의 조화, 가치 등을 중시해야 한다는 의식을 공유하고 있다면 어떨까? 결코 사이코패스적인 기업 활동이 지지, 촉진되지는 않을 것이다. 기업 신뢰의 위기 앞에서는 이러한 균형 잡힌 가치관을 기업인, 주주, 직원 등 이해관계자 모두가 공유하는 문화가 필요하다. 아시아적인 가치의 긍정적인 발현, 이것이 시장과 기업에 대한 의식의 대전환에 필요한 요소다. 이러한 의식의 전환이 이뤄진다면 그럴듯한 이미지 마케팅으로 포장한 '착한 척하는 기업'들이 아닌, '진정성 있는 착한 기업'이 시장을 주도할 수 있을 것이다.

재벌들을 압박하는
한국인의 공동체 의식과 공정성 욕구

아시아 중에서도 유독 한국의 기업 상황은 독특하다. 대기업들은 공동체적인 책임에 대한 사회적인 압력을 많이 받는다. 이는 역사적으로 특수한 성장 과정과 맥을 같이 한다. 한국의 기업들은 전 세계적으로 유례를 찾아볼 수 없을 정도로 눈부시게 빠른 성장을 이뤄냈다. 이는 한국인의 근면성, 한국 정부와 기업의 강력한 유대 관계 등을 전략적으로 활용했기 때문이다.

한국에 자본주의가 도입된 것은 19세기 후반 강화도 조약이 맺어진 이후였다. 하지만 1950년 6·25을 겪으며 일제 시대에 구축됐던 거의 대부분의 산업 기반이 파괴됐다. 전후 경제 재건을 위해 한국 정부는 미국과 유엔으로부터 각종 지원 물품은 물론 대대적인 경제 원조를 받았다. 경제 원조로 끌어들인 외국 자본을 효과적으로 활용하는 동시에 빠르게 국민 생활을 안정시키기 위해 한국 정부는

'선성장 후분배' 정책을 추구했다. 이 과정에서 한국 정부가 기업들에게 정책적으로 각종 세금, 보조금의 혜택을 주었다. 더불어 수입품 관세 등을 통해 국내 산업 보호에 나섰다.

특히 경제개발 5개년 계획은 한국의 기업들이 성장세를 타게 되는 결정적인 환경을 만들어 주었다.[31] 경제개발 5개년 계획은 1960년대에 해외 원조가 끊기게 되자 수출을 촉진해서 외자를 끌어오기 위한 목적으로 시작됐다. 1962년에서 1966년까지의 제1차 경제개발 5개년 계획으로 한국 정부의 막대한 지원이 기업들에 투입됐다. 대기업인 현대, 삼성, LG, SK 등의 모기업들이 1950~1960년대에 설탕 제조, 밀가루 제조, 면방직 등의 3백=白 산업이나 건설업 등을 통해 성장했다. 1960년대만 해도 우리나라 기업들은 해외에서 돈을 빌리기가 쉽지 않았다. 국제사회에서 신용이 낮았기 때문이다. 그래서 정부가 나서서 기업들이 빌린 돈에 대해 지급보증까지 해가며 해외 자본 유치를 도왔다. 국내 기업들은 해외에서의 앞선 기술을 도입, 모방함으로써 고품질의 제품을 생산해야 했다. 하지만 연구 개발을 위한 R&D 자금이 부족했다. 이에 한국 정부는 공공 연구기관들을 출범했다. 공공기관 R&D 예산이 국가 전체 R&D 비용의 50~70%를 차지할 정도였다. 심지어는 산업화 역군, 즉 우수한 엔지니어들을 기업에 대 주기 위해 국민들의 인식을 변화시키기 위한 작업까지 했다.

장하준 교수는 『나쁜 사마리아인들』이라는 책에서 정부의 이데올로기적 설득과 교육 정책이 가져온 효과를 이렇게 말한다.

"한국 정부는 산업 관련 직업을 천시하는 전통적인 유교적 태도를 버리도록 국민들을 설득하기 위해 노력했다. 엔지니어가 되기를 원하는 똑똑한 젊은이들이 없는 현실에서 공학과 과학 분야 정원을 늘리고 재정 지원의 폭을 증가시키는 동시에 인문계에는 상대적으로 정원을 줄이고 재정 지원의 폭을 낮췄다. 그 결과 1960년대 인문계 졸업생의 60%에 불과했던 공학 및 과학계 졸업생 비율이 1980년대에는 거의 비슷해졌다. 물론 이런 정책이 효과를 거둘 수 있었던 것은 궁극적으로 한국 경제가 급속히 공업화되면서 공학도나 과학자들에게 보수가 좋은 일자리가 점점 더 늘어난 덕분이었다. 이렇듯 (진보적인 가치관과 태도의 장려만이 아닌) 이데올로기적 설득과 교육 정책, 공업화가 결합되면서 한국은 세계에서도 손꼽히는 잘 훈련된 공학자 집단을 자랑하게 됐다."[32]

정부 보조와 각종 지원 정책에 힘입어 한국의 기업들은 공격적으로 비즈니스를 키울 수 있게 됐다. 제2차 경제개발 5개년 계획은 1967년부터 1971년까지 진행됐다. 정부는 철강, 기계, 전자 등 중화학공업을 전략적 성장 산업 분야로 정했다. 삼성, 현대, LG, 대우 등이 이러한 분야에서 사업을 확장시킬 수 있었다. 재벌들의 공격적인 성장 노력과 정부의 보조금, 세금 혜택, 정책 지원 등이 어우러져 수출이 크게 늘었다. 그 결과 1963년 GDP의 5%에 불과했던 수출률이 1973년에는 28%로 늘었다. 제2차 경제개발 5개년 계획 이후 전체 수출 중에서 중화학 산업 제품의 비율은 1972년 27% 수준에서 1981년 65%까지 치솟았다.

1980년대 들어서 정부의 신용 정책 덕분에 재벌들은 빚을 내서 사업 확장에 나설 수 있었다. '재벌은 망하지 않는다'와 '빚도 자산'이라는 생각이 팽배했다. 기업들이 자기자본의 600%에 달하는 빚을 내서라도 덩치를 키우는 것이 유행이 됐다. 분식 회계가 만연하는 등 재정 투명성은 악화됐다. 기업 윤리나 사회적인 책임도 경제 성장이라는 이름에 묻혔다.

하지만 1990년대 시장 자유화의 물결이 몰아치며 시장 경쟁이 치열해지기 시작했다. 빚을 내서 무리하게 사업을 확장하던 대기업들은 성장이 둔화되면서 자금 압박을 받게 됐다. 두산의 박용만 회장은 당시 두산이 빚더미에 앉은 상황에 대해 이렇게 말했다.[33]

"1980년대까지 우리나라 소비 시장이 폭발적으로 증가했습니다. 폭발적으로 커지는 시장, 특히 주류 사업 분야에서는 두산이 독과점적인 위치에 있었기 때문에 당시 가장 중요한 화두는 규모의 확대였죠. 4~5년에 걸쳐 엄청난 빚을 지고 공장을 거의 1년 반에 하나씩 지었습니다. 맥주 공장을 하나 지으면 그 당시 돈으로 2000억 원이 넘게 들었습니다. 그렇게 막대한 빚을 내서 한 설비 투자로 폭발적인 시장 수요를 간신히 따라가고 있었지요. 그런데 1993년부터 주류 시장의 경쟁이 치열해지기 시작했습니다. 맥주 시장에서는 하이트 맥주, 위스키 시장에서는 임페리얼, 소주 시장에서는 김삿갓 등이 두산에 도전장을 내밀었습니다. 두산이 독과점적인 사업을 영위하던 것이 전면전을 맞게 된 것이죠. 시설 투자로 부채비율이 688%까지 높아져 있는 상태에서 매출이 예상만큼 안 나오자 문제가 생겼습니다. 현금 흐름이 나빠지기 시작한 것입니다. 1996년에 이르러서는 매출이 2조 7000억 원 정도였는데 1년 동안 현금 흐름이 그 절반도 안 되는 9800억 원에 불과했습니다. 이자로 나가는 돈이 너무 많아서 빚이 빚을 낳는 악순환에 빠져 있었던 것이죠."[34]

1997년 국제 투기 자본에 의해 태국 바트화 가치가 폭락했다. 이를 시작으로 아시아 통화의 신용도와 가치가 연쇄적으로 곤두박질치며 경제 위기가 아시아 전역을 휩쓸었다. 외환 보유고가 바닥이 나면서 한국은 IMF에 구제금융을 신청했다. 국가 신용도는 바닥으로 떨어져 돈을 빌리기도 힘들었고, 결국 막대한 빚으로 사업을 벌이던 재벌들은 유동성 위기에 빠졌다. 800원대였던 원달러 환율이 2000원이 넘는 수준까지 폭등한 상태였다. 대우, 한보, 진로 등 대기업들이 줄줄이 도산했다. 수만 명의 사람들이 직장을 잃고 사회적인 취약 계층으로 전락했고 빈부 격차는 더욱 커졌다. 가족 해체와 자살이 급증했다. 기업이 사회적으로 얼마나 큰 파급력을 지니고 있는지 실감할 수 있었던 사건이었다.

하지만 이 위기의 시대 한국은 전 세계가 놀란 단결의 힘을 보여 주었다. 베스트셀러 『화폐전쟁』의 저자인 쑹훙빙은 한국인들의 특별한 저력을 경이롭게 바라본다.

"(아시아 통화 위기 사태를 일으킨) 국제 금융 재벌들은 한국의 강한 민족정신을 너무 얕잡아 보았다. 정부의 노력과 국민의 협조로 한국 경제는 빠르게 회생했다."[35]

국제 금융 재벌들은 막강한 자금력을 바탕으로 투기를 통해 한 나라의 경제를 위기로 몰아넣는다. 그러고는 시장에 침투해 위기에 몰린 기업 자산을 헐값에 사들인다. 결국 그 나라의 경제를 지배할 힘을 갖게 된다. 한국도 그 덫에 걸려 많은 기업들이 부도를 맞았고, 해외 자본에 시장의 문을 열어 주었다. 하지만 한국은 대부분의 아시아 국가와는 다르게 대응했다. 정부가 개입해 기업의 부채를 떠안거나, 국내 기업들 간의 M&A를 추진했다. 그 결과 수많은 금융 기업과 대기업들이 연쇄 도산하거나 서구 자본의 손에 넘어가는 것을 상당 부분 막았다. 국민들도 힘을 더했다. 텅 빈 국고를 채우기 위해 온 국민이 장롱 속에 잠자고 있던 외화와 금을 모았다. 그리고 한국은 3년 8개월 만에 IMF로부터 빌린 돈을 모두 갚았다. 한국은 세계 금융 재벌들의 작전에 의해 망가지지 않은, 세계 유일의 위기 극복 사례로 남았다.

살아남은 한국의 대기업들은 이후 경영 선진화, 재정 투명화와 건전성 향상, 지배 구조 개선 등의 압력을 받으며 성장해 왔다. IMF 구제금융 이후 급속도로 유입된 해외 자본의 압력과 함께 세계화의 압력, 시민 단체와 정부의 압력 등이 크게 작용했다.

온 국민과 나라가 기업을 키우고 지키는 데 힘을 모았다. 그 결과 한국의 4대 재벌이 한국의 GDP의 절반에 가까운 기여를 하고 있을 정도로 커졌다. 이러한 공생의 성장 구조는 세계적으로 전례를 찾아보기 힘든 특수한 경우다.

특수 상황에 의해 형성된 공동체 의식은 기업이 국가와 국민으로부터 혜택을 받은 만큼 사회적인 책임을 다해야 한다는 국민 정서의 근본이다. 그래서 국가의 중대사에 기업인들이 뛰어들어 직접 중요한 임무를 맡기도 한다. 1988년 서울 올림픽 유치에는 고故 정주영 현대 회장이, 2002년 한일 월드컵은 정몽준 회장, 2018년 평창 동계

올림픽 유치에는 이건희 삼성 그룹 회장, 조양호 한진 회장, 박용성 두산중공업 회장 등이 팔을 걷어붙이고 나섰다. 최근에는 정부 주도 하에 대기업과 중소기업의 동반 성장을 위한 정책이 시행되고, 대기업이 상생의 경영에 나설 것을 촉구하는 움직임도 나타났다.

대기업에 대한 한국인의 이중적인 속마음

싸이가 「강남스타일」로 세계를 정복했다. 유튜브에서 3억이 넘는 조회 수로 세계기록을 세우더니, 팝의 본고장 미국에서 빌보드 차트 '핫100'의 최상위권에 오르는 기염을 토했다. 미주를 정복한 그 여세를 몰아 유럽까지 진출한 「강남스타일」은 텃세가 심하고 아시아에 무관심한 영국의 팝차트에서도 1위를 거머쥐었다. 아시아 가수로는 사상 처음이다. 영국에 사는 친한 동생은 페이스북으로 남다른 흥분을 이렇게 전했다.

"아시아 문화에 전혀 관심이 없는 영국 사람들도 싸이에 물들고 있다! 4시마다 BBC 라디오 하트에서 「강남스타일」이 나온다! 아무도 못 알아듣는 가운데 나만 알아듣는 그 기쁨!"

미국과 캐나다, 마침내 유럽에서도 사람들이 한국인을 만나면 "강남 스타일이 무슨 뜻이야?"라며 물어본단다. 한국이라면 '김정일'밖에 모르는 콧대 높은 서양인마저 열광하게 만들다니. 한국어 가사를 어설프게 흥얼거리며 학교, 거리, 클럽 가릴 것 없이 단체로 말춤을 추는 그들을 보는 즐거움과 기쁨이 정말 쏠쏠하다. 요즘 한국인들은 싸이 덕분에 살맛이 난다. 이런 날이 올 줄이야.

그런데 싸이보다 앞서 세계무대에서 이런 뿌듯한 기분을 우리에게 먼저 안겨 주던 존재가 있었으니……. 바로 한국의 기업이다.

터키 여행을 하던 어느 날 에베소Ephesos라는 고대 유적지에 들렀다. 로마제국의 원형극장, 길, 신전, 돌 위의 낙서들은 물론 사도 요한의 묘 등 기독교의 중요한 유적도 곳곳에 흩어져 있었다. 그야말로 장구한 역사의 숨결과 고대인의 손길이 그대로 느껴지는 곳이었다. 수많은 외국 관광객들이 현장에 있었다. 그런데 이곳에서 생각지도 못했던 한국어 안내 표지판을 발견했다. 영어와 터키어 이외에 이 유적지에서 발견할 수 있는 유일한 외국어였다. 낯선 이국의 땅에서 마치 친구를 만난 듯 반가웠다. 안내판 한구석에는 삼성의 로고가 박혀 있었다. 그뿐 아니었다. 유적지 지도를 보여 주는 대형 안내판에도 삼성 로고가 선명했다.

"오오, 삼성이 이런 데까지 후원을 하는 거야?"

당시 여행 단체의 사람들은 모두 신기해하며 흐뭇함에 사로잡혔다. 이곳을 여행하는 전 세계 여행객들도 우리처럼 곳곳에 있는 한국어를 보고, 우리 기업 삼성의 로고를 보겠지. 이게 바로 한국인들이 느끼는 자랑스러움의 정체였다.

유럽의 어느 공항의 대기 라운지에서 유럽인들이 열심히 들여다보고 있는 TV들에서 LG의 붉은 로고가 선명하게 박혀 있는 것을 발견할 때면, 영국의 윈저 성에 걸린 대형 TV에서 삼성의 이름을 발견할 때면, 대영 박물관 등에 한국관이 자그마하게나마 존재할 수 있었던 것이 삼성과 같은 대기업들의 후원 덕분이라는 사실을 알게 될 때면 누구나 느낄 것이다. '우리나라와 국민들을 대표해 세계 무대에서 한국 기업들이 참 많은 것을 하고 있구나' 하는 고마움, 세계인의 삶 곳곳에 침투한 우리 기업들의 대단함에 대한 자랑스러움을 말이다. 이것은 영국의 프리미어리그에서 뛰고 있는 박지성, 기성용 같은 축구 선수들에게, 올림픽에서 메달을 따는 박태환 같은 대표 선수들에게 우리 국민들이 느끼는 감정과도 비슷하다. 대한민국 대표 기업들은 우리에게 그런 존재다.

하지만 막대한 경제 기여도와 각종 사회 공헌에도 불구하고 오늘날 대기업에 대한 한국의 국민 정서는 애증의 양가감정에 가깝다. 왜일까? 이중적인 이미지 때문이다. 대기업은 전 세계에서 한국을 대표하며 우리 경제를 이끌어 가는 존재이자, 나의 일터이며, 내가 일하고 있는 하청 회사에 일을 주는 존재, 내가 쓰는 질 좋은 물건들을 만들어내는 고마운 존재인 동시에 빈부 격차, 환경오염, 노동 문제, 하청 업체 착취, 오너의 부패와 부정의 온상이 되어 온 나쁜 존재다.

재벌가의 부정, 부패, 횡령 등의 사건으로 총수가 구속 또는 기소되면 법원이나 대통령은 경제에 대한 기여를 이유로 집행유예 또는 특별사면으로 풀어 준다. 그러면 오너와 해당 기업은 또다시 막대한 기부금을 사회에 환원하거나 적극적으로 사회봉사 활동에 나선다. 이처럼 '병 주고 약 주고'가 계속되면서 이를 바라보는 국민조차 '미워도 다시 한 번'식의 이중적인 감정에 시달리게 되는 것이다. 고백하자면 나도 외국인들 앞에서는 삼성전자가 한국 기업이며 세계 1위의 전자업체라고 자랑하면서 기업 비리와 허물은 최대한 입 밖에 내기 싫었다. 이중적인 감정을 지닌 어쩔 수 없는 한국인인 셈이다. 2007년 12월 4일자 《뉴욕타임스》는 이러한 한국인들의 이중적인 감정을 꼬집는다.

한국은 대기업들의 부패한 방식에 질려 왔다. 그러나 경제가 워낙 재벌의 손에 의존하기 있기 때문에, 그리고 재벌의 영향력이 사람들의 일상에 워낙 만연해 있기 때문에 한국인들은 이 거인들을 너무 가혹하게 때리는 것이 그들의 경제적 안녕을 해칠까 두려워한다.

따라서 이러한 패턴이 굳어졌다. 거의 1년에 한 번 꼴로 터지는 스캔들이 재벌들 중 하나를 강타한다. 그러나 조만간 스캔들은 정해진 수순을 밟는다. 뇌물로 기소된 경영자들은 가벼운 형벌만 받고 빠져나간다. 보통 집행유예에 판사의 한마디가 곁들여진다. 만약 그들의 경제적인 기여만 아니었다면 아마 더 엄격한 형벌이 가해졌을 거라는. 그래서 그들 모두 경영자의 자리로 돌아간다. 후회하며, 때때로 복지를 위해 큰 기부를 한 후에 회사를 계속 운영한다. 다음 스캔들이 터질 때까지.

여론조사 기관인 한길리서치센터가 2012년 초에 실시한 설문 조사는 한국인들의 대기업에 대한 이중적인 감정을 극명하게 보여 준다. 전국의 19세 이상 성인 남녀 1000명을 대상으로 "국가 경제에 대한 대기업과 재벌의 기여도에 대해 어떻게 평가하느냐?"는 질문을 던졌다. '긍정적'이라는 답변이 56.2%로 나왔다. 반면 "가정이나 서민 경제에 대한 기여도에 대해 어떻게 평가하느냐?"는 질문에는 '부정적'이라는 답변이 60.2%나 됐다.36) 국가 경제에는 기여하지만 서민 경제에는 나쁜 영향을 준다는 뜻이다. 국가와 서민 경제에 가장 큰 기여를 하는 재벌은 삼성(47.5%), 현대자동차(9.2%), LG(4.8%), SK(4.7%) 순이었다. 동시에 가장 부정적인 영향을 미치는 재벌도 삼성(30.4%)을 1위로 꼽았다. 이어 롯데(7.4%), 현대자동차(9.2%), 한화(4.6%), 두산(4.5%), SK(4.2%) 순이었다.

이와 같은 대기업에 대한 불편한 감정은 한국인의 '공정성'에 대한 높은 열망과 연결된다. 『정의란 무엇인가』라는 책으로 한국 사회에 정의론 선풍을 일으켰던 마이클 샌델 하버드 대학교 교수가 2012년 6월 한국을 방문했다. 그는 강연회 참석자들과 함께 유명인들의 기부금 병역면제, 교과서에 기업 광고를 싣는 문제, 기부금 입학 등 돈으로 살 수 있는 것과 없는 것에 관한 토론을 진행했다. 돈과 시장에 관한 격렬한 토론을 접한 후 "한국은 정의와 공공의 이익, 돈과 시장의 역할에 대해 토론하고픈 이들이 많은 것 같다"고 말했다.37) 외국인의 관점에서 이러한 평가가 나오게 된 것은 한국인이 다른 나라 사람들에 비해 무엇을 유독 중요하게 생각하는지, 무엇이 마음 속에 억눌려 있는지를 보여 준다.

샌델과 아산정책연구원의 공동 조사 결과 미국인보다 한국인들이 사회가 불공정하다고 느끼는 비율이 훨씬 높은 것으로 나타났다 (한국 74%, 미국 38%). 이에 대해 샌델 교수는 "나는 미국 사회가 공정성에 대해 안이한 것 아닌가 하는 생각을 한다. 한국에서 비율이 높은 것은 공정한 사회를 만들기 위한 한국인의 의지가 강한 것이라 본다"고 분석했다.38)

즉, 대기업들이 아무리 돈이 많고 한국에 기여를 한다 해도 대중의 반발심도 만만치 않게 강하다. 기업과 관련한 각종 스캔들이 터질 때마다 온 국민이 들끓는다. 대기업 총수들에 대한 솜방망이 처벌에 대해 NGO들은 강력한 반대 성명을 낸다. 대기업이 소상공인의 사업 영역을 침범하거나 해서 반기업 정서를 자극하면 정부 차원에서, 여론 차원에서 압박이 들어간다. 한국의 기업들이 사회 공헌에 적극적인 것도 이런 사회적인 압력, 공동체 의식이 강한 문화 때문이다. 결론적으로 한국은 강한 공동체 의식을 기반으로 기업의 책임 경영이 가능한 경제적·문화적 환경에 놓여 있다.

오너 마인드가 변수다

한국의 기업들은 속한 사회적인 문화와 정서, 성장 과정뿐만 아니라 지배 형태도 특수하다. 서구 기업처럼 소유와 경영이 완전히 분리되어 있지 않다. 대주주인 오너가 경영에 직접 참여한다.[39] 대주주가 아니더라도 재벌 오너는 '계열사 간 순환 출자'라는 일종의 편법을 통해 전체 기업을 지배한다. 한국의 오너 기업이 가진 특수성, 즉 소유와 경영의 일치는 잘못하면 부패 기업, 잘하면 착한 기업으로 갈 수 있는 극단적인 양면성을 지닌다.

법학자인 바칸은 '소유와 경영의 분리'가 기업을 사이코패스로 만들 위험을 안고 있다고 보았다. 즉, 고용된 경영자, 주주가 무책임하게 각각의 이익만 추구하다 보면 부정과 부패를 저지르거나, 사회 환경적으로 파괴적인 결과를 가져올 결정을 할 수 있다. 그런 면에서 보면 오너 경영의 장점은 명확하다. 기업을 소유하고 경영하는 오너가 책임 경영, 즉 단기 이익보다는 장기적인 비전과 보다 넓은 이해관계자를 고려한 결정을 한다면 영미 자본주의의 사이코패스적 행태에서 기업이 벗어날 수 있다.

반면 단점도 많다. 오너에 의해 의사 결정이 좌우되다 보니 개인적인 욕심이 개입할 수 있고, 비효율적인 경영, 부패와 비리의 온상이 될 위험도 있다. 특히 유교적인 전통에 근거한 위계질서, 절대적인 복종이 미덕이 되는 기업 문화에서는 오너의 뜻에 반해서 경영진들이 독립적으로 주주와 이해관계자들을 위한 의사 결정과 행동을 하기란 힘들다. 그리고 그동안 우리나라 대다수 기업이 오너 경영의 부정적인 측면을 더 잘 노출해 왔다.

다음은 2008년 4월 22일자 《타임》이 이건희 회장의 사임 사건을 조명한 기사의 한 부분이다.

수십 년 동안 여러 대기업들은 소액주주들이나 외국 투자자들, 검찰로부터 이중적인 관행에 대한 공격 대상이었다. 삼성은 보다 독립적인 사장단들을 둠으로써 지배 구조를 개선해 왔으나 이 회장의 존재가 그 과정에 있어서 '물음표'로 남아 있었다. 투자자들에게는 삼성의 경영자들이 주주보다는 이 회장에게 더 충성스럽다는 고질적인 우려가 남아 있다.

결국 한국의 경우 기업이 착한 기업이 될 것인지 나쁜 기업이 될 것인지, 어떤 노선을 타는가는 오너의 마인드에 크게 영향을 받는 구조다. 오너 마인드의 차이가 가져온 극명한 차이를 보자.

회장님은 또다시 검찰행

국내 한 대기업에서 있었던 일이다. 그 기업이 해외 투자자 유치를 위한 투자 설명회를 준비하는 과정에서 해외 대행사 외국인 담당자에게 제안을 했다.

"오너가 직접 나서서 투자자들 앞에서 이야기하시겠답니다."

그러자 해외 대행사의 담당자가 심각한 어조로 답했다.

"그거 알아요? 그분 여기서는 범죄자로 알려져 있어요."

그 경영인이 몇 년 전 횡령으로 집행유예를 받은 적이 있었다는 사실을 외국 투자자들은 기억하고 있으니 직접 나서지 않는 게 좋겠다는 뜻이었다. 한국인들에게는 너무나 익숙해진 재벌들의 집행유예가 한국 땅을 벗어나면 그야말로 범죄자 취급을 받을 중대한 사안이라는 것을 일깨워 준 작은 에피소드다.

많은 경우 오너들은 거듭 범죄를 저질렀다. 특히 2세나 3세 경영인들 중에서는 어려서부터 '황태자'로 자라다 보니 주변에 감히 입바른 소리를 해 줄 참모가 없는 경우도 많다. 검찰은 아예 이들이 또다시 일을 저지를 것을 알고 예의 주시하고 있다가 결정적인 순간에 터뜨린다는 이야기도 기자들 사이에서 종종 흘러나온다. 이렇게 되면 해당 기업의 직원들만 고달프다. 한창 열심히 일해 성과를 내고 착한 일을 벌여 기업 이미지를 구축해 놨는데 오너의 부정과 구속 수사로 한순간에 머쓱해지는 상황이 생긴다.

"창피해도 어쩌겠냐. 회장님인데. 에휴, 나도 모르겠다."
직장인들은 이렇게 포기해 버린다.
위에 언급한 경영자는 최근 또다시 횡령으로 검찰에 소환됐다. 동시에 그 기업은 엄청난 예산을 착한 일에 쏟아 부으며 한국에서 가장 존경받는 기업 리스트에 매년 이름을 올리고 있다. 수많은 재벌 오너들이 거듭 범죄를 저지르다 보니 이제는 직원들 뿐 아니라 국민들마저도 만성이 됐다. 부패한 오너들의 집행유예라는 판결에 분노하다가도 1년 정도만 지나면 어느새 그 사실을 잊는다.

바른 오너 밑에 착한 기업 난다

한국의 오너 기업이 존경받는 진정한 '착한 기업'이 될 수 있음을 보여 준 예가 유한양행과 유한킴벌리다.[40] 이 기업들을 설립한 유일한 박사는 32세 때 미국 유학에서 돌아와 일제 치하의 한국에서 사업을 시작했다. 기업을 만들어 식민 지배하에서 가난한 생활을 하는 동포들에게 일자리를 마련해 주고 싶었기 때문이다. 그는 '건강한 국민만이 장차 교육을 받고 주권을 찾을 수 있다'는 생각으로 제약 기업을 설립했다. 그리고 기업 이윤의 사회 환원, 가장 좋은 상품의 생산, 성실 납세를 기업 이념으로 삼았다. 유한양행은 탈세와 비리가 없는 회사로 유명하다. '털어서 먼지 안 나는 대기업'으로서의 일화가 많다.

박정희 대통령 시절 정치 자금 지원을 거부한 유일한 대기업으로 알려져 있다. 당시 유한양행에 세무사찰이 이루어졌지만 아무런 잘못을 발견할 수 없었다. 그래서 정부는 오히려 모범 납세자의 공로로 동탑 산업훈장을 주고 1년간 세무사찰까지 면제해 주었다.

'투명하고 정직한 기업' 정신은 유일한 박사가 사망한 후에도 지속됐다. 유일한 박사는 자신의 모든 소유 주식을 '한국 사회 및 교육 원조 신탁 기금'에 기증하고 세상을 떠났다. 유일한 박사의 딸인 유재라 씨에게는 '어머니를 돌보라'며 땅 5천 평을 물려주었다. 하지만 유재라 여사도 1991년 세상을 떠나며 전 재산인 200억 원을 공공 재단인 유한재단에 기부했다. 하나뿐이었던 아들에게는 '대학까지 졸업시켰으니 앞으로 자립해서 살아가라'는 유언만을 남겼다. 유일한 박사의 아들이 유 박사 생전에 임원으로서 유한양행의 경영에 관여했던 적이 있었다. 하지만 미국에서 자라서 서구 자본주의의 방식에 젖어 있었던 아들은 정리 해고, 구조 조정 등의 방식으로 기업을 효율적으로 키우려는 생각이 강했다. 민족주의의 바탕하에 공동체 의식을 갖고 보다 인간적인 유대 관계, 노사 간의 신뢰 등을 중시했던 유일한 박사는 결국 아들을 경영 일선에서 물러나게 했다. 합리적인 이기주의를 근간으로 하는 서구 자본주의 방식을 물리친 것이다. 이는 '이익 극대화'를 넘어서 '모두의 조화로운 이익'을 더 우선으로 생각한 경영이었으며, 이타적이고 공동체적인 경영 마인드였다.

오너 일가가 모든 소유권을 기부하고 떠나면서 유한은 소유와 경영이 분리된 형태의 회사가 됐다. 하지만 유일한 박사가 실천으로 보여 준 바른 경영의 문화는 남겨진 직원들에게도 윤리적이고 책임 있는 행동을 스스로 결정할 수 있게끔 하는 든든한 기준이 됐다. 단순히 이익을 생각하기보다는 '올바른 이익'인가를 생각하는 기업 문화와 정신을 기업의 DNA로 심고 간 것이다.

계열사인 유한킴벌리의 또 다른 사례는 창업주의 위대한 정신이 어떻게 지금까지도 기업 현장에서 발휘되고 있는지를 보여 준다. 소비재는 유통 업체의 힘이 큰 시장이다. 그래서 입점 경쟁이나 마케팅 경쟁이 치열하다. 때때로 소비재 업체와 유통 업체 간 담합도 일어났다. 어느 날 경쟁 생활용품사에 포섭된 한 유통 업체가 유한킴벌리에 제품을 다 빼라고 요청했다. 분명 공정한 시장 거래 질서에 반하는 결정이었다. 그 유통 업체에서 발생하는 매출이 연간 수백억 원에 이르는 상황이었다. 당시 그 유통 업체를 담당하던 유한킴벌리의 영업 사원은 영업처를 잃은 사태에 책임을 지고 사표를 냈다.

하지만 사표를 받은 유한킴벌리 사장이 그를 불렀다.

"당신이 잘못한 게 뭡니까?"

영업 사원은 아무런 대답을 하지 못했다. 사장은 말했다.

"이 사표는 받지 않겠습니다. 당신이 잘못한 일이 아닙니다. 조금 더 기다려 봅시다. 당신은 시장에서 우리 회사의 경쟁력을 높일 수 있는 선진 사례를 발굴해 보십시오."

오너의 바른 생각, 경영 방식이 세운 윤리적인 문화가 이 기업이 어떤 상황에서든 불의와 타협하지 않고 눈앞의 손익에 흔들리지 않는 바른 결정을 내리는 근간이 됐다. 이런 형태의 경영 방식, 문화에서는 그동안 수많은 다국적 대기업들이 보여 준 사이코패스적 이익 추구가 일어나지 않을 수 있다.

그러나 대부분 착한 기업은 그 문화를 희석시키지 않을 정도의 작은 규모, 적당한 이익에 머무르는 경우가 많다. 이것이 착한 기업의 한계라고 말하는 사람들도 있다. 더 클 수도 있겠지만 굳이 이익을 위해 위험을 감수하거나 직원들을 쥐어짜면서까지 욕심을 내어 무리하지 않는다는 말이다(2012년 유한양행의 주주총회에서도 기업의 성장 정체에 대한 이슈로 주주들 간에 고성이 오갔다는 기사가 있었다). 오너들 중에서는 아예 작지만 강한 기업, 착한 기업으로 남겠다는 선택을 하는 이들도 있다. 덩치를 키우는 과정에서 기업 정신이 희석되고 타락하는 것보다는 작지만 행복한 기업이 되겠다는 것이다. '다국적 대기업으로 거대화하려면 탐욕이 필수적인가?' 하는 것은 아직은 열린 질문으로 남겨 두어야 할 것 같다.

착한 기업들이 더 많아지기 위해서는, 그리고 착한 기업 문화가 시장을 주도하는 주류로 확실하게 자리 잡기 위해서는 착한 기업이 글로벌 대기업으로 크게 성공하고 그러한 착한 문화를 지속적으로 유지하며 지속 성장하는 사례가 나와야 한다. 만약 이미 거대해진 글로벌 대기업들이 의식의 전환을 통해 진정성 있는 착한 기업으로 거듭난다면 더욱 좋을 것이다. 세계 1위로 올라선 삼성전자와 같은 기업들이 말이다. 그리고 착한 방식으로 그 성공과 명성을 이어 간다면 최고의 시나리오가 아닐까. 한국적인 정서를 기반으로 한 공동체주의, 공정성의 욕구를 바탕으로 오너 경영의 장점인 책임 경영, 장기적인 안목 등을 좋은 쪽으로 살릴 수만 있다면 한국에서 세계적인 착한 기업이 나올 수 있으리라는 희망은 아직 살아 있다.

'의사의 손에 들린 칼은 사람을 살리지만 강도의 손에 들린 칼은 사람을 죽인다'는 말이 있다. 기업의 운명도 마찬가지다. 기업의 힘을 어디에 쓰느냐에 따라 이 세상을 살릴 수도 죽일 수도 있다. 이러한 기업을 움직이는 것은 결국 사람이다. 경영자의 올바른 기업정신, 행동이 얼마나 기업 내 문화와 DNA로 남아 조직원들에게 힘을 발휘하느냐에 따라 기업은 사이코패스로 전락할 수도, 진정한 착한 기업으로 다시 태어날 수도 있다.

제3장

착한 기업 신드롬,
그 불편한 진실

"우리는 끊임없는 친환경 기술 혁신을 통해 이 제품 하나당 오염 물질 배출을 10년 전에 비해 50%나 줄였습니다. 우리는 보다 지속 가능한 경영을 추구하는 친환경 기업입니다."

"환경적 측면뿐 아니라 경제적인 측면에서의 지속 가능성은요?"

"저희 회사는 판매 실적도 좋습니다. 약 네 배 정도 성장했습니다. 향후 10년간 또다시 네 배 이상의 성장을 목표로 하고 있습니다."

"10년 전에 비해 판매가 네 배 늘었으니, 오염 물질 배출량은 결국 두 배로 늘었겠네요."

"네?"

숫자 놀이에 강한 기업들은 때때로 숫자로 대중의 눈을 가린다.

너도 나도 뛰어드는
착한 기업 열풍

"우리는 직원을 소중하게 생각하며 지역사회 발전과 환경 보전, 사회문제 해결을 위해 최선을 다하고 있습니다."

해맑게 웃는 직원들, 푸른 들판에서 뛰어노는 아이들, 온화한 표정의 CEO가 웹사이트에 등장해 온몸으로, 분위기로 말한다. 우리는 정말 좋은 뜻을 갖고 좋은 일을 하고 있다고.

'주주의 이익이냐, 이해관계자의 이익이냐' 하는 논쟁이야 지속되건 말건, 동서양을 막론하고 대부분의 대기업들은 이해관계자 이익주의를 적극적으로 수용하며 대세는 착한 기업 쪽으로 기울었다. 기업들의 웹사이트만 봐도 이를 쉽게 알아볼 수 있다. 월마트, GE, HP, 나이키 등 글로벌 대기업은 물론 삼성전자, LG, SK 등 국내 대기업들도 기업 소개에 사회 공헌, 지속 가능 경영 관련 항목이나 관련 보고서가 빠지지 않는다.

환경오염, 사회적 이슈 등에 대해 일이 터지면 막는 대응 수준의 책임 활동을 벌이던 기업들이 이제는 자발적이고 예방적인 차원의 적극적인 책임 활동을 벌인다. 기업의 활동과 생명이 지구와 인류의 생존에 의해 좌우된다는 의식을 공유하면서 기업의 책임의 범위도 갈수록 넓어졌다. 기업이 지속적으로 성장해 가려면 뿌리내리는 경제, 사회와 환경도 지속적으로 유지되어야 한다는 것이다. 지구가 멸망하거나 경제가 파탄이 나거나 사회가 혼돈에 빠진 상황에서 기업이 비즈니스를 할 수는 없지 않은가? 그래서 '지속 가능 경영'이라는 개념은 경제·사회·환경적인 측면에서 기업의 통합적인 책임을 강조한다. 이를 지속 가능 경영의 3대 축이라고 한다. '지속 가능 경영'이라는 단어가 책임의 분야를 조금 더 세분화해서 밝혀 놓기는 했다. 하지만 어떤 기업이라도 인류와 환경이 지속할 수 있는 방식으로 지속적인 이익을 내고 사업을 해야 한다고 본다면 결국 기업의 사회적 책임이나 지속 가능한 경영은 단어의 차이일 뿐 '착한 방식으로 사업해야 한다'는 동일한 개념이다.

1930년대 대공황, 1990년대 엔론 사태로 인한 회계 부정 스캔들, 2008년 금융 위기 등 자본주의의 위기가 닥칠 때마다 대기업의 탐욕에 대한 비판이 거세졌다. 그때마다 기업들은 착한 기업의 이미지를 앞세웠다. 기업들은 '지속 가능 경영', '사회 공헌' 등의 보고서를 발간하고 '우리는 스스로 착한 일을 하려고 노력하고 있다'는 것을 홍보하며 신뢰의 위기에 대응해 왔다.

요즘 더 거세지는 지속 가능 경영, 기업의 사회적 책임 붐은 역설적으로 그동안 기업이 경제·사회·환경적으로 나쁜 결과를 초래했다는 것과, 이로써 기업에 대한 신뢰가 많이 훼손됐다는 현실을 반영한다. 그리고 착한 기업으로의 탈바꿈이 기업에게 지금 필요하다는 것을 보여 준다. 그렇다면 착한 기업 전략이 기업에게 어떤 효용을 가져다줄까?

착한 척하는 기업들의 속내

:

위험 회피

"불쌍한 애들이 고사리 같은 손으로 일해서 만든 제품을 어떻게 쓰나?"

지난 1998년 나이키는 한바탕 곤욕을 치렀다. 파키스탄과 캄보디아 공장에서 아동들을 고용해 노동 착취를 하고 있다는 스캔들에 휘말렸기 때문이다. 당시 영업이익은 37%나 떨어졌고 주가도 20%나 곤두박질쳤다. 기업이 사회적 책임을 소홀히 해 문제가 생기면 결국 기업과 주주의 이익을 갉아먹는다.

1995년은 로열더치쉘에게는 대수난의 해였다. 당시 북해 심해에 '브랜트 스파Brent Spar'라는 낡은 오일 저장탱크를 폐기해 버리기로 한 계획이 엄청난 반대 여론에 직면해 있었다. 그린피스가 나서서 환경 파괴를 비난했다. 로열더치쉘이 바다에 이 거대한 쓰레기를 버리면 앞으로 비슷한 일이 계속되어 북해가 쓰레기장으로 변할 판이었다. 그린피스는 "100톤의 납, 비소 등 유독 물질과 30여 톤의 방사능 폐기물이 오일 시추선에 남아 있다"고 폭로했다. 전 유럽이 분노했다. 주가가 폭락했으며 격렬한 소비자 불매운동과 대규모 직원 이탈이 일어났다(이후 이러한 심해 폐기는 금지됐다).

2006년부터 소니는 원재료 및 부품 조달 업체 4000여 곳에 '우리와 거래하려면 CSR 표준을 지켜라'라는 조건을 내세워 왔다. 노동 착취를 일삼거나 환경오염 기준을 위반하는 업체, 윤리 경영을 하지 않는 업체 등과는 앞으로 거래를 않겠다는 것이다. 이는 세계적인 업계 추세를 반영한 것이다. 소니가 내세운 CSR 표준은 IBM, 마이크로소프트 등 세계적인 기업들이 지키고 있는 표준과 공통된 것이었다. 더 나아가 소니는 도시바, 히타치 등 다른 일본 기업들에게도 CSR 조달 표준 준수에 동참할 것을 권했다.

소니는 이미 뼈아픈 경험을 통해 글로벌 스탠더드에 맞는 CSR의 중요성을 깨달은 바 있다. 2001년 게임기 플레이스테이션Playstation 2를 유럽에 수출하려던 소니는 제품 내에 중금속인 카드뮴이 있다는 이유로 네덜란드 세관으로부터 수입 불가 판정을 받았다. 당시 직접적인 피해액만 2000억 원에 달했다.

유럽연합은 2013년 3월부터 화장품 관련 동물실험은 물론 동물실험을 한 원료를 사용한 화장품의 발매를 아예 금지하기로 했다. 이 경우 한국의 화장품 기업들이 동물실험을 하고 있다면 유럽 수출 길이 막힌다.

멕시코 만 기름 유출 사고로 BP의 주가는 한 달 만에 거의 반 토막이 났다. 막대한 벌금과 환경 처리 비용으로 기업 실적이 악화될 것이라는 전망이었다. 그런데 기름 유출 사고에 대한 시장의 반응이 20여 년 전의 엑손 기름 유출 사고와 비교했을 때 훨씬 급격하다 (아래 그래프 참조). 20여 년 전에는 10% 미만의 주가 변동이 있었다. 그만큼 최근 들어 시장이 이러한 환경 사고에 대해 더욱 민감해졌다는 것을 보여 준다.

결국 매출 감소, 주가 하락, 소비자 불매운동, 거래선 축소, 인재 유출 등의 비즈니스 위험을 줄이기 위해서라도 기업은 사회·환경적으로 책임 있게 행동하거나, 적어도 '착하게 행동하고 있다'는 것을 보여 줘야 한다.

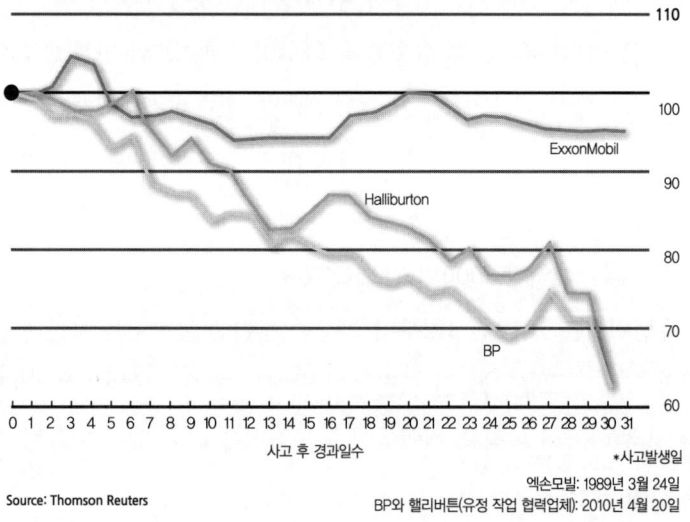

표2 대규모 기름유출사고 관련 기업들 주가 추이
(사고 시점의 주가를 100으로 봤을 때 사고 이후 30일까지의 주가 하락 정도)

Source: Thomson Reuters

엑손모빌: 1989년 3월 24일
BP와 핼리버튼(유정 작업 협력업체): 2010년 4월 20일

출처: 《이코노미스트》, 2010년 6월 2일자

차별화 전략

　기업의 사회적 책임을 서비스와 제품, 이미지 차별화의 아이디어로 활용하기도 한다.
　일본의 미즈호 은행과 미쓰이 스미모토 은행은 '불편 없애기 프로젝트'를 통해 노인, 장애인을 비롯해 누구나 편리하게 은행 시설과 서비스를 이용할 수 있도록 하고 있다.[41] 미즈호 은행은 이를 'Heartful Project'라고 이름 붙였다. 이 프로젝트를 위해 2005년 한 해 투입한 돈만 100억 엔(당시 환율로 약 8000억 원)이었다. 이 은행은 점포에 자동문을 설치하고, 장애인 전용 휠체어 복도를 마련했다. 청각 장애인을 위한 필담용 노트를 창구에 비치하기도 했다. 미쓰이 스미모토 은행은 불편 없애기 프로젝트는 물론이고 어린이들이 직접 계좌를 개설하고 ATM을 통한 예금 인출을 해보는 아동 금융 교육 프로그램도 지원하고 있다.
　미쓰비시 도쿄 UFJ 은행은 독특한 중소기업 지원 금융 서비스를 제공한다. 이 은행은 2005년 환경 융자실을 마련해 대체에너지 및 에너지 절약 관련 사업을 하는 기업들을 대상으로 자금을 조달해 주는 '환경 펀드'를 운영하고 있다. 재활용 및 폐기물 처리 사업 등 환경 보존 사업을 하는 기업들에게 자금을 대출해 주는 '환경 파이낸스'도 운영하고 있다. 2005년에만 298억 엔, 35건의 대출을 성사시켰다. 2006년부터는 중소기업들을 대상으로 CSR 경영 정도에 따라 대출금리 우대 서비스를 제공하고 있다. 일본 기업의 99%를 차지하고 있는 중소기업의 CSR 경영까지 유도하고 있는 것이다.

토요타는 세계 최초로 하이브리드카 프리우스를 만들며 친환경 자동차 분야에서 독보적인 선두 기업으로 자리매김했다. 하이브리드카는 휘발유로 가는 내연 엔진과 전기로 움직이는 배터리 엔진을 함께 장착해 저속으로 운행할 때는 전기를, 고속으로 운행할 때는 휘발유를 연료로 쓴다. 이로써 유해가스 배출량을 기존 차량들보다 90% 이상 줄일 수 있고, 연비는 두 배로 높여 휘발유 사용까지 줄이는 차량이다. 프리우스는 환경보호에 관심이 많은 레오나르도 디카프리오, 제시카 알바 등 수많은 할리우드 스타들부터 사랑을 받으며 입소문을 탔다. 이후 공해 배출 산업의 대표 주자인 자동차 산업에 '친환경 자동차가 미래다'라며 개발 열풍을 불게 했다.

남들이 하지 않는 것을 하는 것이 차별화의 포인트다. 이러한 차별화된 서비스와 제품은 새로운 매출을 일으키거나 새로운 고객을 끌어들이는 원동력이 된다. 아울러 경쟁자들보다 뛰어난 무엇인가를 갖고 있다는 이미지를 고객에게 줌으로써 특정 분야에서만큼은 경쟁에서 우위에 설 요소를 갖게 되는 것이다.

비즈니스 기회 포착

지속 가능한 경영, 기업의 사회적 책임을 통해 새로운 비즈니스 영역과 미래 성장 동력을 개척하는 경우도 있다.

GE는 '친환경적 상상력'이라는 의미의 '에코매지네이션Ecomagination'이라는 환경 프로젝트를 2005년부터 시행해 왔다. 'Ecology'와 GE의 슬로건인 'Imagination at work'의 합성어다. 에너지 효율을 높인 가전 제품, 유기발광다이오드LED, 풍력발전기, 녹색금융 등 친환경적이면서 비용을 줄여 주는 제품을 선보이는 전략이다. 17개로 시작해 지금은 140여 개의 제품을 내놨다. GE는 에코매지네이션을 통해 친환경 상품으로만 6년 동안 850억 달러의 매출을 기록했다. 이들 제품의 매출 성장 속도도 일반 제품에 비해 두 배 정도 빠르다고 한다. 반면 이산화탄소 배출량과 물 사용량 등 환경 영향은 20% 정도 줄였다.[42]

관계·평판의 강화: PR, 사업 허가 및 법률 완화, 투자 유치 등을 겨냥한 전략적 관리

대중과 정부, 지역사회, 공급자, NGO, 언론, 투자자 등 소위 이해관계자들과의 호의적 관계를 강화하고 유지하기 위해서는 책임감 있는 모습을 보여야 한다. 특히 최근 들어 기업에 압력이 거세지고 있는 상황에서는 더욱 그렇다.

BP는 에너지 기업들 중 최초로 탄소 배출을 줄이기 위한 교토 의정서에 자발적으로 서명했다. 당시 에너지 기업들은 탄소 배출권 제도 저지를 위해 로비를 하고 있던 상황이었다. 그런데 동종 업계의 움직임에 아랑곳 않고 이단아처럼 치고 나가면서 BP는 '친환경적인 에너지 기업'의 대표 주자가 됐다. 아울러 대체에너지 개발 등의 사업을 펼치며 '그린Green BP'라는 광고캠페인을 통해 소비자들의 인식에 호의적인 이미지를 심었다. 자원 고갈 및 오염 배출 산업과 친환경 이미지라는 모순이 마케팅 PR을 통해 어떻게 함께 어우러질 수 있는가를 보여 준 대표적인 사례다.

담배, 술, 핵, 무기 관련 업종은 대표적인 '나쁜 산업' 분야다. 제품 자체가 사회적으로 많은 부작용을 낳기 때문이다. 그래서 법률 규제나 NGO로부터의 감시도 심하고 착한 기업만을 골라서 투자하는 SRI(Socially Responsible Investment, 사회책임투자)에 편입되지도 못한다. 담배 회사인 브리티시아메리칸토바코BAT는 영국의 노팅엄 대학교에 '기업의 사회적 책임 MBA' 과정 개설을 위해 700만 파운드라는 거금을 후원했다. 이는 담배 회사임에도 불구하고 장학 사업을 벌이고 특히 좋은 기업 양성을 위한 분야 발전에 기여한다는 명분을 세워 주었다. 사회적 책임을 다하려는 BAT의 자발적인 노력은 2002년 7월 담배 회사로서는 최초로 기업의 사회적 책임 보고서를 발행하는 데서 '보여지기' 시작했다. 이 보고서는 발행하자마자 이듬해 영국 공인회계사협회Association of Chartered Certified Accountants가 선정해 수여하는 사회적 보고서 분야 '최고의 첫 보고서 상'을 거머쥐었다. 게다가 2004년의 사회적 보고서는 유엔환경계획UNEP의 지속 가능 보고서 분야에서 상까지 받았다.[43] 이러한 성공들에 힘입어 BAT는 나쁜 산업 회사임에도 불구하고 다우존스 지속가능경영지수에 편입되는 쾌거를 거두었다[44](하지만 비슷한 명성을 지닌 FTSE4Good 지수에는 편입되지 못하고 있다).

사례에서 보듯 많은 기업들이 그들을 바라보는 비우호적인 여론과 시스템을 변화시키는 방법의 하나로 착한 기업의 이미지를 추구한다. 그리고 이러한 노력은 사실상 규제 완화, 사업 허가, 각종 시상 등 가시적인 성과로 나타난다.

정유, 광업, 담배, 술 등 사회적·환경적으로 비난을 많이 받는 업종의 회사들이 더 적극적이고 빠르게 기업의 사회적 책임 분야의 챔피언으로 등극하는 것은 우연이 아니다. 공격이 거센 만큼 이를 완화할 수 있는 방어막이 더욱 필요하기 때문이다.

다우존스지속가능경영지수와 FTSE4Good 지수[45]

다우존스는 미국, FTSE는 영국의 지수다. 둘 다 사회·환경적으로 책임 있는 기업들의 리스트를 제공한다. FTSE4Good은 담배, 핵발전, 방위산업 등 '나쁜 산업'의 기업들을 모두 제외한다. 반면 다우존스지속가능경영지수는 이러한 제외 요건이 없다. 다만 '동종 업계 최고best in class'의 논리를 근거로 종목별 투자 벤치마크와 '사회·환경적 보고서'의 질에 근거해 판단한 기업 성과를 제공한다. 그러다 보니 다우존스지속가능경영지수에는 '환경 또는 사회 보고서를 잘 쓴 나쁜 기업'들이 포함될 수 있는 반면 '보고서를 출간하지 않은 착한 기업'들은 제외된다는 맹점이 있다.

게다가 등급을 객관적으로 매기는 것도 논란의 여지가 있다. 평가 기준과 가중치도 각 지수마다 제각각이다. 다우존스는 경제적 성과 평가를 포함하고, 고객 서비스에 기업 시민 점수보다 거의 50% 더 가중치를 부여한다. 반면 FTSE4good 지수는 경제적 성과나 고객 서비스 평가를 아예 포함하지 않는다. 평가 영역이 같은 부분에서도 가중치를 다르게 책정하기 때문에 최종 점수가 현저하게 차이 날 수밖에 없다.

또한 그 기준을 어떻게 만족시키는가도 판단하기 힘들다. 언론이나 NGO, 투자자문기관들은 복잡하고 광범위한 전 세계의 기업 활동을 다 감사할 자원이 부족하다. 그러다 보니 전혀 대표성이 없는 데이터를 기준 만족의 평가 기준으로 삼는다. 예를 들어 다우존스지속가능경영지수는 기업의 이사회 규모를 지역사회 관여 측정 수단으로 쓴다. 둘이 아무런 관계도 없지 않은가?

설사 측정 기준들이 정확하게 사회적 영향력을 반영한다고 해도 그 데이터는 때때로 믿을 수 없을 때가 많다. 대부분의 등급들이 기업 스스로 모은 검증되지 않은 데이터를 쓰거나 기업들이 숨기고픈 데이터는 반영하지 못한다.

우리의 눈을 가린
다섯 가지 허구

⋮

여러 가지 이유로 착한 행동이 늘었다고 해도 기업들은 착한 행동을 '양치기 소년의 세 번째 거짓말' 쯤으로 받아들이는 오랜 불신을 극복해야 하는 힘든 상황이다. 앞에서는 착한 척을 하면서 뒤로는 나쁜 짓과 이익을 위한 로비를 서슴지 않았던 기업들에 대한 불신이 그만큼 크기 때문이다. 동시에 대중과 정부는 수많은 기업들 중에서 착한 척하는 기업의 썩은 행동들을 찾아내고 썩은 부위를 도려내야 하는 어려운 과제를 안고 있다. 이를 가리켜 흔히들 자루 속에 들어 있는 사과들 속에서 썩은 사과를 솎아내는 작업에 비유한다. 겉으로 보기에 멀쩡한 썩은 사과 몇 개를 방치할 경우 주변의 사과들마저 급격히 썩는다. 지금 우리에게는 이를 판단할 수 있는 예리한 눈이 필요하다. 그동안 경제 이론, 기업들이 해 온 이야기들, 일반적으로 퍼져 있는 인식들이 편견으로 남아 우리의 예리한 눈을 가릴 수 있다. 그렇다면 지금 먼저 내려놓아야 할, 우리 눈을 가린 허구들은 무엇일까?

보이지 않는 손이 모두의 이익을 만든다?

역사적으로 기업들이 착한 기업의 이미지를 추구하는 때는 기업에 대한 불신과 반발, 규제가 강해지는 시기와 일치한다. 기업들은 스스로 자신의 나쁜 행동을 단속할 수 있다는 것을 보여 주고 대중의 호감을 사면서 행동의 자유를 얻고자 한다. 자유를 통해 다 같이 잘 사는 세상 및 사회 발전이 가능하다는 논리다. 그런데 기업 자유의 근거인 '시장을 움직이는 보이지 않는 손'은 인간이 합리적인 이기주의자라는 가정에서 시작한다. 여기서 잠깐 가슴에 손을 얹고 생각해 보자. 당신은 정말 초지일관 합리적인 이기주의자인가? 아마 대부분의 사람들이 스스로를 그렇게 믿고 싶을 것이다. 하지만 사실 사람은 완벽하게 이성적이고 합리적인 존재가 아니다.

1930년대 대공황 이후 '기업의 무분별한 자유가 경제를 망쳤다'는 인식이 퍼졌다. 이에 정부의 시장 개입을 주장한 것이 케인즈 학파다. 즉, 정부가 공공 정책을 통해 시장에 개입해서 소비를 늘림으로써 침체에 빠진 시장을 살릴 수 있다는 것이다. 자유주의가 낳은 부작용을 해결하기 위한 케인즈의 사상은 기존의 인간의 합리성에 대한 맹목적인 믿음에 의문을 던진다.

'인간의 합리적인 이기주의를 믿은 자유 시장에서 대공황 같은

시장 파탄은 도대체 왜 일어났단 말인가?'

그는 이러한 시장 왜곡이 인간의 비이성적이고 비합리적인 '야성적 충동animal spirit' 때문이라고 말한다. 인간은 누구나 비합리적인 심리를 갖고 있으며, 이러한 심리적인 요인이야말로 시장을 움직이는 힘이라는 것이다.

2001년 노벨 경제학상 수상자인 조지 애커로프와 예일 대학교 경제학 교수인 로버트 쉴러는 '야성적 충동'으로 자신감, 공정성, 부패와 악의, 이야기 등을 꼽았다. 그리고 이러한 심리가 어떻게 인간의 행동에 영향을 미치며, 또 비이성적인 행동이 어떻게 2008년 금융 위기와 같은 시장 실패를 가져왔는지 말한다.[46]

즉, 사람들은 '집값이 계속 오를 거야. 지난 몇 십 년간 계속 그랬으니까'라는 근거 없는 자신감으로 빚을 내어 부동산 투기에 나선다. 그 빚이 자신이 감당할 수 없는 정도임에도 불구하고 말이다. 주식 투자에 무분별하게 뛰어드는 개미 투자자들은 어떤가? 통계적으로 돈을 잃은 사람이 버는 사람보다 더 많다는 사실을 알면서도, 자신보다 뛰어난 전문가들도 돈을 잃는 경우가 많다는 것을 알면서도, 아마추어 투자자가 '나는 돈을 벌 거야'라고 근거 없는 자신감을 갖고 빚을 내서 투기에 나선다.

공정성은 어떤가? 이런 상황을 생각해 보자. 당신은 어느 무더운 여름날 동남아 어느 한적한 바닷가에서 일광욕을 하고 있다. 지금 심하게 목이 마르다. 옆에 있는 친구가 "나 잠시 전화 걸러 호텔에 다녀올게" 하고 말한다. 당신은 반갑게 "○○ 맥주 한 캔만 사다 줘"라고 부탁을 한다. 그런데 맥주가 얼마인지 아무도 모른다. 친구가 묻는다. "동네 구멍가게에 가서 물어보고 없으면 어쩌지? 호텔은 비쌀 텐데. 그래도 사 올까?"

그렇다면 당신의 대답은?

애커로프와 쉴러 교수에 따르면, 이런 경우 "값을 더 내고 호텔에서 사 달라고 부탁한다"고 답한 응답자가 75%나 됐다.

합리성으로 무장한 이기적인 당신이라면 굳이 같은 회사의 동일한 제품인 맥주를 더 비싼 값을 주고 사서 마실 이유가 없다. 그런데 어느새 '호텔은 서비스도 좋고 장소도 더 고급스러우니 더 비싸게 지불해도 된다'는 의식을 갖고 있는 것이다. 이러한 이중적인 가격을 '공정성'을 고려해 받아들이는 것 자체가 당신이 비합리적이라는 증거다.

시장이 객관적인 이성이 아닌 사람들의 주관적이고 비이성적인 심리적인 요인에 의해서 좌우되다 보니 그냥 놔두면 정상적으로 작동하지 않을 수 있다. 부패가 발생하고, 똑똑하지만 악의적인 세력에 의해 루머가 떠돌고, 정보를 가진 사람들이 상대적으로 정보가 없는 사람들을 악용해 돈을 벌고, 독과점에 의해 시장 메커니즘이 왜곡될 수도 있다. 하지만 결국 시장 실패로 인한 큰 피해를 고스란히 떠안는 것은 누구인가? 기업뿐 아니라 바로 우리 모두다. 특히 사회·경제적 취약 계층이 이러한 시장 실패로 인해 더 큰 위협을 받는다. 실업과 불황, 인플레이션 등 어려운 상황은 많은 사회적 약자들을 고통스러운 삶으로 몰아넣는다.

인간의 합리적인 이기심이라는 개념은 오류를 안고 있다. 현실적으로는 합리적이지 않은 심리적인 요인에 의해 행동하는 경우가 많기 때문이다. 따라서 이처럼 현실적인 문제를 안고 있는 가정에 근거해 '기업에게 시장에서 최대한의 자유를 허용해야 한다'는 주장은 설득력이 약하다. 현실적으로, 역사적으로 봤을 때 보이지 않는 손은 시장을 키우는 순기능을 한 것이 사실이다. 반면 시장의 실패, 사회의 양극화, 환경오염 등의 수많은 부작용도 낳았다. 자율 경쟁이 저절로 모두의 이익을 가져온다는 것을 순진하게 믿어야 할까? 보이지 않는 손이 부작용 없이 완벽하게 작동하는 곳은 아마도 이상 세계일 것이다. 모든 사람들이 기계처럼 획일적으로 더할 나위 없이 이성적이고 합리적인 곳, 모두가 정보를 투명하게 공유하는 곳, 공정한 경쟁이 벌어지는 곳 말이다.

기업이 세상의 가치를 파괴하지 않고 오히려 세상을 위한 가치를 스스로 생성하며 자랄 수 있도록 하기 위해서는 '시장의 규칙'과 함께 '적절한 규제'도 세워야 한다. 기업에게 어느 정도의, 어떤 종류의 자유를 허용할 것인지를 결정하는 것이야말로 우리가 당면한 가장 중요한 임무다. 규제는 무조건 '악惡'이라고 몰아대면 시장 실패, 환경오염 등의 부작용을 어떻게 해결한단 말인가? 암이 발생한 부위는 도려내거나 치료약을 쓰는 것이 당연하다. 엉망이 된 경제 상황에서 우리는 '암 환자에게 어느 부위에 어느 정도의 약을 써야 적정한가'를 알아내야 하는 의사의 사명을 갖고 있다. 과도한 규제는 '독毒'이 되지만 적시, 적소에 정량을 쓰는 적절한 규제는 '약藥'이다.

때때로 규제로 인해 기술적 혁신이 촉진되기도 한다. 예를 들어 정부가 '모든 제품의 탄소 배출량을 5년 이내에 현재의 50% 수준으로 낮춰라'라는 규제를 만들면 기업들은 무슨 수를 써서라도 그 기준을 만족시키는 기술을 개발해낼 수밖에 없다. 처음에는 그러한 법안이 기업에게 과도한 비용 부담을 준다며 이런저런 예측치를 근거로 반대할 수도 있다. 하지만 기업 측의 예상이 보기 좋게 빗나간 경우도 많다.

기업들이 반대했던 규제가 약으로 작용한 사례를 보자.[47]

영국에서 최저임금제를 도입하려 하자 기업들은 2년 안에 영국에서 100만 명이 실업하게 될 것이라 예측했다. 하지만 결과적으로 오히려 실업이 20만 명 감소한 것으로 나타났다. 미국의 '대기 정화법Clean Air Act'의 경우도 마찬가지였다. 오염 물질 배출을 제한하는 이 법안으로 기업들은 510억~910억 달러의 추가 비용이 매년 발생하고 200만~400만 명의 실업자를 발생시킬 것이라 예상했다. 하지만 결과는 어땠을까? 기업들에게 매년 220억 달러의 비용 부담을 줬지만 고용은 오히려 22%나 신장됐다. 게다가 그 법안이 초래한 혜택은 1200억~1930억 달러에 달했다.

규제가 적용된 경우, 기업의 자발적인 CSR 활동보다 소비자 행동 변화를 더욱 잘 이끌어내기도 했다. 유럽에서 에너지 효율 등급 같은 '소셜 라벨링'은 소비 습관을 바꾸는 데 엄청나게 효과적이었다. 모든 가전제품들은 에너지 효율 라벨을 붙여야 했고, 현재 최고 에너지 효율 등급을 받은 제품들이 시장점유율의 50%를 넘어섰다. 그리고 등급 산정에 관한 기준도 연구와 법규들에 의해 꾸준하게 향상되고 있다.

이러한 예들은 모두 '보이지 않는 손'보다는 '보이는 손', 즉 적절한 규제가 더 궁극의 이익을 가져왔다는 것을 보여 준다.

주주 경영이 기업을 바른길로 이끈다?

"그것은 악마와의 거래였다."

바디샵의 창업자였던 아니타 로딕Anita Roddick은 생전에 한 인터뷰에서 침울하게 말했다. 사업 확장을 위한 자금을 모으고자 1982년 바디샵을 영국 증시에 상장한 것을 후회하는 말이었다.[48] 도대체 왜 상장이 악마와의 거래였다는 말인가?

그동안 '주주 중심 경영이 기업을 바른길로 이끈다'는 설이 힘을 얻었다. 주식회사는 가장 민주적인 기업 지배 형태라는 것이 많은 기업과 학자들의 공통된 의견이었다. 어쩌면 오너 경영의 부패를 자주 봐 온 사람들은 주주들이 객관적인 압력을 행사함으로써 이를 바로잡을 수 있다는 희망에 단순하게 이러한 주장을 받아들였을 수 있다. 하지만 오너보다 더 탐욕스러운 주주들, 투기 심리를 가진 주주들이 오히려 기업을 망친 경우도 있다. 사회적인 기업 정신으로 유명한 영국의 바디샵이 대표적인 희생양이었다.[49]

바디샵의 창업 정신은 동물실험 금지, 공정 무역, 용기 재활용, 천연 원료 등의 원칙을 내건 '친환경 화장품'이었다. 이 정신은 수많은 사람들의 공감을 샀다. 창업주인 아니타 로딕은 젊은 시절 영국의 시골에서 영어 교사 일을 하던 평범한 아가씨였다. 그러던 중 더 넓은 세상을 경험하고자 일을 그만두었다. 그리고 아프리카와 전 세계 오지를 돌아다니며 NGO, 유엔 등에서 일하며 봉사와 반전, 환경, 인권 운동을 벌였다. 이후 영국으로 돌아온 그녀는 1976년 영국의 작은 해변 도시인 브라이턴에서 첫 가게를 열었다. 전 세계를 떠돌며 배운 친환경적이며 전통적인 화장품 제작 방식을 활용해서였다.

"그동안 화장품 회사들은 이익에만 눈이 멀어 비윤리적이고 환경 파괴적인 방식으로 비즈니스를 확대하고 소비자를 현혹해 왔다. 쓸데없는 과대 포장으로 쓰레기를 만들고 거짓된 광고와 마케팅을 통해 여성들의 허영심과 사치심을 자극하는 방법으로 말이다."

로딕은 이러한 방식에 환멸을 느꼈다. 그래서 그녀가 만든 바디샵은 '인간과 환경의 조화'를 전면에 내세워 착한 방식으로 돈을 벌 수 있음을 보여 주었다.

하지만 상장 후 상황은 달라졌다. 바디샵은 1990년대 중반까지 주주들의 이익 증대 압박에 시달렸다. 로딕은 경영 전략을 다시 세우고 전문 경영인을 영입해 효율성과 영업 실적을 높이는 일에 나서야 했다. 그녀는 말했다.

"주주들은 카지노에서 돈을 잃으면 화를 내고 돈을 따면 더 따기를 바라는 도박사 같았다."

로딕이 평생을 지켜 온 사회적 신념을 위해 1999년 시애틀에서 열린 WTO 반대 시위에 참여하면서 경영진과의 갈등이 불거졌다. 그녀는 바디샵의 지점망을 이용해 WTO 반대 입장을 표명하고 싶었다. 하지만 경영진은 그녀의 말을 받아들이지 않았다. 결국 그녀는 사회적 책임을 다하는 기업으로 바디샵을 계속 키우고자 다시 개인 기업으로 돌아가고 싶어 했다. 그러나 이미 사업이 너무 커져 있었다. 2001년 기준으로 바디샵은 전 세계 50여 개국에 1800여 개 매장을 갖고 있었다. 그녀가 "기업을 다시 사유화하고 싶다"고 말한 직후 바디샵은 수입 급감과 주가 하락 때문에 매각설에 휩싸였다. 로딕 부부는 주식의 24% 정도만 보유한 상황이었다.

결국 바디샵은 2006년 화장품 대기업인 로레알에 팔렸다. 로딕은 로레알이 자신이 지키고자 했던 바디샵의 사회적 책임 의식을 계속 지켜 나가는 한편 로레알이 바디샵처럼 책임 있는 기업으로 변화할 것이라고 믿었다. 당시 바디샵을 인수한 로레알의 최고 경영자도 "우리는 바디샵의 가치를 공유할 것입니다"라고 말했으니까. 로딕이 바디샵의 고문으로 있으면서 로레알의 공정 무역 파트에서 일을 하게 된 것도 그러한 그녀의 신념 때문이었다. 하지만 시장의 반응은 냉담했다. 환경 단체들은 로레알과 바디샵의 M&A를 반대하는 불매운동까지 벌였다. 아무도 바디샵이 그보다 훨씬 거대한 대기업인 로레알을 변화시킬 수 있으리라 생각하지 않았다. 오히려 흡수합병된 바디샵이 로레알의 방식으로 변질된다면 몰라도 말이다.

로딕의 사회적 신념과 영혼이 녹아들었던 책임 있는 비즈니스 바디샵은 결국 비즈니스 확장을 위해 주식회사로 전환하는 과정에서 '주주 이익'이라는 논리 앞에 무너졌다. 그리고 M&A 이듬해인 2007년 아니타 로딕은 뇌출혈로 사망했다.

또 다른 사례를 보자. 금융 위기 직후인 2009년 3월 13일 전설적인 비즈니스 리더의 뼈아픈 자기반성이 있었다.[50] 그는 세계적인 기업 GE의 전직 CEO이자 '주주 이익'의 전도사였던 잭 웰치Jack Welch였다.

"주주 가치주의는 세상에서 가장 멍청한 아이디어다."

그는 1981년 GE의 최고 리더로 취임해 20년간 기업 시가총액을 40배나 높여 놓은 탁월한 CEO였다. 그랬던 그가 28년 만에 180도 돌변해서 자신이 옹호했던 주주 가치주의를 비난한 것이다.

왜 변심했을까?

"주주 가치는 결과일 뿐 전략이 아니다. 경영자인 당신이 신임의 표를 얻어야 할 곳은 당신의 직원들, 고객들 그리고 제품들이다."

이 말 어디서 들어 본 것 같지 않은가? 1920년대에 법정에서 주주 이익주의에 무릎을 꿇어야 했던 포드의 '이익은 우연히 얻어지는 것'이라는 입장과 비슷하다. 즉, '이익은 성공적인 경영의 결과로 따라오는 것이지 추구하는 것이 아니다'라는 입장이다. '돈이 사람을 따라야지 사람이 돈을 따라서는 안 된다'는 말과도 일맥상통한다.

잭 웰치의 말은 주주의 이익을 위해 주가와 배당금 높이기에만 혈안이 된 경영자들의 잘못된 행태를 꼬집은 것이다. 주주 이익을 위하다 보면 장기적인 전략보다는 단기적인 성과에 집중하게 된다.[51] 기업이 거둔 이익은 기업 내에서 재투자되지 않고 배당금으로 투자자들에게 돌아간다. 이것이 잭 웰치가 이끈 GE가 과거에 해 왔던 방식이다. 자생적인 성장보다는 인수합병을 통해 벼락 성장을 하고, 땀 흘려 일구어야 하는 제조업보다는 적은 비용으로 쉽게 돈을 벌 수 있는 돈놀이, 즉 금융업에 집중했다. 예를 들어 투자 회수 기간이 길어 단기적으로는 비용 대비 수익Return on Investment이 낮은 전자 사업은 팔아버리고 수익성이 높은 GE캐피털 사업에 집중했다. 그 결과 GE캐피털이 거두는 수익은 GE 계열사 전체 수익의 60%까지 치솟았다. 하지만 세상 일은 '새옹지마塞翁之馬'라 했다.

금융 위기는 단기주의 사업 방식에 직격탄을 날렸다. GE캐피털이 보유한 자산이 부실화되면서 GE의 가치는 바닥으로 곤두박질쳤다. 2008년 9월 주당 29달러에 이르던 주가는 불과 6개월 만에 4분의 1로 급락했다. 배당금 역시 71년 만에 처음으로 68%나 줄었다. 잭 웰치가 떠난 2001년 AAA였던 GE의 신용도(스탠다드앤푸어스)는 2009년 AA+로 떨어졌다.

GE처럼 주주 이익에만 관심을 갖고 장기 전략을 외면한 미국 기업들은 그 대가를 톡톡히 치러야 했다. 경영자들과 일반 직원들 사이의 소득 격차는 수백 배에 이르고 사회 양극화도 심해졌다. 임금 절감을 위한 글로벌 아웃소싱이 늘어 미국 내 실업자도 증가했다. 이는 사회 전체적으로 제조업의 토양을 붕괴시키고 고용 불안정을 낳았다. 결국 장기적이고 건실한 성장의 토양이 말라버렸다.

바디샵과 GE의 사례는 주주 이익이라는 탐욕 앞에 기업이 얼마나 무방비 상태인지를 보여 주는 예다. 기업 성장의 토대가 되는 공동체와 함께 유기적으로 커 가야 할 기업들이 주주 이익으로 인해 얼마나 쉽게 변질되었는가? 물론 이익은 기업 활동과 생존의 필수 요건이다. 이익을 못 내는 기업은 결국 망하고 만다. 하지만 오늘날 기업이 뿌리내리고 성장하는 세상은 오로지 이익만으로 정의될 수 있는 단순한 환경이 아니다. 사회, 환경, 경제, 사람 모두가 유기적으로 함께 얽혀 있는 거대한 생태계다. 꽃과 나무가 지속 성장하고 개체를 유지하기 위해서는 태양과 공기, 물, 토양, 자양분, 꽃가루를 날라서 개체를 유지 확산시켜 줄 곤충들, 그 모든 것이 필요하다. 물이 생존에 필수적이라고 해서 물만 먹고 살 수는 없지 않은가? 기업도, 사람도 마찬가지다.

존경받는 기업이 착한 기업이다?

미국의 유력 경제지인 《포천》은 해마다 '세계에서 가장 존경받는 기업The World's Most Admired Companies' 순위를 발표한다. 리스트를 살펴보면 거의 대부분이 우리가 알 만한 기업들이다. 다음의 표는 2012년에 발표된 순위 중에서 상위 50개 기업이다.

여기서 한번 틀어서 봐야 할 것이 있다. 이처럼 '착한 행동'으로 잘 알려진 기업들은 대부분 돈 많고 유명한 다국적 대기업이라는 사실이다. 이들 중에는 문제를 일으켰던 기업들도 상당수 포함되어 있다. 애플은 탈세를 위해 조세 회피 지역을 이용하는 꼼수[52]와 중국 생산 공장 노동자들의 열악한 근무 환경과 과도한 작업 시간 때문에 언론의 도마에 올랐다. 2010년부터 협력 업체인 팍스콘의 중국 광둥성 공장에서 살인적인 노동에 못 견딘 노동자들이 20명 가까이 잇달아 자살했고, 2011년 쓰촨성 청두 공장에서 폭발 사고로 네 명의 근로자가 사망했다. 이후 시민 단체, 노동 운동가들과 미국 노동감시단체인 미국공정노동위원회FLA, 중국 정부 관계자까지 나서서 '근로 환경을 개선하라'며 압력을 가해 왔다. 결국 2012년 애플은 팍스콘 공장 노동자들의 노동시간을 60시간에서 49시간으로 줄이고 임금을 25% 올렸다.[53]

2009년 도요타의 리콜 파문, JP모건과 골드만삭스 등 월 스트리

표3 《포천》 선정, 2012년 세계에서 가장 존경받는 기업

순위	기업	순위	기업
1	애플	27	엑슨모빌
2	구글	28	홀푸드마켓
3	아마존	29	UPS
4	코카콜라	30	보잉
5	IBM	31	네슬레
6	페덱스	32	펩시
7	버크셔해서웨이	33	토요타
8	스타벅스	34	삼성전자
9	프록터앤드갬블(P&G)	35	폭스바겐
10	사우스웨스트항공	36	인텔
11	맥도날드	37	듀퐁
12	존슨앤드존슨	38	디어
13	월트디즈니	39	골드만삭스
14	BMW	40	메리어트인터내셔널
15	GE	41	이베이
16	아메리칸익스프레스	42	시스코시스템스
17	마이크로소프트	43	액센츄어
18	3M	44	다임러
19	캐터필러	45	웰스파고
20	코스트코홀세일	46	AT&T
21	노스트롬	47	랄프로렌
22	JP모건체이스	48	세인트주드메디컬
23	싱가포르항공	49	오라클
24	월마트	50*	제너럴밀스
25	타깃	50*	혼다
26	나이키		

(2012년 3월 19일 발표)

트의 금융 기업들이 촉발한 경제 위기를 상기해 보라. 경제가 아직 불안정한 2012년 JP모건은 투기에 가까운 파생상품 투자로 90억 달러 손실이라는 천문학적인 금액의 사고를 또 한 번 쳤다. '세계에서 가장 일하고 싶은 직장'에다 '존경'까지 받는 구글은 반독점법 위반 소송, 개인 정보 불법 수집 관련 이슈로 요즘 홍역을 앓고 있다. GE는 역사적으로 수많은 소송에 휩싸이며 막대한 벌금을 물어 왔다.[54]

《멀티내셔널 모니터》가 밝힌 1990년부터 2001년까지 GE가 유죄 판결을 받은 40여 건의 사례 중 몇 가지만 살펴보자. 1993년 워싱턴 시는 "이스라엘 정부에 불법으로 전투기를 판매한 사실을 폭로한 내부 고발자에게 GE가 손해를 입혔다"며 1340만 달러의 막대한 배상금을 물렸다. 1998년 10월 영국에서는 석면 피해 소송에서 20억 파운드 지불 명령을 내렸다. 또한 2001년 미국 대법원은 GE가 소비자들을 혼란스럽게 해서 식기세척기를 사도록 속였다고 판결했다.

또 다른 존경받는 기업이자 '자원을 책임감 있게 사용한다'고 강조하는 코카콜라는 인도 법인이 물이 희귀한 지역 마을의 우물을 고갈시킬 정도로 물을 대량으로 끌어다 써서 지역사회로부터 고소당했다.

맥도날드의 햄버거가 얼마나 인간의 건강을 해칠 수 있는지 모건 스펄록Morgan Spurlock의 다큐멘터리 영화 〈슈퍼 사이즈 미〉를 보면 충격적이다. 하루 세끼 맥도날드 햄버거만 먹는 한 인간의 인체 실험을 통해 비만과 각종 성인병을 얻게 되는 과정을 적나라하게 보여 준다. 현재 미국인의 3분의 1이 비만이라는 현실은 정크푸드 업체들의 막강한 마케팅의 결과다. 하지만 맥도날드는 여전히 시즌마다 월트디즈니나 픽사의 만화 캐릭터 인형 세트로 아이들을 홀리면서 건강에 안 좋은 정크푸드를 부모님께 사 달라고 떼쓰라며 부추긴다. 그런 방법으로 돈을 벌고 매우 존경까지 받고 있다.

결국 현재 우리가 알고 있는 존경받는 기업이 착한 기업이라는 믿음은 근거가 없다. 존경받는 기업은 착한 기업이라기보다는 한마디로 사람들이 대단하다고 우러러보는 '잘나가는' 기업들이라고 할 수 있다. 높은 인지도를 바탕으로 하고 있으며, 그들의 성과, 사회 활동 등이 사회적으로 널리 인정받거나 이들이 만드는 제품과 제공하는 서비스가 널리 알려지고 쓰이는, 큰 규모이거나 비즈니스가 잘되고 있는 기업들이다. 아울러 눈에 띄는 착한 일을 많이 하고(나쁜 일을 덮을 정도로 말이다. 좋은 일을 많이 한다고 해서 나쁜 일을 한 사실이 없어지는 것은 아닌데 사람들은 각각의 개념을 상쇄의 관계로 착각하는 경향이 있다), 그만큼 많이 알릴 수 있는 여유, 즉 돈이 많은 기업들이다.

현실적으로 사람들에게 잘 알려지고 존경받으려면 돈과 시스템, 인재가 필요하다. 혁신적인 서비스와 제품을 내놓고, 지속 가능 보고서를 작성하고, 사회적으로 책임 있는 프로젝트를 위해 돈을 투자하고, 더 나아가 이러한 활동을 외부로 널리 알려야 한다. 자신들의 혁신 제품들을 잘 만들고, 잘 팔아야 한다. 기업 활동으로 배출되는 오염 물질을 조사해 계산해야 한다. 기업의 재무제표와 성과 중에서 알릴 만한 것들을 추리고, 이러한 데이터를 가공해서 연간 추세 그래프를 그려야 한다. 향후 어떠한 전략으로 혁신적인 제품을 내놓을 것인지, 어떻게 환경오염을 줄이고, 재무제표의 이익을 늘이고, 사회적으로 영향력 있는 활동을 할 것인지에 대해 대안을 제시해야 한다.

이 모든 활동에는 유능한 직원들, 데이터를 조사하고 취합하는 사람, 환경 전문가, 비즈니스 전략가, 재정 금융 전문가, 보고서 작성자 등이 모두 개입되어야 한다. 게다가 이렇게 나온 제품, 데이터, 전략들을 대내외적으로 알리기 위해서는 유능한 홍보, 광고, 마케팅 전문가들도 개입해야 한다.

이 과정에서 시간, 노력, 돈이 개입되는 것은 당연하다. 뛰어난 조직력, 프로젝트를 진행할 돈, 그리고 프로젝트를 더욱 성공적으로 이끌어 갈 수 있는 최고의 전문가 인재 풀이 있어야 가능한 것이다. 그러다 보니 '빈익빈 부익부' 현상이 나타난다. 돈 많은 기업들은 더욱 유명해지고 존경받는 반면, 규모가 작은 기업들은 이러한 순위에 이름 한 번 올리기 힘들다.

문제는 이런 종류의 순위가 기업의 명성과 존경심을 강화하는 수단이 된다는 사실이다. 그럼으로써 '존경받는 기업이니까 존경받을 만큼 착한 행동을 했을 것이다'라는 막연한 기대와 믿음을 사람들에게 심어 준다. 이런 막연한 기대와 믿음이야말로 우리가 떨쳐버려야 할 색안경이다. 존경받는 기업이 지금 이 순간 그들의 말과 달리 뒤로는 잘못된 행동을 하고 있을 수 있다. 막연한 믿음으로 그러한 행동을 못 보고 넘어가는 순간 우리는 눈뜬장님이 된다. 그러면 잘못을 바로잡을 수 있는 규칙을 세우고, 규제를 점검하고, 변화를 촉구할 시기를 놓치게 된다. 마침내 그러한 잘못이 점점 눈덩이처럼 커져서 사회적·환경적·경제적인 가치를 파괴하는 결과를 낳을 수 있다.

회계 부정으로 파산한 엔론도 회계 부정을 한창 저지르고 있던 1999년과 2000년 연속으로 미국 에너지 분야에서 '가장 존경받는 기업' 1위였다. 그러나 이듬해인 2001년 8월 회계 부정이 폭로되며 파산했다. 믿던 도끼에 제대로 발등 찍힌 셈이다. 엔론 사태로 인해 그동안 감춰져 왔던 수많은 기업회계 비리 사건이 한꺼번에 터져 나왔다.

회계 비리를 저지른 많은 기업들이 파산했고, 그러면서 수만 명의 사람들이 직장을 잃었다. 주식에 투자한 사람들은 돈을 모두 날렸다. 이 기업에 평생을 바쳐 일한 사람들은 노후 연금조차 건지지 못한 채 극빈층의 삶으로 한순간에 전락했다. 모르는 사이에 너무 커져버린 부패와 악행은 한순간에 사회·경제적으로 큰 상처를 남겼다. 결국 이는 잘못에 눈을 감고 바로잡을 노력을 하지 않은 우리 모두의 책임과 고통으로 남는 것이다. 이 사건이 터지고 나서야 미국 정부는 '사베인스 옥슬리Sarbanes-Oxley 법'을 제정했다. 이로써 회계 정보에 대해 경영진이 정확성을 보증하고 부정이 발생하면 경영진의 형사처벌과 함께 강력한 제제를 할 수 있게 됐다. 하지만 이미 일어난 일의 상처까지 치유하지는 못했다.

지속 가능 경영 보고서를 보면
그 기업이 착한지 알 수 있다?

최근 불고 있는 기업의 사회적 책임, 지속 가능 경영의 바람과 함께 수많은 기업들이 국제적인 기준을 만족시키는 연간 보고서를 내놓고 있다. 웹사이트에서도 이와 관련한 내용들이 빠지지 않는다. 과연 기업이 내놓는 보고서와 말을 주의 깊게 살펴보면 착한 기업인지 아닌지 판단할 수 있을까? 기업들이 하는 말과 현실이 어떻게 다른지 국내외 몇 가지 사례를 보자.

부패 스캔들은 쏙 빠진 삼성전자의 A⁺ 지속 가능 경영 보고서

미국 《포천》 선정 세계에서 가장 존경받는 50대 기업 중 34위(한국 기업으로 50위 이내 유일), 2012년 기준 KMAC(한국능률협회컨설팅) 선정 한국에서 가장 존경받는 기업 9년 연속 1위인 삼성전자의 지속 가능 경영 보고서 영문판[55]을 한번 현실과 비교해 보자.

2001년에 삼성전자는 윤리 규정을 발표하고 윤리 경영을 향한 열망을 명확히 했습니다. 그 결과 2001년 3월에 삼성전자는 기업 지배 구조 분야 관련 기관인 미국 ISS로부터 기업 지배 구조 향상 분야에서 상을 받았으며, 2002년 11월에는 IR 매거진이 주관하는 2002년 아시아 어워드에서 4개 부문(최고의 주주 가치 소통상, 최고의 로드쇼road show 상, 국제시장에서의 아시아 기업 중 최고의 IR 상, 한국 기업 중 최고의 IR 기업 상)을 휩쓸었습니다.

− 2004년 〈삼성전자 녹색경영 보고서〉 72쪽

[현실] 2004년 2월 참여연대의 소액주주들이 삼성 본사에서 열리는 주주총회에 참석해서 2002년 대선에서의 불법 선거 자금을 전달

한 임원에 대해 질문하려 했다. 하지만 질문은 금지되고 경비원들에 의해 회의장에서 끌려 나왔다. 현장에서 CEO였던 윤종용 부회장으로부터는 욕설을 들었다. 참여연대는 이 사건을 법원에 고소했다. 결국 2006년에 서울지방법원이 삼성전자와 CEO에게 '당시 피해와 모욕을 입은 주주들에게 사과와 함께 보상하라'는 판결을 내렸다.

삼성은 그동안 유명한 해외 기관으로부터 한국 최고의 지배 구조 기업, 아시아·태평양 지역의 최고 IR$_{investor\ relations}$ 기업으로 선정되어 왔으며 이로써 주주 가치를 높였다고 주장해 왔다. 하지만 참여연대는 1997년부터 지배 구조 문제, 이재용의 경영 승계 과정에서의 계열사 주식 헐값 취득과 이로 인한 주주 가치 훼손에 대한 지속적인 소송을 제기해 왔다. 결국 국내외 유명 기관의 순위가 기업의 신뢰성을 보여 주는 데 있어 얼마나 믿을 수 있는 것인가, 도대체 그 기준이 무엇인가에 대해서는 논란의 여지가 많다.

1차 스캔들: X파일 사건

삼성은 세계의 기업 리더가 되는 것을 목표로 합니다. 우리의 인적자원과 기술은 탁월한 제품들과 서비스들을 만들어내는 데 이바지하고, 그럼으로써 더 나은 세계 글로벌 사회를 만드는 데 기여합니다. 이를 위해 우리는 삼성의 가치들—사람, 탁월함, 변화, 진실성, 공동의 번영—을 공유하고 추구합니다. (후략)

우리는 법과 윤리적 기준을 준수한다.

우리는 깨끗한 조직 문화를 유지한다.

우리는 고객과 주주, 직원들을 존중한다.

우리는 환경과 건강, 안전을 생각한다.

우리는 사회적으로 책임감 있는 기업 시민이다.

-2005년 3월 발표한 삼성의 비즈니스 원칙(2005년 〈삼성전자 녹색경영 보고서〉 12쪽)

[현실] 원칙 발표 4개월 후 온 나라를 충격에 몰아넣은 '삼성 X파일' 사건이 발생했다. 2005년 7월 22일에 MBC 이상호 기자가 불법 도청 테이프들의 내용을 방송으로 공개한다. 이 테이프들은 전직 국정원 팀장으로부터 입수한 것이었다. 이 국정원 팀은 1990년대에 정치인, 기업가, 공무원, 기자 등을 도청하기 위해 조직됐다. 테이프 녹취 내용에 따르면 당시 중앙일보의 홍석현 회장(이건희 회장의 부인인 홍라희 여사의 남동생)과 삼성 그룹의 이학수 부회장이 1997년 대선 직전에 대통령 후보들에게 불법 정치 자금을 제공하는 것을 의논하고 있었다. MBC 내부에서 보도를 미루고 있던 시기에 조선일보가 먼저 삼성으로부터 뇌물을 받은 고위 검사들의 명단을 공개했다. 결국 MBC는 사건을 보도했다. 한 기업이 정치, 경제, 언론, 검찰 전 분야에 걸쳐 뇌물을 뿌린 부패 스캔들로 인해 온 나라가 충격에 휩싸였다. 하지만 2005년 말 서울 검찰청은 두 사람의 배임 및 뇌물 혐의에 대해 '공소시효 만료, 불법 도청에 의한 증거를 인정할 수 없음, 실제로 뇌물이 전달됐는지 확인할 수 없음' 등의 이유로 수사를 종결했다.[56]

수사는 끝났지만 X파일 사건으로 대중은 '반反 삼성' 분위기로 들끓었다. 결국 2006년 2월, 삼성은 이건희 회장의 개인 재산 8500억 원을 사회에 환원한다고 발표했다. 이는 한국 역사상 개인 기부액으로는 최대 금액이었다. 이학수 당시 삼성 부회장은 기자회견에서 허리 숙여 공개 사과를 했다. 이건희 회장이 "오직 기업을 경영하는 데만 초점을 맞춘 나머지 사회와 대중의 기대에 부응하며 성장해야 한다는 사실을 등한시했다"고 인정했다는 메시지를 전하면서.

[2006년 보고서] 보고서에 이 엄청난 스캔들을 밝혔을까? 아예 언급이 없다. 다만 2006년 보고서는 〈삼성전자 환경·사회 보고서〉로 이름을 바꾸었다. 보고서에서 삼성은 국가 경제와 국제 경제에 있어서 삼성의 기여를 내세웠다. '국가의 주요한 전략적 임무들에 참여한다'는 표현을 하면서. 더 나아가 '삼성전자는 엄격한 내부 윤리 규정을 준수한다'며 두 쪽에 걸쳐서 수많은 윤리 규정을 모두 소개하며 '삼성의 직원들은 배임, 결탁, 불공정 경쟁을 포함한 비윤리적인 행동을 하지 않을 것'이라는 내용을 강조하고 있다.

2006년 보고서부터는 최초로 영국기준협회British Standard Institution라는 제3자 기관으로부터 독립적인 보고서 평가와 검증을 받았다. 보고서가 국제적인 기준을 만족시키는지 여부를 판단하는 평가다. 이는 보고서의 객관성과 신뢰성을 확보하는 방법이기도 하다. 하지만 앞서 설명한, 당시 삼성이 겪고 있었던 엄청난 사건과 연관 지어 보면 제3자의 감사도 형식적·양적 기준 만족에 대한 것일 뿐 보고서의 중요한 이슈의 포함 여부 및 내용의 적절성, 진정성과 같은 질적인 부분을 검증하지 못한다는 것을 알 수 있다.

2차 스캔들: 김용철 변호사의 폭로

[현실1] 2007년 10월 큰 악재가 터졌다. 삼성전자 법무팀 소속이었던 김용철 변호사가 천주교정의구현사제단과 함께 삼성의 고위 검사 및 정치인 뇌물, 부정부패, 이건희 회장 일가의 불법 비자금 조성을 폭로했다. 그야말로 부정부패 종합 세트였다. 특별검사팀이 구성되고 조사가 진행됐다. 하지만 조사는 이건희, 이재용 부자의 불법 주식 거래로 초점이 좁혀졌다.

앞서도 말했듯 삼성은 1997년부터 참여연대가 제기한 기업 승계 관련 소송에 휩싸여 있었다. 1996년경 임원들이 주도해 삼성 에버랜드의 전환사채와 삼성 SDS의 신주인수권부사채를 당시 시장가치보다 훨씬 싸게 발행해 이를 이재용 상무(현재 사장)가 손쉽게 얻을 수 있게 했다. 이건희 회장의 아들인 이재용 상무에게 기업 승계를 하기 위해서였다. 이재용 상무는 결국 삼성의 주요 주주로 등극하는 한편 막대한 시세 차익을 얻고, 주식 취득세는 아주 적게 낼 수 있었다. 참여연대는 "오너의 주식 편법 거래가 주주들의 이익을 훼손했기에 이를 무효화해야 한다"고 주장해 왔다. 하지만 당시 참여연대는 소송에 패했고, 그 후 지속적인 재소송과 함께 언론과 대중을 상대로 꾸준히 의혹을 제기했다. 결국 삼성 임원 두 명이 불법적인 전환사채 거래 혐의로 2005년 유죄를 선고받았다.

김용철 변호사의 폭로로 또다시 삼성의 주식거래뿐 아니라 각종 부정부패 행위가 수면 위로 떠올랐다. 삼성전자는 수치스러운 스캔들의 중심에 있었고, 이는 기업의 투명성과 비즈니스 이익, 윤리(보고서를 통해 그렇게 강조한) 등에 크게 반하는 중대 사건이었다.

[2007년 보고서] 그해 말에 발행된 보고서에는 역시 아무런 언급이 없었다. 다만 보고서의 가장 마지막 장인 '제3자 감사 보고서 Assurance of Report'에서 삼정KPMG가 "부정적인 내용도 포함하라"며 애매하게나마 내용을 지적해 놓았다.

> 우리의 의견으로는 삼성전자 전 직원의 진술이 나온 이후 진행된 삼성에 대한 독립 조사는 이 보고서에 영향을 줄 수 있다. 하지만 그 영향이 적정하게 추정되지 않았다. 진위 여부를 떠나서 이 상황은 삼성전자의 '대한민국을 대표하는 기업'으로서의 평판에 확실히 걸맞지 않은 상당한 불확실성을 낳을 수 있다. 삼성전자는 글로벌 탑 기업들 중 하나로서의 명성에 걸맞는 기업의 지속 가능 경영을 해야 한다."
>
> – 2007년 〈삼성전자 보고서〉 86쪽

보고서 감사기관으로서 해야 할 말은 했지만 그 내용이 짧고, 완곡하고, 모호하다. 심지어 전 직원이 무엇을 하는 사람이었는지, 누구였는지, 조사 내용이 어떤 것인지조차 알 수가 없다. 전후 상황을 자세히 모르는 사람이라면, 특히 외국인들이라면 이해할 수 없는 내용이다.

[현실2] 2008년 7월 삼성의 이건희 회장은 탈세와 삼성SDS 신주인

수권부사채 불법 거래에 관해 유죄를 선고받고, 3년의 집행유예와 함께 막대한 벌금형을 선고받았다. 유죄가 선고되기 몇 달 전인 4월 22일, 이건희 회장은 김용철 변호사의 폭로로 촉발된 일련의 사태에 대해 "법적·윤리적 책임을 지겠다"며 삼성 그룹 회장직에서 물러난 상태였다. 삼성전자의 CEO였던 윤종용 부회장 등 임직원들도 대대적으로 교체됐다. 핵심 임원진의 변화가 있었던 중요한 사안이었고, 기업의 불법에 대한 유죄 판결로 나라 안팎의 시선을 모았던 사건이었다.

[2008-2009년 보고서] 연말에 발행된 2008년 보고서에 또다시 이와 관련해 아무런 설명이 없었다. 그 직전 해 스캔들이 처음 불거졌을 당시의 보고서에서 감사기관이었던 KPMG가 '중요 사안이니 밝히라'고 권했음에도 불구하고 말이다. 지속 가능 경영 보고서는 여전히 삼성전자가 이룩한 장한 성과들만 나열했을 뿐, 잘못한 일들과 그 결과에 대해서는 함구했다. 이 보고서는 GRI 평가 기준에 의해 내부·외부 검증 결과 B$^+$ 수준의 보고서로 평가됐다.

2009년 중반에 펴낸 삼성전자의 보고서는 더욱 치밀하고 완성도가 높아졌다. 보고서 작성의 기준이 되는 GRI에 이어 2009년에는 새로운 글로벌 기준인 AA1000 APS까지 도입했다.[57] GRI 가이드라인에 따라 이때부터 삼성전자는 내부는 물론, 외부 감사기관의 기준을 모두 만족시키는 A$^+$급 보고서를 만들었다. 삼성은 2009년 보고서에서 "세계에서 가장 존경받는 50대 기업에 꼽힘으로써 글로벌 기업에 걸맞는 평판에 부응하고자 노력했다"고 밝혔다. 하지만 외부 감사기관은 마지막 장에 실린 검증 보고서에서 "이해관계자의 의견을 취합하는 데 있어 삼성전자에 대한 긍정적인 관점뿐 아니라 부정적인 관점도 포함하라"고 또다시 조언했다.

[현실3] 2009년 8월, 서울고등법원이 이건희 회장의 삼성SDS 신주인수권부사채 건과 관련 배임과 횡령에 대해 유죄를 최종 선고했다. 이로써 13년을 끌어 온 소송은 끝났다. 하지만 삼성 에버랜드 전환사채 건에 대해서는 무죄를 선고했다. 그리고 또다시 국가 경제에 대한 기여를 이유로 이건희 회장에게 집행유예를 선고했다. 비슷한 사례에 대한 다른 판결, 그리고 솜방망이 처벌에 대해 대중과 법조인, 시민 단체, 언론들로부터 많은 논란이 일었다.

이어 12월에는 이명박 대통령이 2018 평창 동계올림픽 유치를 위해 이건희 회장을 특별사면했다. 이건희 회장은 IOC 위원의 자격으로 적극적으로 올림픽 유치를 위해 뛸 수 있었다. 올림픽 유치에 성공한 후, 2010년 3월 24일 이건희 회장은 삼성전자 회장으로 경영 일선에 복귀했다. 시민 단체들은 "이건희 회장의 사면과 경영 복귀는 국가 이익의 명목으로 한국의 법치주의를 파괴하는 것"이라는 성명을 발표하고 강하게 비판했다.

[2009-2010년 보고서] 2010년 5월 31일 보고서가 발행됐지만 바로 두 달 전에 일어난 이건희 회장의 삼성전자 경영 일선 복귀에 대해서는 언급이 전혀 없었다. 그 기업의 의사 결정 세력이 바뀐 중대 사안이며 하물며 그 경영인이 경제 사범이었음에도 불구하고 말이

다. 다만 이 보고서는 처음으로 내부 비리 건수와 교정을 위한 처벌 등에 대한 수치 그래프를 제공했다(삼성은 내부 전산망을 통해 사내 비리를 고발하는 시스템을 구축하고 있다). 이러한 내용은 외부 감사기관이 몇 년간 언급한 '부정적 내용도 언급하라'는 조언을 처음으로 부분적으로나마 받아들인 것처럼 보인다.

또 다른 이슈들

[현실] 2010년 1월, 삼성전자의 부사장 한 명이 자신의 집에서 투신자살을 했다. 그는 '삼성 펠로우'로 선정된 천재적인 엔지니어이자 삼성 내 최고 엘리트였다. 전 세계 16만 명의 기술 임원 중 단 열세 명만이 '삼성 펠로우'의 타이틀을 갖고 있었다. 그가 가진 주식 가치만 75억 원이었다. 도대체 왜 자살했을까? 자살 원인은 유서에서 찾을 수 있었다.

'업무가 너무 많아 살기 힘들다.'

이 사건은 그동안 암묵적으로 알려져 있었던 삼성의 과도한 업무 문화를 만천하에 드러냈다.

또한 이 시기에는 전직 삼성전자의 직원이었던 다섯 명의 백혈병 노동자들이 근로복지공단을 상대로 산재 인정 소송을 진행하고 있었다. 모두가 "기흥 반도체 공장에서 과거에 유독한 화학약품에 노출되어 병을 얻었다"고 주장했다. 잇따른 백혈병 환자 발생, 소송, 인터넷 매체의 문제 제기 등은 문제를 표면화했다. 그러나 삼성전자 측은 "산재가 아니다"라며 지금까지 맞서고 있다.

[2009-2010년 보고서] 부사장 자살 사건 이후에 발행된 보고서는 자살, 백혈병 등 부정적인 이슈들에 대해서는 침묵하고 있다. 다만 일과 삶의 조화 및 창의적 직장 문화를 위한 '워크 스마트 제도', '자율 근무시간제' 등이 소개됐다. 또한 2007년부터 2009년 사이 직원들의 이직률을 처음으로 밝혀 놓았다. 특히 해외에서의 직원 이직이 줄어드는 추세 그래프로 전 세계적으로 더 나은 인사관리가 이루어지고 있음을 보여 주었다(2010년 보고서가 변화된 인사 관리 정책을 홍보하고 있지만 이듬해인 2011년 1월 또다시 두 명의 공장 노동자가 자살했다).

삼성의 무노조 원칙, 초과근무에 대해서도 FAQ에 처음으로 밝혔다. 이 두 가지 문제는 그동안 대중과 언론으로부터 꾸준히 비판받아 온 것이다. 그러나 무노조 정책의 구체적인 이유를 밝힌 것은 아니었다. '삼성은 직원 대표와 임원들로 구성된 노동위원회를 통해 소통하고 협상하고 있다'는 내용이다. 예를 들어 구조 조정이 있을 경우 50일 전에 노동위원회에 알리고 한국의 근로기준법에 따라 양측이 협상한다는 것이다. 초과근무를 줄이기 위해 작업 시간을 모니터링하고 개인과 부서장에게 법적으로 제한 시간을 넘기지 않도록 메일을 보내며, 정확한 수요·생산 예측으로 초과근무를 최소화하려고 노력하고 있다고 밝혔다.

그동안의 중요 소송 사건 및 부패 스캔들, 현재 얽혀 있는 각종 이슈들은 쏙 뺀 삼성전자의 A$^+$짜리 지속 가능 경영 보고서가 보여 주는 것은 무엇일까? 글로벌 가이드라인의 형식적인 요건을 모두 만족시킨다면 취사선택한 긍정적인 정보만 반영해도 A$^+$짜리 보고서를 쓸 수 있다는 점이다. 진실성이라든지 숨겨진 이슈들을 보고서는 반영하지 않는다. 게다가 그것을 강제할 수도 없다. 기업의 자발적인 정보 공개에만 의존하는 현재의 지속 가능 경영 보고서 시스템이 갖는 한계다. 그래서 많은 압력단체들이 기업이 관련된 부정적인 이슈에 대해 보고서에 밝히는 것을 강제하는 규제와 법안을 만들어야 한다고 주장한다.

세계에서 존경받는 최악의 기업?

삼성은 2009년 세계 1위 전자 업체, 2011년 세계 1위 휴대전화 업체로 올라섰다. 이제는 명실공히 세계 일류 기업의 반열에 들어선 것이다. 게다가 2012년 《포천》 선정 '세계에서 가장 존경받는 기업'에 한국 기업으로서는 유일하게 이름을 올렸다. 이러한 사실들만으로도 한국인으로서는 자랑스러워할 매우 뛰어난 기업임은 분명하다.

하지만 눈에 더 잘 띌수록 흠도 더 잘 보이게 된다. 글로벌 시장의 강자가 되었다면 높아진 위상만큼 커진 글로벌 사회의 압력이 기다리고 있는 것은 어쩌면 당연하다. 삼성이 글로벌 기업의 위상을 세우려고 애쓰는 동안에도 그동안 감춰져 왔던 이슈들은 소리 소문 없이 세계로 퍼져 나가고 있다.

2012년 그린피스 스위스와 스위스 시민 단체인 베른 선언Berne Declaration이 함께 실시한 온라인 투표에서 삼성전자는 세계 최악의 기업 3위에 선정되었다.[58] 그동안 삼성 기흥 공장의 노동자들에게 제조 과정에서 사용하는 독성 있는 화학약품에 대해 알리지 않음으로써 암 발생 문제를 방치했다는 이유에서다.

국내에서는 이런 이슈를 쉬쉬해 온 것도 사실이다. 계속되는 피해자 가족들의 시위와 삼성 측의 '공장 시설에는 문제가 없었다'는 입장이 팽팽하게 맞서 왔다. 문제를 크게 제기한 것은 피해자들과 몇몇 온라인 언론사뿐이었다. 하지만 기업의 존재감이 국제시장에서 커지면서 그만큼 잘못한 일에 대한 '모르쇠 일관' 커뮤니케이션이 통하지 않을 정도로 국제사회의 눈과 귀가 삼성을 향하게 됐다. 삼성전자가 상대해야 할 사람들과 사회, 즉 세상의 범위가 한국 땅을 벗어나 전 세계로 더 넓어진 것이다. 과거 국내에서만 발행되는 인쇄 매체를 상대할 때는 어떻게든 자사와 관련한 부정적인 뉴스를 막을 수 있었겠지만 이제는 시대가 달라졌다. SNS와 같은 사이버 공간까지 생각한다면 삼성전자가 대응해야 할 범위는 엄청나다. 하나의 소문이 인터넷을 통해 수십, 수백만 명에게 퍼져 나가는 세상이다. 이제 더 이상 손바닥으로 하늘을 가릴 수 없다.

부정적인 평가가 전 세계에 만연하기 전에, NGO들의 공격이 더욱 거세지기 전에 세계 일류 기업에 걸맞는 기업 문화와 열린 소통 방식, 투명성 그리고 오너 일가를 포함한 경영자들의 책임 의식 확립이 그 어느 때보다 시급하다.

이처럼 '겉과 속이 다른' 보고서는 우리 기업만의 문제가 아니다. 2004년 영국의 비영리단체인 크리스천에이드Christian Aid가 펴낸 현장 보고서는 로열더치쉘, BAT 등과 같은 다국적 대기업들이 입으로는 '착한 기업'임을 내세우면서 글로벌 지역사회를 어떻게 고통으로 몰아넣었는지, 그리고 그에 대해 어떻게 책임을 회피하고 있는

지를 충격적으로 폭로한다.

담배 회사가 착한 회사? 상까지 받은 BAT 보고서

케냐의 담배 농장에서 사들인 잎으로 제품을 만들어 파는 BAT의 사례를 보자. BAT는 세계 2위의 담배 회사로서 '던힐'이라는 브랜드가 잘 알려져 있다.

우리의 지난 몇 년간의 접근 방식은 헌신적인 직원들이 작은 마을에 흩어져 있는 영세 농민들과 현장에서 함께 일하는 것이었습니다. 우리는 농민들을 훈련시키고, 조언을 하거나 지원했습니다. 담배 씨앗을 제공하고, 작물 생산의 전 분야에 관한 조언을 하면서 말입니다. 우리의 접근 방식은 환경을 이롭게 하고, 작물 수확과 질을 향상시킴으로써 농민들과 기업 양쪽을 다 이롭게 합니다.

— BAT 웹사이트

* 2004년에 BAT가 펴낸 지속 가능 경영 보고서는 UN 산하의 환경 전문 기구인 유엔환경계획으로부터 우수 보고서 상을 받았다.

[현실] 케냐의 농부 조지는 1996년부터 담배 작물을 키워 왔다. 담뱃잎을 BAT에 팔려면 회사의 지시에 따라 작물을 키워야 했다.

먼저 씨앗을 발아시킨 후 밭에다 옮겨 심는다. 어깨에 짊어진 농약 배낭으로 살충제를 뿌리고 손으로 수확을 해야 한다. 그 후에 짚으로 엮은 지붕을 얹은 축사에서 불기를 쬐어 담뱃잎을 말린다. BAT가 정한 정신없이 많은 등급들에 따라 말린 잎을 구분한 다음에 회사에 팔게 된다.

거의 9개월이 걸리는 이 고된 노동은 조지로 하여금 다른 상업 작물들을 기를 여유를 주지 않는다. 그가 담배와 함께 키우는 토마토, 콩 같은 작물은 가족들이 다음 담배 수확을 할 때까지 먹을 정도의 양일 뿐 시장에 내다 팔 수 있는 정도가 아니다.

케냐 농부들은 1kg당 70센트의 가격을 받는데, 그나마 회사가 농부들에게 파는 제품들(각종 살충제, 씨앗, 비료)의 값을 제하면 절반도 안 되는 돈이 농부들에게 돌아간다. 조지가 9개월 동안 뼈 빠지게 일해서 손에 쥐는 돈은 고작 미화 약 140달러 정도다.

BAT케냐는 크리스천에이드에 "농부들에게 무이자 대출을 제공하고 있습니다. 무료 살충제와 필요한 화학 제품들도 중앙 종묘원에서 제공하고 있습니다"라고 해명했다. 하지만 확인 결과 그런 곳은 20년 전에나 존재했으며 이미 15년 전부터는 농부들이 자기 돈을 들여서 씨앗과 살충제 등을 구입해야 했던 것으로 나타났다.

살충제로 인한 고통도 만만치 않다. 살충제를 뿌리는 동안 가슴 통증 등 문제가 생기고, 담뱃잎을 거둘 때에는 팔 부분의 피부 자극에 시달린다. 이에 대해 BAT 측에서는 반박한다.

"모든 농부들에게 보호 의류를 지급하며, 그것을 어떻게 사용하는지 가르치고 있습니다. 의상을 착용하는 것은 농부들의 책임입니다."

하지만 조지는 보호 의류가 없을 뿐만 아니라 살충제가 그의 건강에 어떤 해를 끼치는지조차 모른다. 살충제로 인해 두통, 메스꺼움, 시력 저하, 가슴 통증 등을 호소하는 농부들이 많다. 담배 농사를 짓는 또 다른 농부는 말한다.

"회사 측 사람들은 보호 장비 없이 결코 담배 농장에 들어오지 않아요. 농부들이 보호 장비 없이 일하는 걸 뻔히 보면서 말이죠."

농부들은 BAT가 어떻게 담뱃잎의 가격을 매기는지도 모른다. 오직 회사 측 기술자가 무게를 달고 등급을 매기는 것을 믿는다. 비용 구조에서 투명성이 결여돼 있다. BAT 측은 반박했다.

"선출된 농부 대표가 독립적인 비용 체크자의 역할을 해야 합니다. 그리고 농부들에게 지불되는 가격은 경쟁력 있는 수준을 유지하기 위해 매년 검토됩니다. 다른 지역 상업 농작물들과 비교해서 말이죠."

회사가 제공한 가격표상에서 담배는 토마토, 땅콩, 바나나, 케일에 이어 다섯 번째로 높은 값을 받는 작물이었다. 옥수수와 해바라기, 면화가 뒤를 이었다. 문제는 담배의 노동 강도가 훨씬 높다는 사실이다. 브라질의 담배재배자협회에 따르면 담배는 옥수수를 키우는 것에 비해 열 배 정도 더 손이 간다.

2012년 현재도 케냐의 농민들은 자녀들을 제대로 학교에 보내지 못할 정도로 가난에서 벗어나지 못하고 있으며 다국적 담배 회사에 대한 불만은 더욱 높아지고 있다.[59]

대학살과 오염의 현장에서 '인간 존중'을 외친 쉘석유

정직, 진실성 그리고 인간 존중과 같은 우리의 핵심 가치는 우리가 누구이며 우리가 어떻게 일하는지를 정의합니다. 이러한 가치들은 25년이 넘게 우리의 비즈니스 원칙들 안에 구현됐습니다. 1997년 이후로는 핵심 가치들에 인권 지원에의 헌신, 지속 가능한 발전에 대한 기여를 포함해 왔습니다.

- 2004년 쉘석유의 웹사이트에서 발췌

[현실] 1990년 10월의 어느 날, 나이지리아의 니제르 삼각지에 위치한 우무에쳄Umuechem 마을의 청년들이 뭉쳤다.

"시위를 통해 다국적기업 로열더치쉘에 항의하자."

나이지리아의 95%의 현금을 벌어들이는 곳이 바로 석유가 나오는 니제르 강 하구의 삼각지다. 쉘석유는 25년이 넘게 이곳에서 약 80만 배럴의 석유를 매일 생산해서 큰 돈을 벌었다.[60] 하지만 낡은 석유관에서 새어 나오는 기름 때문에 이 지역 마을의 식수는 오염되었고, 전기, 교육 시설조차 제대로 갖춰지지 않은 열악한 상황이었다.

첫날의 시위는 노래와 춤을 추며 평화적으로 시작됐다. 하지만 다음 날 사태는 180도 돌변했다. 석유 배관 시설 담당자가 보호 요청 메시지를 보내 긴급하게 이동경찰을 불렀기 때문이다.[61]

"우무에쳄 지역의 주민들에 의해 우리 시설 운영이 중단될 위협에 처했다. 긴급하게 안전 보호를 요청한다."

당시 나이지리아는 군부독재자 사니 아바차Sani Abacha(1998년 사망)가 통치하고 있었다. 군부는 반체제 인사들을 잡아들이거나 죽이는 등 공포 정치를 펴고 있었다. 쉘석유는 그런 정부에 보호를 요청한 것이었다.

처음 시위대가 시설에 도착했을 때 무자비한 이동경찰은 세 명을 사살했다. 이튿날 마흔다섯 명의 희생자가 더 발생했다. 그리고 495채의 마을 가옥을 파괴했다. 이어 경찰들이 병원에 누워 있는 시위대까지 끌어내 숲으로 끌고 갔다. 사망자는 80명에 달했다. 이 과정에서 경찰 한 명도 희생됐다.

쉘석유는 "이번에 일어난 인명 손실과 고통에 대해 매우 유감을 표한다"면서 "우리 회사는 분쟁 상황 중에 다방면으로 여러 번에 걸쳐 자제를 촉구했다"고 밝혔다.[62]

이 사태는 1995년에야 전 세계에 알려졌다. 엄청난 여론의 비난을 받은 쉘석유는 지역사회 재건을 약속했다. 하지만 8년 후인 2003년, 크리스천에이드는 쉘의 말이 그야말로 말뿐임을, 니제르 강 삼각지의 상황이 전혀 나아지지 않았다는 사실을 현장 조사를 통해 밝혀냈다. 북미나 유럽 같았으면 결코 허용되지 않을 정도로 많은 원유 유출로 지역사회가 오염됐다. 낡은 파이프라인의 수리 수준은 열악하기 짝이 없었다. 그들이 웹사이트에 밝혀 놓은 진실성, 인간 존중, 인권 지지를 위한 헌신, 지속 가능한 발전에의 헌신은 나이지리아 어디에서도 찾아볼 수 없었다.

사후 복구

우리의 지역사회 개발 접근 방식은 이용 가능한 환경을 향상시키는 것입니다 … 교육 지원을 계속하며, 물과 위생, 건강에 초점을 맞춤으로써 우리는 지속적으로 건강한 삶의 기준을 높여갑니다.

— 나이지리아 쉘 페트롤륨 개발 회사의 2002년 보고서 중에서

[현실] 빗물이 정유 시설의 오염 물질을 지역사회 사람들이 이용하는 수원에 흘러들게 했다. 오염된 물줄기가 마을과 가까웠지만, 그것이 유일한 식수원이었다. 지역 주민들은 어쩔 수 없이 장티푸스를 일으킬 수도 있는 그 물을 마시고 있었다. 쉘이 커뮤니티 프로그램 예산으로 만든 수도꼭지는 이미 고장 나 있었다. 쉘이 자금을 지원한 니제르 강 삼각지 근처 우무에쳄 지역사회를 위해 진행하던 여섯 개의 지역사회 개발 프로젝트 중 제대로 이뤄지고 있는 것은 하나도 없었다.

파괴된 지역사회의 기본 시설 복구에 10년이 걸렸다. 처음에 식수 시설이 설치됐을 때 희망이 살아나는 듯 보였다. 하지만 식수 시설은 몇 달 만에 고장이 났다. 여성 센터, 병원, 우체국, 중학교 등을 설치하러 도급업자들이 오기는 했지만 일을 끝마치지 않았다. 대학살에서 생존한 사람들에게 보상금도 지급되지 않았다. 결국 지역사회 위원회는 영국에 본사를 둔 NGO와 줄이 닿아 있는 나이지리아 지역 NGO에 도움을 요청했다. 2002년 5월 현장 실사단이 파견됐고 쉘의 지역사회 개발 프로젝트는 '100% 실패'라는 보고서가 작성됐다. 여성들을 위해 세워진다던 커뮤니티 센터, 중학교, 병원, 그 모두가 그저 잡초가 무성한 건설 현장이었다.

17개월 후에 다시 현장 실사에 나섰을 때도 상황은 그대로였다. 지역사회의 지도자들은 "쉘이 '불만 사항을 해결하기 위해 모든 필요한 조치를 취하겠다'는 양해각서에 사인했습니다. 또한 깨끗한 식수와 전기, 학교 시설을 제공하겠다는 약속도 했고요" 하고 말했다. 하지만 크리스천에이드가 이 문제에 대해 문의하자 쉘 측의 입장은 달랐다.

"양해각서는 사인이 아직 안 됐습니다. 물론 협상이 진행되었고, 식수는 그 협상의 한 부분이었습니다."

크리스천에이드가 확인한 양해각서에는 분명 쉘의 법률 고문이었던 여성의 사인이 2003년 5월 19일자로 들어 있었다.

외부 전문가들이 수없이 쉘 측에 커뮤니티 프로그램의 문제점에 대해 경고했지만 사 측은 계속해서 "지역사회 개발 예산을 수백 배나 늘렸다"는 말만 되풀이했다. 1990년대 초반에 연간 30만~40만 달러였던 예산은 2002년에는 200배 정도 늘어난 6900만 달러에 달했다. 하지만 2001년과 2002년 외부 전문가들의 조사 보고서에 따르면 87개에 달하는 2001년 신규 프로젝트 중에서 3분의 1은 아예 존재하지 않거나 제대로 시행되지 않았다.

결국 기업의 사회적 책임을 다하고 지속 가능한 개발을 위해 헌신한다던 다국적 대기업들의 이야기들이 조사 결과 실상과 다른 것으로 나타났다. 만약 크리스천에이드와 같은 비영리기구들의 감시 활동 보고서가 없었다면 실체적 진실은 잘 쓰여진 기업의 이미지 마케팅용 문구와 보고서들에 의해 영원히 묻혀버렸을지도 모른다.

착한 기업은 결국 이익으로 보상받는다?

수많은 조사와 연구들이 이를 증명해 보고자 시도됐다. 만약 이러한 논리를 만족시킨다면 이익에 민감한 기업들은 자연스럽게 자기 행동을 스스로 단속할 것이기 때문이다. 이익을 얻기 위해서라도 말이다. 결론은 어땠을까?

1973년에 이루어진 조사에 의하면 "주식시장은 사회적으로 책임 있는 행동에 대해서 기꺼이 어느 정도 보상을 한다. 하지만 너무 착한 것에 대해서는 아니다"라는 결론이 나왔다.[63] 한마디로 '착한 척하면 이익이다. 하지만 오버하면 효과가 떨어지더라'는 소리다.

어떻게 이런 결론이 나왔을까? 우선 82개 식품 가공 회사의 연차 보고서를 한 줄 한 줄 분석해서 기업의 사회적인 책임과 관련한 문구가 전체 연차 보고서에서 차지하는 비율을 계산했다. 아예 언급조차 안 한 기업이 51개에 달했다. 이 기업들과 언급을 한 기업들의 5년간 자기자본이익률Return of Equity(기업에 투자된 주주의 자본으로 경영자가 얼마나 이익을 냈는가를 나타내는 지표) 중간값을 비교한 것이 아래의 그래프다. 그래프에서 보듯이 자기자본이익은 '착한 기업'임을 내세울수록 증가하다가 일정 부분 이상에서 감소하는 포물선 형태를 보인다.

표4 착한 기업 관련 표현과 ROE의 상관관계

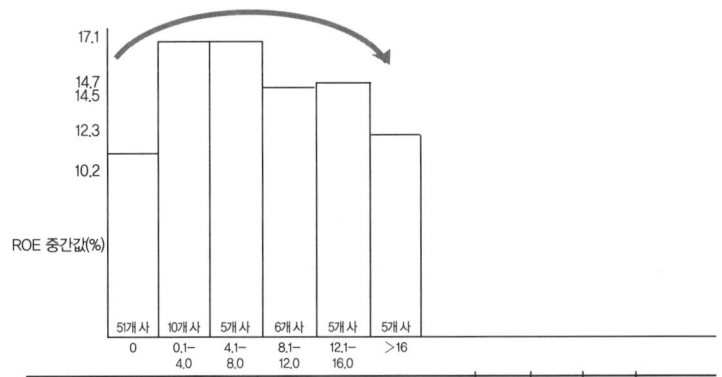

출처 : Henry Mintzberg 'The Case for Coporate Social Responsibility'(1983)

동일하거나 비슷한 조사가 다른 사업 분야에서도 이루어졌고 결과는 비슷하게 나왔다.

착한 기업의 이미지를 투자자들에게 내세우는 것이 아예 안 하는 것보다 낫다는 것은 증명된 셈이다. 하지만 '착한 기업에 대해 시장이 절대적으로 비례해서 반응하는 것은 아니다'라는 점도 확인됐다.

아래의 포물선이 앞으로 우상향선, 즉 비례 관계로 변화될 수 있으리라 희망을 가질 수 있는 것은 시대와 사회가 급격히 달라지고 있다는 점이다. 그 희망의 근거는 첫째, 환경과 사회에 대한 기업의 책임을 촉구하는 목소리가 더욱 커지고 있고, 이러한 문제의 중요성을 인식한 소비자의 반응도 더 민감해지고 있다는 점이다. 둘째, 사회책임투자SRI의 펀드 규모가 급속도로 커지고 있다는 점이다. 요즘 투자자와 소비자들은 환경문제와 사회문제에 관심을 기울이는 착한 기업의 제품에 대해 더 호의적이라는 결과가 속속 나오고 있다.

만약 민감한 사회적 분위기가 일반화된다면 위의 그래프도 다른 양상을 보일 수 있다. 하지만 먼저 소비자들의 이중적인 소비 행태를 극복하고, 기업 평가 기준의 정확성과 신뢰성을 확보해야 한다. 앞서 살펴봤듯 보고서를 통해 사회적 책임을 많이 언급했다고 해서 꼭 착한 기업이라고 보장할 수는 없다. 또한 현실에서는 착한 척하는 나쁜 기업이 착한 기업보다 오히려 더 이익과 주가가 높은 경우를 종종 볼 수 있다. 담배, 무기 제조 회사는 물론 일반 제조·유통 기업들 중에서도 이런 경우가 관찰된다. 결국 실체를 정확히 검증하고 실체에 대해 시장이 제대로 반응해야만 비례 관계가 성립될 수 있는 것이다.

착한 소비자들의 이중성

당신은 같은 사양의 하이브리드 차와 휘발유 차를 앞에 두고 무엇을 살까 고민하고 있다. 그런데 당신의 지갑 사정이 너무 쪼들린다. 아무리 환경보호가 좋다 해도 당장 1000만 원이나 더 비싼 하이브리드 차를 선뜻 살 수 있겠는가?

대한상공회의소가 2012년 소비자 509명을 대상으로 조사한 결과 응답자의 72.8%가 "가격 품질이 비슷하면 윤리적인 소비를 할 것"이라고 답했다. 윤리적 소비에 따른 추가 비용에 대해서는 "일반 제품에 대해 5% 미만(55.2%) 정도 더 돈을 낼 뜻이 있다"는 답이 가장 많았고, 이어 5~10%(29.3%), 10% 이상(15.5%) 순이었다. 월 소득이 높을수록(400만 원 이상) 윤리적 소비에 대해 호의적이었다. 지난 1년간 윤리적 소비를 한 적이 있다는 사람들은 59.6%에 달했다.

착한 소비를 하고자 하는 의욕은 서구에서 더 높다. 영국의 시장조사 결과에서는 약 83%의 소비자가 윤리적인 소비를 할 의향이 있는 것으로 나타났다.[64]

더 많은 소비자들이 말한 대로, 생각한 대로 행동한다면 기업들은 돈을 벌기 위해서라도 착해져야 한다. 하지만 과연 현실에서 사람들이 그 의도대로 초지일관 행동할까? 이에 대해서는 아직 논란의 여지가 있다. 영국에서는 오직 18%의 사람들이 가끔 윤리적 소

비를 하며, 5% 미만에 불과한 사람들만이 초지일관 윤리적 소비를 한다는 결과가 나왔다.[65]

미국에서의 환경친화적 소비 성향에 관한을 조사 결과도 마찬가지였다. 오직 9%의 인구만이 가장 적극적인 환경 소비자층이었으며, "개인의 환경 소비 행동으로는 변화를 만들어낼 수 없다"고 생각하는 비적극적인 환경 소비자들이 인구의 33%를 차지했다.

결국 누구나 윤리적인 행동을 하고픈 생각은 크지만 현실에서 여러 변수(최근 대한상공회의소의 조사에서처럼) '가격, 품질 등의 요건이 동일하거나 차이가 크지 않아야 한다'는 조건하에서다. 뒤집어 생각해 보면 환경 파괴적인 기업, 비윤리적인 기업이 품질이 획기적으로 좋거나 혁신적이고 매력적인 제품을 내놓으면 소비자들은 그것을 살 것이라는 말이다. 또는 비슷한 제품이라도 값이 현저하게 싸다면 비윤리적인 방식으로 생산됐다고 해도 사람들은 살 수밖에 없는 것이다. 이것이 윤리적 소비자의 이중성이다.

'매일 더 싼 가격Everyday low price'이라는 슬로건을 앞세우며 유통의 최강자가 된 월마트의 사례를 보자. 가격을 낮추려다 보니 공급업자들을 살인적으로 쥐어짰다. 공급업자들이 부도나는 경우가 속출했다. 월마트 근로자들의 복지는 열악해질 수밖에 없었다. 근로자 처우와 관련해서 각종 소송에도 휩싸였다. 하지만 더 싼 값의 제품을 제공함으로써 인기몰이를 했고, 실적이 좋다 보니 주가도 높았다. 반면 경쟁자인 코스트코는 근로자들에게 의료보험을 비롯해 각종 복지 혜택을 제공한 착한 기업이었지만 주주들로부터 '월마트에 대항하려면 직원 복지 혜택을 줄이라'는 압력을 받아야만 했다.[66]

소비자들이 착한 기업 코스트코보다는 값이 더 싼 월마트에서 장보는 것을 더 선호한 것이다. 얇아진 지갑 앞에서 양심은 사치인 것일까?

기술이 발달하고 기업 간 경쟁이 치열해지면 가격과 품질의 차이는 매우 좁아질 수 있다. 또한 경쟁사들이 혁신적인 제품들을 따라잡는 속도도 더욱 빨라질 수 있다. 이 경우 비슷한 기능, 가격대의 제품들이 경쟁한다면 소비자들은 이왕이면 다홍치마라고 착한 기업의 제품을 집어 들 것이다. 선진국으로 진입하고 사회가 기업의 책임에 민감하게 반응하는 분위기로 흘러갈수록, 소득과 소비 수준이 지금보다 더욱 높아질수록 소비자들의 행동은 더 예민해질 것이다. 덴마크에서는 공정 무역과 친환경 제품이 일반 제품들에 비해 네 배 정도 더 잘 팔린다. 지금 보여지는 소비자의 이중성에도 불구하고 기업들이 착한 기업으로 변화해야 하는 이유는 이처럼 변화하는 시장 상황에서 찾아야 한다.

늘어 가는 사회책임투자

이제는 기업의 사회적 책임, 지속 가능한 경영 여부가 기업 투자의 새로운 기준으로 각광받고 있다. 세계적인 금융기관들과 각종 연금 기금들이 착한 기업만 골라 사회책임투자SRI를 하고 있다. 골드만삭스, 시티은행은 물론 네덜란드 공무원 연금, 뉴욕 공무원 연금, 영국 대학 교원 연금, 우리나라의 국민연금 등이 모두 SRI Socially Responsible Investment에 해당한다.

SRI 펀드는 환경오염 물질을 내놓거나 사회적으로 안 좋은 영향을 주는 기업, 지배 구조가 불건전한 기업, 노동 기준을 준수하지 않은 기업은 투자에서 제외한다. 그러다 보니 담배나 술을 제조하는 기업, 핵 관련 기업 등도 당연히 투자 대상에서 제외된다. '사회적 책임을 다하는 기업들은 기업 가치도 높아질 것'이라는 기본적 믿음이 SRI 펀드에 깔려 있다.

이렇게 기업 이익과 사회적 책임의 관련성에 먼저 주목한 것은 역시 돈에 민감한 금융계였다. 골드만삭스는 2006년 기업의 사회적 책임 이행 여부를 객관적으로 수치화하기 위해 기준을 만들었다. 골드만삭스가 주목한 기준은 환경Environment, 사회Social, 기업 지배 구조Governance다. 간단하게 이니셜로 'ESG 이슈'라고 부른다. ESG 이슈는 '미래에도 지속적으로 이익을 낼 수 있는 기업인가'를 판단하는 기본 척도가 된다. 왜냐하면 기업이 사회와 좋은 관계를 유지하고, 사회의 발전을 도모하는 것이 지속적으로 시장과 기업의 가치와 부를 키워 간다고 생각하기 때문이다.

금융 업계가 기업의 사회적 책임 활동에 대한 기준을 만들고 수치를 측정하는 등 활발하게 움직이는 것은 'ESG 이슈가 주가에 직간접적으로 영향을 미친다'는 생각에서다. 이미 골드만삭스, HSBC, UBS, 시티그룹, 노무라 등 금융기관과 유엔환경계획·금융이니셔티브가 ESG 이슈의 주가에 대한 영향력을 확인해 주는 연구 결과를 내놓았다.

금융계의 적극적인 대응도 가시화됐다. 2006년 4월 27일에 뉴욕 증권거래소에서 유엔의 코피 아난 당시 사무총장과 30여 개 금융기관장들은 '유엔 사회책임투자 원칙Principles for Responsible Investment(PRI)'

에 서명했다. 사회책임투자 원칙은 '금융기관들이 투자 여부를 결정할 때 투자 대상이 되는 기업의 ESG 이슈를 적극적으로 고려해야 한다'를 주된 내용으로 한다. 예를 들어 PRI 원칙에 따라 금융기관들은 투자 대상에게 정보 공개를 요구한다. '올해 환경 기준을 지키지 않은 제품 판매와 관련한 데이터를 달라'는 식이다. 또한 'ESG 이슈를 어떻게 측정할 것인가?' 하는 방법을 연구하고, 애널리스트나 브로커 등이 투자 분석을 할 때 기업의 ESG 이슈를 포함하게끔 하는 등 다양한 활동들을 벌인다는 것이다.

세계적인 컨설팅 회사인 머서Mercer가 2006년 투자 전문가 200명에게 설문 조사한 결과, 응답자의 70% 정도가 "ESG가 3~10년 내에 투자 분석의 대세로 자리 잡을 것"이라고 말했다.

실제로 2011년 우리나라에서도 이러한 움직임이 나타났다. 국민연금이 그해 3월 주총에서 계열사 부당 지원과 분식 회계 등으로 처벌을 받은 정몽구 현대·기아차 그룹 회장과 최태원 SK 그룹 회장의 사내이사 재선임에 반대했다. 두 사람의 행위가 PRI가 정한 기준에 어긋난다는 이유에서였다. 국민연금은 2011년 말 기준으로 국내 상장사 전체의 32%에 달하는 591개 기업에 투자했다. 또한 국민연금은 삼성전자, 현대차는 물론 하나금융, KB금융, 신한금융지주 등 굵직한 금융 대기업의 1대 주주다.[67] 2010년에는 덴마크의 공적 연금인 ATP가 현대차를 투자 대상에서 빼버렸고, 세계 3대 연기금 운용 회사인 APG자산운용도 삼성전자 반도체 공장의 백혈병 논란에 의혹을 제기한 데 이어 "삼성의 재조사를 신뢰할 수 없다"는 견해를 공개적으로 밝혔다.[68]

한국증권연구원의 자료에 따르면 2006년 기준으로 전 세계 SRI 펀드 규모만 3000조 원 정도라고 한다. 미국과 유럽 선진국에서는 전체 펀드의 10% 내외가 SRI 펀드다. 이 시장은 꾸준히 성장하고 있다.

삼성경제연구소가 내놓은 자료에 따르면 금융 선진국인 미국은 전체 펀드 24조 4000억 달러에서 SRI 펀드의 비중이 2005년 말 기준으로 9.4%에 달했다. 1995년 말 대비 10년 동안 3.6배 성장했다. 유럽은 2005년 SRI 펀드 시장 규모가 1조 330억 유로로, 유럽 전체 펀드의 10~15%를 차지한다. 2003년과 대비했을 때 2년 만에 약 세 배가 컸다.

돈이 몰릴수록 기업의 가치, 즉 주가는 올라간다. 따라서 SRI 펀드가 고성장할수록 착한 행동이 기업 가치에 미치는 영향력은 커질 것이다. 만약 시장이 기업의 착한 행동과 나쁜 행동에 즉각적으로 민감하게 반응하게 된다면 기업들로 하여금 착한 기업으로 전환하게끔 하는 강력한 동인이 될 수 있다. 앞 장에 소개된 BP 기름 유출 사고에 대한 주가 변동 그래프를 보자. 20년 전의 엑손모빌 기름 유출 사태보다 최근의 BP 사태 그래프가 더욱 강하게 반응하는 것을 볼 수 있다. 그만큼 시장이 이러한 사안에 민감해졌다는 것으로 해석할 수 있다.

하지만 '착한 척'하는 이미지 마케팅 이면의 실체를 정확하게 검증해야 시장이 제대로 작동할 것이다. 그러기 위해서는 평가기관의 객관성과 검증 기준의 신뢰성을 높여야 한다. SRI 펀드 투자의 기준이 되는 다우존스지속가능경영지수에 나쁜 산업의 대표 주자인 담배 회사가 '매우 잘 쓴 착한 기업 보고서'와 좋은 실적을 통해 편입됐듯이 말이다. 이런 일이 언제든 일어나는 것이 현실이다. SRI 펀드가 어느 날 종목 편입 기준을 완화해 담배, 핵, 무기 제조 기업들을 편입하지 말라는 법도 없다. 나쁜 제품을 팔아서 높은 수익률을 거두는 기업을 이익을 내야 하는 펀드가 끝까지 거부할 수 있을 것인가? SRI 펀드가 의도대로 운영되고, 이것이 기업들에 긍정적인 행동 변화를 이끌어내는 현실을 만들기 위해서는 기업의 실체를 반영할 수 있는 엄격한 투자 원칙과 평가 기준의 투명성, 공정성이 끝까지 지켜져야 한다.

지금까지 우리가 단편적으로 받아들였던 다섯 가지 막연한 믿음에 대해 시각을 조금 틀어서 살펴보았다. 현실을 다각도로 살펴보고 균형 잡힌 시각을 유지하며, 냉정하게 현실을 받아들이는 것은 문제와 함께 그 해결 방법을 빠르게 찾기 위해서 가장 먼저 우리가 취해야 할 행동이다.

우리가 지금 내려놓아야 할 것은 우리가 그동안 편협한 배움을 통해 얻은 단편적인 시각, 경제·경영 이론의 과잉 단순화된 논리, 보기 좋게 포장된 현실을 그대로 믿는 순진함이다. 잘못된 현실을 정확하게 보려면 낯설게 봐야 한다. 끊임없이 '과연?' 하는 질문을 던지고 실제를 확인해 보는 귀찮음을 감수해야 한다. 그렇지 않을 경우 착한 기업 신드롬이 기업의 잘못된 현실을 보기 좋은 이미지로 가리고, 우리로 하여금 적절하게 대응할 생각조차 하지 않게 만들 수 있다. 이렇게 되면 어떤 기업들은 착한 척을 위해 돈을 쓰면서 나쁜 방식으로 돈을 벌어들이는 것을 멈추지 않을 것이다. 이런 이중적인 행동으로 시장의 불신을 키우게 되면 피해를 보게 되는 것 누구일까? 억울하게 불신의 눈을 감당해야 하는 진정성 있는 착한 기업들, 기업의 나쁜 짓으로 피해를 보는 사회적인 약자들, 더 나아가 우리 모두일 것이다.

'착한 기업' 업무는
왜 홍보팀 몫일까

⋮

"여러분, PR Public Relations이 뭐라고 생각해요?"

1990년대 중반 대학 시절 'PR의 이해'라는 전공 수업을 듣게 됐다. 지금이야 워낙 만연해 있지만 당시만 해도 PR(우리말로는 '홍보'라는 단어로 쓰인다)이 무엇인지 정말 생소했던 시절이었다. 학생들은 급작스런 질문에 순간 우물쭈물하고 있었다.

"어떤 사람들은 'P' 피할 것은 피하고, 'R' 알릴 것만 알린다 해서 PR이라 부른다더군요."

재치 있는 교수님의 말장난에 다들 와하하 웃음을 터뜨렸다.

이날 교수님은 "PR은 그렇게 일방적인 게 아니에요. 한 조직이 대중, 언론, 고객, 정부 등과 호의적인 관계를 맺기 위한 양방향 커뮤니케이션"이라고 정정해 주었다.[69]

그런데 요즘 들어 PR은 오히려 그날 웃자고 한 교수님의 농담처럼 변질된 느낌이다. 나에게 불리한 상황은 피하고 자랑하고 싶은 것만 알리는 일방적 커뮤니케이션 말이다. 수많은 기업들이 부정적인 기사가 등장하면 어떻게든 광고 로비를 해서라도 신문에서 삭제하거나 그럴듯한 왜곡과 포장을 해서 슬그머니 사실을 숨기려 든다. 반면 조금이나마 좋은 일을 하면 보도자료를 내거나 온라인으로 소문을 퍼뜨려 열 배, 백 배의 광고 효과를 내려 한다. 대표이사가 직접 나서서 장학금을 전달하거나, 온 회사 직원이 봉사 활동을 하면 다음 날 인터넷상에는 여러 언론사에서 이를 다룬 기사들이 비슷하게 쫙 뜬다. 이건 홍보팀의 힘이다. 누가 그랬던가. PR은 돈 안 들이고도 큰 효과를 낼 수 있는 최고의 광고라고. 노골적으로 내 제품을 팔고자 내 돈을 들여 만든 자화자찬식 광고에 비해 남(언론사나 인터넷 네티즌 등)이 나를 치켜세워 주는 PR은 신뢰성에서 광고를 압도한다. '이거 정말 믿을 만한 정보야'라는 식으로 제3자가 알려 주는 소식에 사람들은 광고보다 쉽게 넘어간다. 손바닥만 한 기사 하나가 1초 내외의 방송 한 장면이 신문 전면 광고보다, 황금 시간대 TV 광고보다 더 큰 힘을 발휘하는 것도 그런 이유에서다.

얼마 전 한 신문에 "샴푸에 들어 있는 방부제 성분이 해롭다. 그런데 오직 ○○ 제품, ×× 제품 등 4개 브랜드에서는 방부제 성분이 검출되지 않았다"라는 작은 기사가 떴다. 다음 날 인터넷으로 해당 샴푸를 주문하려고 봤더니 품절이란다. 하루 만에 제품이 동이 날 정도로 팔려 나간 것이다. 수억 원의 광고를 내도 이런 효과를 내기란 하늘의 별 따기다.

반대 상황도 있다. 어떤 프랜차이즈 가게에서 한 점원이 임산부에게 폭언을 하고 폭행했다는 글이 인터넷에 올라왔다. 네티즌들은 분노했고 언론도 앞다퉈 이 사건을 다루었다. 결국 프랜차이즈 본사에서 사과문을 게재하고 '사건 해결에 최대한 노력하겠다'며 보도 자료를 뿌렸다. 뿐만 아니라 경찰 수사 내용이 시시각각 뉴스로 인터넷 포털에 올라오며 새로운 이슈를 만들어냈다. 결론적으로 상황은 처음과 다르게 돌아가 임산부 측의 허위 진술이 컸던 것으로 밝혀졌다. 하지만 그 프랜차이즈는 이미지 실추 등 큰 타격을 받았다.

이 모든 것이 긍정과 부정적인 뉴스에 대한 즉각적이고 폭발적인 대중의 반응을 보여 주었다. 이러한 긍정적이거나 부정적인 엄청난 반응을 전략적으로 다루는 것이 PR이다. 그래서 최근 들어 기업 활동에서 그 중요성이 더욱 커지고 있다.

대다수 기업은 PR, 홍보, 또는 광고홍보부서에서 사회 공헌 보고서를 작성하고 프로그램을 운영하고 있다(몇 안 되는 초대형 기업만이 아예 지속 가능 경영 전담 부서를 두고 있다). 왜 그럴까? 홍보팀이 이해관계자들과의 소통을 다루니 지속 가능 경영이나 사회 공헌 등과 밀접한 연관이 될 수밖에 없다. 물론 좋은 일을 해서 널리 대중에게 소문이 남으로써 수많은 사람들의 관심을 환기시키고 다른 기업들에게도 신선한 자극과 동참 의지를 줄 수도 있다. 하지만 홍보팀은 기업의 긍정적인 뉴스를 밖으로 최대한 알리는 것이 성과로 측정되는 부서다. 결국 좋은 일 했다고 티 내려는 의도가 개입될 수밖에 없다.

이러한 상황은 예기치 않은 마이너스 효과를 낸다. 전 세계적으로 수많은 경영경제학자들과 환경·노동 운동 단체 관계자들, 정치인들은 기업의 사회적 책임, 지속 가능 경영 활동과 보고서에 대해 '홍보 행위'라는 곱지 않은 시선을 보낸다. 앞으로는 언론플레이나 각종 봉사 활동 등을 통해 착한 일을 하면서 뒤로는 부정부패, 불법 로비 등으로 뒤통수를 치는 경우가 허다했기 때문이다. 사실 현재도 수많은 기업이 그런 용도로 보고서를 발표하는 것처럼 보인다. 대부분 보고서에는 다 잘한 일투성이다. 부정적인 내용은 눈을 씻고 찾아봐도 볼 수 없다. 부끄러운 일은 어물쩍 넘어가면서 기업 관련 상을 언제 몇 번 받았고, 고아원에 무엇을 기부했고, 누구에게 장학금을 주었다는 등 좋은 일은 시시콜콜 자세히도 밝혀 놓는다.

잘못한 일에 대해서는 모른 척 넘어가면서 잘한 일만 늘어놓기 위한 보고서 발표는 눈 가리고 아웅이자 낯간지러운 자기 자랑일 뿐이다. 뻔한 이미지 마케팅이다. 이러한 행태를 통해 숨겨진 진실도 언젠가는 밝혀지게 되어 있다. 이런 일이 반복되면 결국에 가서 대중들도 기업의 사회 공헌 활동, 지속 가능 경영 보고서를 객관적인 사실을 근거로 한, 말 그대로 '보고서'로서 보는 것이 아닌 '홍보 효과를 노린 전략적인 자기자랑'쯤으로 여기게 될 것이다. 그때에는 지속 가능 경영 보고서에 대한 불신을 넘어 그 기업, 더 나아가 기업 전체에 대한 불신까지 키우는 역효과를 낼 것이다.

기업의 사회적 책임에 대해 진정성 있는 PR을 하려면 '피'할 것은 피하고 '알'릴 것만 알리는 것이 아닌 부정적인 내용도 '피'하지 말고 '알'려야 한다. 자신의 부끄러움까지 투명하게 스스로 내보일 수 있는 용기와 진실함이야말로 최고의 PR 전략이다. 이러한 자기 고백적 스토리텔링은 상대방의 마음을 움직인다. 그리고 진정한 용서와 신뢰를 이끌어낼 수 있다. 우리 기업이 현재 어떠한 소송에 휘말려 있는지, 왜 이런 이슈에 개입되었으며 이슈가 되고 있는 내용이 무엇인지, 이에 대해 기업 측에서는 어떠한 노력을 하고 있는지를 밝혀야 한다. 우리 기업이 사회적인 또는 환경적인 잘못을 저지른 것이 무엇이었는지, 왜 이런 일이 일어났는지, 피해는 어느 정도였으며, 이를 바로잡기 위해서 기업이 내놓은 해결 방법은 무엇인지, 앞으로 어떻게 해결이 될 것으로 예상되는지, 이 시점에서 기업이 고민하고 있는 것은 무엇인지를 툭 터놓고 제대로 이야기해야 한다. 이것이 진정한 사회적 책임 마인드다. 하지만 아직까지 이렇게 진정성 있는 보고서를 본 적이 없다. 오늘날 기업에 대한 신뢰의 위기를 극복하기 위해서는 기업의 리더들과 구성원들이 직접 나서서 조금 더 솔직해져야 한다.

사탄 숭배 기업

2000년경 한국P&G는 이 루머로 골머리를 썩고 있었다. 한국의 기독교 신도들을 중심으로 1994년 P&G의 CEO가 미국의 유명한 토크쇼인 '도나휴 쇼'에 나와서 악마 숭배 발언을 했다는 것, 그리고 150년 전에 만들어진 P&G의 초기 로고가 악마의 상징이라는 루머가 지속적으로 퍼지고 있었다. 초기 로고는 달 같은 사람의 옆모습에 열세 개의 별이 그려진 모양이었다. 공교롭게도 그 숫자 13이 악마의 숫자라는 설(사실 이 별은 영국의 식민지였던 초기 미국의 13개 주를 상징한다. 이 별 모양은 P&G가 생산한 양초와 비누를 서로 구분하기 위해 일꾼들이 박스에 별 표시를 한 데서 유래됐다), 옆모습 사람의 수염과 머리카락 양쪽 끝 모양이 악마의 동물인 염소의 뿔 모양이라는 설 등이 1970년대부터 루머를 부채질해 왔다. 1997년 미국에서 생활용품 경쟁사 영업 사원들의 입소문으로 되살아난 루머는 1999년 말 한국에까지 퍼졌다.

당시 나는 대학을 막 졸업한, P&G 홍보실의 풋내기 신입 사원이었다. 옆자리의 과장님이 이와 관련한 전화 문의를 시시때때로 받는 것을 보고 나서야 비로소 이 루머를 알게 됐다.

"사실이 아닙니다. 진행자인 필 도나휴로부터 직접 'P&G 사장이 프로그램에 출연해 그런 말을 한 적이 없다'는 확인 메일도 받았고, 미국에서는 악의적으로 루머를 퍼뜨린 경쟁 회사들을 찾아내서 소송도 했습니다. 원하시면 팩스나 메일로 증명 자료를 보내 드리겠습니다."

"그냥 이번에 새로 만드는 기업 홈페이지에 아예 FAQ로 그 이슈를 밝히는 게 어때요?"

보다 못해 내가 제안을 했다. 나는 당시 한국P&G의 기업 PR과 함께 기업 웹마스터 역할을 맡고 있었다. 마침 글로벌 웹 아이덴티티 통합을 위해 전 세계적으로 기업 홈페이지 개편 프로젝트가 시작된 참이었다.

이에 대해 과장님과 부장님은 처음에는 "글쎄……" 하는 반응이었다.

"굳이 루머를 모르는 사람들에게까지 확대해서 알릴 필요는 없잖아?"

"오히려 그렇게 드러내야 우리가 숨기는 것 없이 당당하다는 게 증명되지 않을까요? 드러내지 않으면 더 의심하는 게 대중들인데."

몇 번의 팀 내 토론이 있었고, 글로벌 본사에도 의견을 보냈다.

그리고 몇 달 후 선보인 새로운 홈페이지의 기업 소개에는 'P&G 루머 관련' 란이 신설됐다. 간단하게 이슈의 발달 과정과 소명 내용, 그리고 담당자 연락처까지 밝혔다.

그 이후 과장님은 전화를 받으며 더욱 초연하게 대응할 수 있게 됐다.

"저희 홈페이지에 들어가시면 자세한 내용을 보실 수 있습니다. 보시고 더 궁금하시거나 자료가 필요하시면 다시 전화주세요."

몰랐던 사람들도 홈페이지를 보고 루머 내용을 알게 됐지만 소명 근거가 타당하다 보니 크게 개의치 않았다. 새로이 사실을 알게 된 사람들 중에서 루머 관련 인터넷 게시물을 발견하면 "그 소문 근거 없다던데"라며 대신 설명해 주는 경우도 생겼다. 이후 부정적인 소문은 차차 수그러들기 시작했다. 어둡고 습한 곳에 숨겨 둔 물건에는 시간이 지날수록 각종 곰팡이가 핀다. 하지만 쨍한 햇빛 아래에 펼쳐 놓으면 있던 곰팡이도 사라진다.

부정적인 이슈도 스스로 드러낼 수 있는 진정성과 책임감 있는 PR이 지금 한국 기업들에는 더욱 필요하다. 오너 체제의 권위주위 때문에 그동안 기업 관련 부정적인 이슈에 대해서 쉬쉬하는 문화가 뿌리 깊게 만연해 있기 때문이다.

여기서 한발 더 나아가 이제 지속 가능 경영, 사회적 책임 활동과 그 리포팅 기능은 PR의 테두리를 벗어나야 한다. 지속 가능 경영, 사회 공헌은 비즈니스 활동 자체와 밀접한 관련이 있는 핵심 경영 업무로 변화하고 있기 때문이다. 물론 홍보팀은 중요 관련 부서로 참여해야 한다. 대중, 임직원 등 이해관계자들과 소통하며 프로그램의 의의와 진행 과정을 알리고 각계의 의견을 취합하고 전달하는 등 기업 내부와 외부를 이어 주는 핵심 역할을 해야 하니까. 그러나 전담 부서가 되는 것은 대외용이라는 비판을 받을 여지가 충분하다. 기업의 사회적 책임 활동이 기부로 치중되고, 경영 지원의 역할로 제한된다는 점에서 말이다.

"기업이 사회 공헌을 PR 혜택을 얻는 데 초점 맞추고 있으면 사회적인 가치를 만들어낼 기회를 희생시킨다."[70]

하버드 대학교의 전략 대가 마이클 포터 교수는 말한다.

이 분야는 최고경영자의 의사 결정, 비즈니스 전략, 미래 비전, 구매, 마케팅, 인사 등 각 부서의 활동, 기업 문화에 폭넓고 근본적인 영향을 미치는 중요 사안이다. 대중에게 내세우기 위한 소재가 아닌 비즈니스 이슈, 경쟁력 강화를 위한 전략 그 자체인 것이다. 그래서 오히려 전사적인 의사 결정권을 지닌 이사회와 전략기획팀에서 이 업무를 담당하거나 전사의 활동에 직접 관여할 수 있는 특별 부서에서 실행 전략을 짜고 집행해야 한다. 강력한 실행 의지를 갖고 힘을 실어 주어야 하는 것이다. 그 이유와 근거는 다음 장에서 자세히 살펴보겠다.

제4장

이기적인 기업에
이타적인 마음을
심어라

우리는 죄를 지었다. 자본주의 체제에서 사회 통합이 빠져 문제가 생겼다. 세계화로 인한 치열한 경쟁 일변도의 자본주의 시스템은 어느 국가나 사회를 막론하고 20~30%의 낙오자를 양산했으며, 이들을 껴안지 못하면서 사회 통합에 문제가 생겼다. 이제 자본주의 시스템을 개선할 때가 됐다. 나는 자유시장경제 체제 신봉자지만, 자유시장경제 체제는 사회를 위해 봉사해야 한다.

— 다보스포럼 창립자 클라우스 슈밥 Klaus Schwab 회장,
《조선일보》 2012년 1월 26일자 인터뷰 기사 중에서

고장 난 자동차를 고치듯, 병이 난 신체 기관을 치료하듯
우리 스스로가 나서야 할 때,
무엇이 고장 났는지, 왜 고장 났는지 알았다면,
다음은 누가, 어떻게 고쳐야 할지를 고민할 차례다.

프랑켄슈타인의 괴물과
바이센테니얼 맨

⋮

〈바이센테니얼 맨〉이라는 영화에는 특별한 로봇이 등장한다. 바로 사람이 되고픈 로봇 앤드류 마틴(로빈 윌리엄스 분)이다.

어느 날 리처드 가족에게 빨래, 청소 등의 일을 하기 위해 만들어진 가정부 로봇이 배달된다. 그런데 그 로봇의 조립 과정에서 문제가 생긴다. 조립 엔지니어가 샌드위치를 먹다가 마요네즈 한 방울을 회로에 떨어뜨린 것. 그 결과 심각한 오류, 즉 인간적 지능을 갖게 된다. 호기심도 많고, 나무로 조각을 만드는 등 창의성도 갖췄을 뿐 아니라 어느 순간 작은 아가씨를 향한 어렴풋한 설렘도 느끼기 시작한다. 하지만 아가씨는 결혼을 하고, 주인인 리처드도 나이가 들어 죽는다. 로봇으로 태어났지만 인간의 감정을 발달시킨 그는 자신의 정체성에 대해 혼란을 겪고, 자신을 이해해 줄 다른 로봇을 찾아 떠난다. 수십 년을 떠돌다 집으로 돌아온 그를 맞이한 것은 이미 할머니가 되어버린 작은 아가씨와 그녀를 빼닮은 손녀 포샤였다.

포샤를 사랑하게 된 로봇 앤드류 마틴은 사람이 되는 길을 선택한다. 포샤와 결혼하기 위해 인공 피부를 입히고 진짜 사람처럼 변한 후에 결혼 신청서를 의회에 내지만, '영원히 산다'는 특성 때문에 인간으로 받아들여지지 않는다. 앤드류는 늙어 죽게끔 프로그램해 달라고 과학자인 번즈에게 부탁한다. 번즈는 그의 부탁을 들어준다. 결국 의회는 그를 인간으로 인정하고, 늙은 앤드류는 200살의 나이로 포샤의 손을 잡고 조용히 생을 마감한다.

이 영화는 인간이 되고 싶어 한 로봇의 모습을 통해 '인간을 진정 인간답게 하는 것은 무엇인가?'라는 근원적인 질문을 떠올리게 한다. 생물학적인 특성도 중요하지만, 결국 '타인을 아끼고 사랑할 수 있는 인간적인 마음'이야말로 존재의 근원이 아닐까? 나는 이 영화를 기억할 때면 이익 극대화의 논리하에 이론적·법적으로 인간의 본성인 이타심을 제거한 인간, 기업이 떠오른다.

"프랑켄슈타인 박사가 만든 괴물처럼 기업이 악을 저지를 수 있다."

1933년 미국의 대법원 판결문에서 루이스 브랜다이스 판사는 이렇게 말했다. 대공황이 경제를 휩쓴 당시 미국에서는 '기업의 탐욕과 경영 실패가 공황을 가져왔다'는 인식과 기업에 대한 적대감이 높았다. 19세기 후반부터 기업은 법적인 인간으로 인정받고(법인), 인간으로서의 권리와 자유를 주장하고 누려 왔다. 비극은 그렇게 만들어진 법적 인간이 타인을 배려하지 않는, 무감정의 존재라는 데 있었다. 양심이나 죄책감이 없는 기업을 인간으로 대접하고 자유를 허용한 대가는 무자비한 이익 추구, 그로 인한 사회·경제·환경적 부작용이었다.

지금의 잘못된 기업 현실이 안고 있는 진정한 반전은, 결국 인간이 사이코패스 기업을 만들었고 지금도 만들고 있다는 사실이다. 기업은 우리가 경제적인 정의로 창조하고, 법과 제도로 생명을 불어넣은 인조인간이다. 즉, 인간의 편의를 위해 만든 장치다. 무자비한 이익 추구를 정당화하면서 그에 따른 인간적 책임을 존재 정의에서 빼버린 것, 즉 태생부터 기업에게서 이타적인 마음을 제외해버린 것은 바로 우리 인간들이었다. 그 결과 인간들을 해치는, 결국 창조자인 프랑켄슈타인 박사를 죽음으로 몰고 간 괴물이 되게 했다.

기업이 우리와 더불어 사회와 환경을 공유하며 이 사회의 일원으로 살아가기 위해서는 이타적인 마음을 갖춰야 한다. 즉, 주변인들을 파괴하는 프랑켄슈타인의 괴물이 아닌, 더불어 사는 바이센테니얼 맨이 되어야 하는 것이다. 죄책감, 양심, 이타심을 바탕으로 스스로를 사회적인 존재, 인간으로서 인식하고 책임 있게 행동하는 기업만이 인간으로서 대접받고, 그 권리와 자유를 누릴 수 있게 해야 한다.

이제 나쁜 기업을 만든, 경제 제도와 법과 이론을 만든 우리 스스로에게 책임을 물어야 할 때다. 기업의 사회적 책임이란 것도 결국은 기업을 만들고 운영하는 우리 인간이 져야 할 사회적 책임의 연장선일 뿐이다. 따라서 우리가 책임을 지고 기업에 진짜 인간으로서의 마음과 의식을 심는 방법을 찾아야 한다.

우리가 찾는 것은
정답이 아닌 모범 답안

:

    여기서 우리가 찾아야 하는 것은 딱 떨어지는 정답이 아닌 모범 답안이다. 정답과 모범 답안의 차이점은 무엇일까? 바로 '다양성'과 '열린 결말'이다. 정답은 하나다. 그 이외는 수용하지 않는다. 그리고 '정해진 결말'이다. 하지만 모범 답안은 무한대로 나올 수 있다. 그 무한대의 답안은 다양한 가능성을 수용한다. 그리고 모범 답안은 그 자체로 결말이 아닌, 더 많은 답들을 위한, 발전을 위한 '시작'이다. 그 모범 답안을 참고하고 응용해서 수많은 사람들이 자신만의 진정한 모범 답안을 찾아 갈 수 있다.
    합리성으로 무장한 이기적인 경제인, 자유의 극대화가 궁극의 발전을 가져온다는 과잉 단순화, 이익만이 기업의 목적이라는 인공적인 명쾌함. 이처럼 단순하게 떨어지는 정답을 원하는 경제적 사고가 부작용을 낳았다. 자본주의에서 기업의 의사 결정은 하나의 렌

즈인 '숫자'에 근거한 객관적·합리적·기술적인 분석이 주도해 왔다. 이 세상을 바른 방향으로 이끌어 가는 본질적인 가치, 즉 열정, 정직함, 신뢰, 배려, 사랑, 행복, 공동체 의식, 정의 등은 명쾌하게 숫자로 계산되지 않는다. 그러다 보니 상대적으로 모호한 속성의 본질적인 가치들은 현실적이고 명확한 손익계산서 뒤로 밀려 왔다. 이러한 가치들이 비즈니스의 추진력을 내는 매우 중요한 요소이며 사회와 기업의 성장, 비전, 목적, 생존 등과도 뗄 수 없는 관계임에도 불구하고 말이다.

결국 숫자로 된 이익만을 기업 경영의 정답으로 삼아 근본적인 가치를 훼손하는 사이코패스 기업들이 시장을 주도하게 되었다. 근로자의 건강을 위협할 정도로 업무량을 늘려 쥐어짜고, 협력 업체와 불공정한 조건으로 강압적인 계약을 맺는다. 비용 절감을 위해 내구성이나 안전성이 떨어지는 부품을 써서 제품을 만든다. 단기이익을 높이기 위해 무자비한 구조 조정에 나선다. 그리고 보다 기업에 유리한 조건의 정책과 법안을 만들고자 막대한 돈을 들여 로비를 벌인다.

기업 신뢰의 위기, 자본주의의 개념 변화는 기존 경제 이론의 과잉 단순화로 인해 생긴 이러한 문제를 인식하고 대안을 찾으면서 시작됐다. 명쾌하지 않아서 우선순위에서 밀려나 있던 본질적인 가치들에 주목할 기회를 만들었다. 이제 기업의 미래 전략 분야는 숫자 개념을 넘어서는 가치들이 기업의 경쟁력과 연관되고, 사회적 가치가 이익 극대화에 힘을 발휘하는 방식으로 비즈니스와 기업 환경을 재구성·재창조하는 것이 핵심이다. 많은 기업인과 학자들이 이러한 건전한 성장 방식에 공감하고 그동안의 사이코적인 기업 이익 추구 방식을 변화시키고자 노력하고 있다.

하지만 지금 이 순간 착한 기업이 시대적 대세라는 단순 논리도 그 이면의 해결되지 않은 수많은 문제를 가릴 위험이 있다. 현상 그 이면의 지저분하고 복잡한 다양성들을 외면하고 싶은 욕망, 하나의 정답을 구하고 싶은 욕망들이 착한 척하는 기업들의 겉모습만 보게 만든다. 우리는 이런 단순성의 함정, 정답주의에 또다시 빠져서 문제를 키워서는 안 된다. 착한 기업을 향한 실험들이 가져올 수 있는 부작용들에도 안테나를 세우고, 문제가 발견되면 발 빠르게 창조성을 발휘해서 수정해야 한다.

기업을 하나의 틀이나 정답에 끼워 넣고 보는 단순한 눈을 바꾸자. 우리가 접하는 다양한 갈등과 문제들은 창조의 다양한 실마리를 내포하고 있다. 비판적이고 다각적인 시각은 이렇게 다양한 문제를 발견하는 데 매우 유용하다. 혹시 우리가 놓치고 있는 것은 없는지, 기업들이 보여 주는 모습 그 이면의 모습은 무엇인지 냉정하게 들여다보자. 문제의 데이터를 제대로 봐야 그에 맞는 다양한 창조적 해결법도 찾을 수 있다. 인간이 위대한 것은 이처럼 현실의 갈등과 모순을 마침내 해결해낼 무한한 창의력과 모범 답안의 도출 능력이 있기 때문이다. 이 사실을 깨달은 수많은 사람들이 새로운 자본주의의 이념과 방식으로 거대한 변화를 만들어내려 하고 있다.

창조적 자본주의, 새로운 시장의 규칙에 눈뜨다

"난 사실 그가 살짝 맛이 갔다고 생각했다."[71]

마이크로소프트의 빌 게이츠 전 회장이 2008년《타임》칼럼에서 영국 유명 락그룹 U2의 보컬인 보노Bono와 몇 년 전 바에서 술을 마시던 때를 회상했다. 밤늦은 시간이었고, 두 사람은 술 몇 잔을 들이켠 상황이었다. 보노는 한창 "기업들이 지구의 빈곤과 질병 퇴치를 도울 수 있다"며 흥분해 떠들고 있었다. 이윽고 보노는 기업체 사장들의 개인 전화번호로 전화를 해 댔다. 그러고는 자기 휴대전화를 계속 빌에게 들이댔다. 전화기 너머 잠에 취한 목소리로 열광적인 호응을 보내는 경영자들의 목소리가 들렸다. '이보다 더 미친 짓이 없다'고 생각했던 보노의 술주정은 '레드RED' 캠페인이라는 세기의 작품을 낳았다. 갭, 모토롤라, 애플, 델컴퓨터 등 수많은 글로벌 대기업이 이 캠페인에 동참했다.

캠페인의 방식은 간단했다. 회사마다 붉은색이 들어간 한정판 제품을 출시했다. 그리고 한정판 판매 수익의 일정 부분을 에이즈와 말라리아, 결핵 등의 질병을 퇴치하는 데 내놓았다. 그 결과 1년 반 만에 1억 달러(약 1100억 원)의 기금이 모였다. 이 돈은 가난한 나라에 사는 8만 명에게 약을 제공했다. 또한 160만 명이 HIV 바이러스 검사를 받을 수 있게 되었다.

한 가수의 엉뚱하지만 열정적이고 창의적인 아이디어가 수백만 명의 삶에 영향을 주는 현실을 만들어냈다. 레드 캠페인에 참여한 기업들은 좋은 의도로 만든 제품들을 통해 돈을 벌었다. 그 돈으로 좋은 일을 했다. 더 나아가 소비자들에게 '나는 좋은 일을 하는 데 돈을 썼다'는 만족감까지 선사했다. 이 사건을 통해 빌 게이츠는 자본주의의 새로운 가능성에 눈을 떴다.

'어떻게 하면 가장 효과적으로 자본주의의 효용을 퍼뜨리고 그 혜택으로부터 소외되어 온 사람들의 삶의 질을 획기적으로 향상시킬 수 있을까?'

그는 질문의 답을 찾았다. 바로 '창조적 자본주의creative capitalism'였다.

2008년 1월, 경제 위기로 민심이 흉흉하던 그 시기에 빌 게이츠는 창조적 자본주의의 아이디어를 세계에 선보였다. 전 세계 경제인들이 모인 다보스포럼의 기조연설에서였다.

"자본주의는 인류의 삶을 향상시켰습니다. 하지만 지금 세계 인구의 절반이 그 혜택으로부터 소외됐습니다. 기업과 정부, 비영리 단체들은 시장의 힘이 가난한 이들에게까지 미치도록 힘을 모아야 합니다. 기업은 돈을 버는 동시에 자본주의 시장의 힘에서 소외되어 혜택을 못 받은 사람들의 삶을 개선시키는 역할을 해야 합니다. 나는 이 아이디어를 '창조적 자본주의'라 부르고 싶습니다."

한마디로 좋은 일로 돈을 버는, 두 마리 토끼를 잡는 자본주의를 주창한 것이다.

빌 게이츠는 "세계 빈곤층 시장의 규모가 5조 달러에 달합니다. 기업이 이 시장에서 비즈니스 기회를 발견하고, 혁신적인 제품들로 빈곤층의 삶의 질을 높여야 합니다"라고 주장했다. 예를 들어 제3세계 빈곤층을 겨냥한 1달러짜리 운동화, 인터넷과 정보통신의 혜택을 받지 못하는 오지의 아이들을 위한 100달러짜리 저가 노트북, 요금을 낮춘 휴대전화 서비스 등을 통해서다. 창조적인 아이디어를 적용하면 얼마든지 가능하다. 케냐에서 성공한 창조적 자본주의 사례를 보자.[72)]

2000년에 보다폰이 케냐의 이동통신사 사파리콤의 대주주가 됐다. 그때 보다폰은 케냐의 시장 가입자 수를 최대한 40만 명으로 봤다. 하지만 결과는 예상을 뒤집었다. 2008년 사파리콤의 가입자는 1000만 명이 넘었다. 어떻게 이런 엄청난 결과를 낳았을까? 바로 가난한 케냐인들을 시장에 끌어들일 '창의적인 방법'을 찾아냈기 때문이다. 사파리콤은 분당 과금이 아닌 초당 과금을 해서 통화료를 낮췄다. 그러자 가난해서 휴대전화를 쓰지 못했던 더 많은 사람들이 이동통신 서비스에 가입했다. 사파리콤은 돈을 벌었을 뿐 아니라 변화를 만들어냈다. 휴대전화를 여러 가지 혁신적인 방법으로 활용할 수 있게 한 것이다. 농부들은 휴대전화를 그 인근 지역의 시장 중에서 농산물 가격이 가장 높은 곳을 찾기 위해 쓴다. 또한 휴대전화를 현금 보관 용도로(전자화폐 형태로), 또는 이체를 위해 쓴다. 이는 치안이 좋지 않은 지역에서 현금을 지니고 시장에서 마을로 먼 거리를 여행할 때 강도를 당할 위험을 줄여 준다.

이러한 비즈니스는 이익의 일정 부분을 떼어서 기부를 하는 것과는 차원이 다른 개념이다. 기업들이 창의성과 전문성을 살려서 혁신적인 제품과 서비스를 통해 세상에 기여하는, 비즈니스 그 자체가 사회 공헌이 되는 모델이다. '이익을 통한 이타'인 자선에서 '이타를 통한 이익'의 개념으로 변화한 것이다.

그 후 2008년 6월 27일에 빌 게이츠는 마이크로소프트의 명예 회장직을 공식 퇴임했다. 그리고 빌 앤드 멜린다 게이츠 재단에서 창조적인 자본주의를 전파하는 삶을 시작했다.

이타적 시장은 아직 블루오션이다

케임브리지 대학교에서 '행복한 소비'와 관련해 한 가지 실험을 했다.[73] 벨기에의 제약사에서 일하는 영업팀 두 개를 선정했다. 그리고 한 팀의 사람들에게는 15유로(약 2만 3000원)를 주고 "이 돈을 당신 자신을 위해 쓰라"고 했다. 그리고 다른 팀의 구성원에게는 "돈을 줄 테니 당신 팀의 다른 이들을 위해 쓰라"고 했다.

자신을 위해 돈을 쓴 팀의 사람들 사이에서는 아무런 변화가 없었다. 그저 돈을 각자 챙겨 주머니에 넣거나 커피를 사 먹는 데 썼다. 하지만 남을 위해 쓰라고 한 팀에서는 돈을 걷어서 속에 사탕이 잔뜩 들어 있는 동물 모양 장난감 '핀야다Pinyada(서구에서는 아이들 생일날 이 장난감을 허공에 달아 놓고 눈을 수건으로 가리고 막대기를 휘둘러 치면서 사탕을 떨어뜨리는 게임을 한다)'를 샀다. 그러고는 모든 팀원들이 핀야다를 막 흔들면서 사탕을 빼내는 유치한 놀이를 하며 즐거워했다.

이후 두 팀의 영업 실적을 토대로 투자수익Return on Investment을 살펴봤다. 그 결과는 어땠을까? 자기 자신을 위한 15유로 소비는 4.5유로의 수익으로 돌아왔다. 오히려 마이너스를 낸 것이다. 하지만 다른 이들을 위한 소비를 했던 팀의 결과는 놀라웠다. 15유로의 투자가 78유로에 달하는 높은 수익으로 돌아왔다.

이러한 결과는 다른 상황의 실험에서도 똑같이 나타났다. 피구팀에도 똑같은 방법의 실험을 했다. 그랬더니 '나를 위한 소비'를 한 팀에서는 팀 성적에 변화가 없었다. 하지만 '남을 위해 쓰라'고 했던 팀의 승률은 몰라볼 정도로 올라갔다. 이타심이 주는 동기 부여와 행복감, 그것이 결과에 미치는 영향에 대한 흥미로운 연구였다.

빌 게이츠는 2008년 다보스포럼 기조연설에서 인간의 두 가지 위대한 본성인 이기심과 이타심에 대해 이야기했다. 기존의 자본주의가 이기심에만 주목했다면 창조적 자본주의는 두 가지를 다 만족시키는 방향으로 눈을 돌렸다. 이 두 가지를 결합한 경영 비전은 기업들로 하여금 스스로 책임 있는 비즈니스 행동을 하게끔 하는 강력한 내적 동기로 작용한다.

창조적인 자본주의는 기업이 얻게 될 결과적인 혜택, 즉 사회로부터의 인정, 좋은 기업에서 일하고픈 우수한 인재들을 끌어들이는 것까지도 생각한다. 기업이 좋은 의도의 비즈니스를 통해 빈곤층에게 혜택을 주고, 기업은 이익과 함께 부가적인 혜택을 얻는다. 기업이 얻은 혜택은 또다시 기업의 경쟁력을 높이는 선순환을 일으킨다.

서구에서 창조적 자본주의라는 말은 2008년에야 소개되어 주목받기 시작했다. 하지만 우리에게는 낯선 개념이 아니다. 거의 한 세기 전부터 아시아의 존경받는 기업과 기업인들이 실천해 온 이타적인 마인드의 비즈니스를 떠올리게 한다. 비즈니스가 이타심에 눈을 돌릴 때 기업은 잠재적인 성장과 수익의 기회를 발견할 뿐만 아니라 그 구성원들의 마음과 열정까지 이끌어낼 수 있다.

최근에 와서 기업들이 이타와 기업 이익의 필연적인 연결 지점을 찾게 되고, 더 나아가 이러한 시각을 적극적으로 받아들이게 된 것은 왜일까?

첫째, 새로운 기업상과 자본주의에 대한 시대적 요구가 거세졌기 때문이다. 기업의 신뢰 위기, 더욱 벌어지는 빈부 격차로 인해 대기업에 대한 반감이 높아졌다. 하지만 자본주의의 기업 정의에 의하면 경영자들은 '이기적인 이익 극대화'의 굴레에서 벗어날 수 없었다. 창조적 자본주의는 자본주의의 비즈니스 양상이 이기심의 단독 프레임에서 벗어날 수 있는 단서를 제시했다. 이익Profit을 사회적인 혜택Benefit과 결합해 '개같이 돈을 벌어 정승같이 쓰던' 기부 위주의 방식에서 벗어나 아예 '정승같이 돈을 벌 수도 있다'는 것을 보여 준 셈이다. 기업들은 대중과 정부가 보내는 의혹과 불신의 눈길에서 벗어나 떳떳한 방식, 존경받는 입장에서 돈을 벌고 싶은 욕구도 만족시킬 수 있다.

둘째, 기업들이 초경쟁 시대에 이미 포화 상태에 이른 시장을 벗어나 아직 미개척인 시장을 찾아야 할 필요성이 높아졌다. 빈곤층 시장 진입은 아직까지 기업들이 본격적으로 눈을 돌리지 않은 분야다. 이미 소비력이 큰 시장에서는 시장의 양극화, 즉 1%의 부자들을 위한 '럭셔리 마켓'과 소비력이 낮은 중·하층 사람들을 위한 '비용 절감 마켓'을 타깃으로 비즈니스 경쟁이 치열하게 벌어지고 있다. 그러나 소비력이 거의 없다고 여겨져 관심 밖으로 밀려나 있던 빈곤층 시장은 그런 경쟁이 아직 불붙지 않은 블루오션이다. 기업 입장에서는 잠재적으로 개발할 수 있는 여지가 많은, 새로운 이익의 탄광인 셈이다.

기업은 이익을 찾는 사고에서 결코 벗어날 수 없다. 이익은 사람으로 치면 산소에 해당하는, 없으면 금세 죽어버리는 기업의 필수 생존 요소이기 때문이다. 골드만삭스, JP모건 등 돈과 이익이라면 그 누구보다 민감한 금융 기업들이 이미 10년 전부터 가난한 아프리카로 눈을 돌린 것은 이런 이유로 설명된다. 어디 빈곤층 시장뿐이겠는가? 노령화 사회에서는 경제 활동에서 소외된 노인 계층, 그리고 정보의 혜택에서 소외된 시골과 농촌 지역 등 개발의 여지가 있는 소외된 시장은 수없이 많다.

최근에는 창조적 자본주의의 비즈니스 모델로 창업하는 붐이 일고 있다. 처음부터 사회적인 혜택을 겨냥해 기업의 수익 모델을 창출하는 것이다. 이익이 목적이 되는 것이 아닌 사회적으로 좋은 일을 한 결과로 따라오는 개념이다. 이런 기업을 '사회적 기업'이라고 부른다.

사회적 기업과 기업의 사회화가 만나다

'길바닥에서 사람이 굶어 죽고 있는데 도대체 경제학 이론이 무슨 소용이란 말인가?'

1976년, 방글라데시 치타공 대학교의 경제학 교수 무하마드 유누스 박사는 회의에 빠졌다. 2년 전부터 방글라데시를 덮친 대기근으로 길거리에서 사람들이 수없이 굶어 죽어 가고 있었다. 가난한 나라 방글라데시에서는 대다수 국민들이 절대 빈곤층이다. 유누스 박사는 로즈 장학금을 받고 미국 유학까지 다녀온 엘리트 경제학자였지만 똑똑한 그의 머리에서도 빈곤에 대한 경제적인 해결책은 좀처럼 떠오르지 않았다.

결국 그는 학교 밖으로 나갔다. 조브라라는 마을의 가난한 이들과 직접 마주하며 '도대체 왜 가난에서 벗어나지 못하는가'를 조사했다. 이런저런 이야기를 나누다 보니 이유가 보였다. 극빈층이 고리대금의 덫에서 벗어나지 못하는 상황이 문제였다. 수피아라는 여성은 생계를 이어 나갈 대나무 바구니를 짜기 위해 몇 센트밖에 안되는 원료비를 고리대금업자에게 빌렸다. 빌린 돈으로 산 대나무를 하루 종일 엮어서 나무 의자와 바구니 등을 만들어 팔았다. 그러면 고리대금업자에게 갚을 돈과 간신히 입에 풀칠할 정도의 돈만 남았다. 결국 또다시 돈을 빌리고 갚으며 가난에서 죽을 때까지 못 벗어나게 되는 것이었다. 조브라에서 42명의 가난한 마을 주민을 상대로 조사했더니, 이들은 각기 생계를 위해, 또는 위급한 일(결혼, 장례, 병원비 등) 때문에 고리대금업자에게 돈을 빌렸다. 그런데 그 돈의 총합계가 고작 27달러였다.

"겨우 27달러 때문에 42가구나 되는 사람들이 이런 비참한 지경에서 살고 있단 말인가!"

유누스 박사는 기가 막혔다. 그래서 자신의 주머니를 털어 27달러를 빌려 주었다. 이 사건을 계기로 그가 생각해낸 것이 극빈자들을 위한 무담보 소액 대출이었다.

유누스 박사는 은행에 대출을 신설하는 것을 알아보았다. 그러나 은행권의 문턱은 너무 높았다.

"융자를 위해서는 반드시 담보가 필요합니다."

담보조차 없는 가난한 사람들은 어쩔 수 없이 고리대금의 덫에 걸려들게 되어 있었다. 유누스 박사는 담보 없는 여신이라는 새로운 시스템을 도입해 1983년 그라민 은행Grameen Bank을 열었다. 그라민은 방글라데시 말로 '마을'이라는 뜻이다. 직원들이 마을을 돌며 집집마다 방문해서 가난한 사람들을 만나 설득해서 소액 대출을 받게 했다. 의심 많았던 사람들이 고객이 되기까지 남다른 노력이 필요했다. 절대 빈곤층의 대부분은 여성들이었다. 방글라데시는 여성의 지위가 낮아 여성 혼자 다니거나 낯선 사람, 특히 남자들과 이야기하는 것이 금기시되는 문화였다. 이들과의 대화를 위해 여성들을 직원으로 채용했다. 담보 없이 수십 달러에서 100여 달러 정도의 소액을 대출해 주고 일주일에 한 번씩 조금씩 원금과 이자를 갚게 했다. 1년 상환 원칙이었다.

"가난한 사람은 돈을 잘 갚지 않을 것이다."

대부분의 사람들은 이렇게 생각했다. 하지만 이러한 편견을 깨고 그라민 은행은 대성공을 거뒀다. 대출 회수율은 99%에 달했고, 1993년에는 흑자로 전환했다. 대출받은 600만 명의 사람들 중 58%가 자립에 성공해 절대 빈곤에서 벗어났다.

인간의 창조적인 문제 해결 능력이 자본주의와 결합해 사회적 혜택과 이익을 동시에 얻은 대표적인 예다. 유누스 총재는 말한다.

"나는 그라민 은행을 운영하면서 인간의 창조력에 대한 확고한 신념을 갖게 됐다."[74]

2006년 방글라데시의 그라민 은행과 설립자 유누스 총재는 공동으로 노벨 평화상을 받았다.

이후 그라민 은행의 마이크로 크레딧은 전 세계로 퍼져 나갔다. 우리나라에는 '사회연대은행', '신나는 조합' 등이 설치되었다. 2007년 이후 삼성, LG, 하나금융 등의 대기업들도 참여해 저소득층 무담보대출인 '미소금융'을 만들었다.

무하마드 유누스 총재는 그라민 은행의 성공을 시작으로 사회적인 비즈니스를 확장했다. 빈민층을 대상으로 이동통신 서비스를 제공하는 기업인 그라민 폰, 전기가 부족한 시골과 빈민층을 위해 태양열·풍력에너지 등을 활용해 값싼 가정용 전력을 공급하는 그라민 샥티 등을 설립했다. 2006년에는 세계적인 낙농 기업인 프랑스 다논Danone과 손잡고 그라민 다논을 설립해 사회적인 비즈니스를 시작했다.[75]

그라민 다논은 7센트짜리 값싼 요구르트 '쇽티 도이'를 방글라데시에서 출시했다. 영양 강화 요구르트 쇽티 도이는 방글라데시 지역 어린이들에게 부족한 영양 성분을 강화한 제품이다. 지역 농가에서 양질의 원료를 사서 태양광과 바이오에너지로 생산한다. 친환경 패키지를 이용해 환경오염도 최소화했다. 비즈니스 방식도 사회친화적이다. 지역 일자리 창출을 위해 대규모 공장이 아닌 소형 공장을 방글라데시 전역에 50여 개 설립했다. 그리고 해당 지역의 주민들이 유통업자가 되어 곳곳을 돌아다니며 요구르트를 팔며 생계를 유지할 수 있게 했다.

다논 입장에서는 신규 시장 개척을 통한 매출과 이익 증대라는 열매를 얻었다. 다논 CEO 리바우드의 입장은 명확하다.

"우리는 자선단체가 아닙니다. 피라미드의 맨 위에 있는 사람들 말고 다른 사람들에게서도 돈을 벌어 보자는 것입니다."

이는 빌 게이츠가 말한 창조적인 자본주의의 입장이다. 대기업들이 기존의 시장에서 소외된 사람들을 시장으로 끌어들이는 방식이다. 인도네시아의 10센트 요구르트를 시작으로 방글라데시의 쇽티도이, 세네갈의 '돌리마'에 이르기까지 값싼 현지 맞춤형 제품들이 히트를 쳤다. 정체된 선진국 시장을 벗어나 개발도상국, 저개발국가로 눈을 돌린 다논의 선택은 옳았다. 다논은 신흥 시장 공략에 힘입어 월평균 구매 고객이 2010년 7억 명 선에서 2013년 10억 명까지 늘어날 것으로 내다봤다. 전체 매출액 가운데 개발도상국이 차지하는 비중도 2000년 6%에서 2009년에는 42%까지 치솟았다.[76]

사회적 기업은 '자선의 영리 기업화'라고 할 수 있다. 반면 기존의 다국적 대기업들이 창조적 자본주의를 통해 이익을 추구하는 것은 '기업의 사회화'라고 할 수 있다. 다음 장에 소개된 그래프를 보자. 사회적 혜택과 기업의 이익이 만나는 지점을 보여 주는 그래프다. 하버드 대학교 교수 마이클 포터와 마크 크래머가 창안한 이 그래프는 오늘날의 사회적 기업과 기업의 사회적 책임이 담당하는 영역(회색 삼각형)을 한눈에 보여 준다. 이 부분이 누이 좋고 매부 좋은 지점, 즉 '공유 가치'라고 일컬어지는 핵심이다. 사회적 기업과 기업의 사회화가 동일하게 사회·경제적 이익을 동시에 추구하며

표5 **착한 비즈니스가 추구하는 공유 가치 영역**

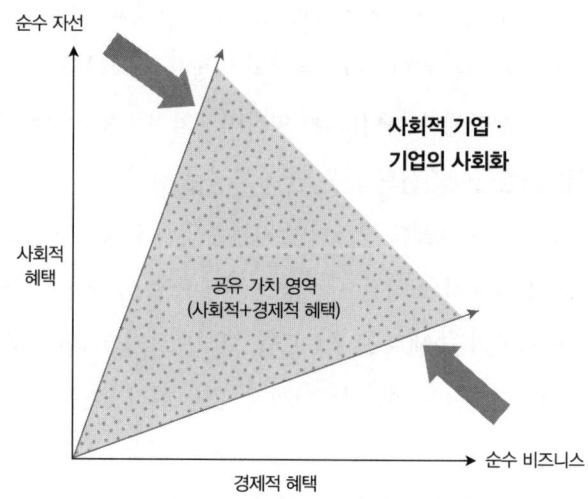

결국 자선단체와 기업의 경계가 매우 모호한 비즈니스 양상이 벌어지고 있다. 자선과 이익의 양 끝에서 출발했지만 둘 다 중심 지점을 향해 가는 형태다.

이러한 변화는 자본주의와 기업의 바람직한 미래상을 바꿔 놓았다. 사이코 기업 경제에서 벗어나 이익과 큰 사회적 가치를 동시에 추구하는, 진정으로 책임 있고 존경받는 기업상으로 말이다.

신개념 자본주의: 다른 이름, 같은 생각

한 코미디 프로그램에 '이기적인 특허 사무소'라는 코너가 있다. 요즘 한창 화제가 되고 있는 삼성과 애플의 특허 공방을 패러디한 내용이다. 출연자들은 우리가 무심하게 지나치는, 아직 이름 없는 사물에 이름을 붙인다. 그것도 아주 기발할 정도로 우스꽝스럽거나 우리에게 낯익은 단어와 비슷한 이름이다. 그리고 먼저 이를 특허 등록한 쪽이 이름에 대한 독점적인 권한을 갖는다. 예를 들어 우리가 먹는 원형 크래커 포장지를 보자. 크래커를 먹을 때마다 줄어든 내용물의 바깥 봉지를 벗겨낼 수 있도록 빨간 띠가 칼집과 함께 중간중간 둘려 있다. 누구나 이 빨간 띠를 알고 있지만 지칭하는 이름은 없다. 그동안 무심히 지나쳤기 때문이다.

코미디언이 말한다.

"우리가 먹는 까까(과자)의 옷(포장지)을 '똑' 까 준다고 해서 '까까옷똑'이라고 이름 붙이겠습니다."

판사는 "네, 특허 등록하겠습니다"라고 선언한다.

관객들은 그 기발한 아이디어에 폭소하며 박수를 보낸다. 이 이름이 유명한 모바일 메신저 프로그램인 '카카오톡'을 패러디했다는 사실에 더욱 재미있어 한다.

경영학의 신개념들도 이와 비슷하다. 경영학자들은 기업 활동을 하면서 일어나는 많은 일들, 복잡하고 다양하면서 무질서해 보이는 현상들 속에서 의미 있는 무엇을 발견하고 이름을 붙인다. 이 '의미 있는 무엇'이란 변화하고 있는 세상과 현실을 반영하는 현상이나 질서, 기존의 이론으로 설명이 안 되는 현상 등이다. 그제야 사람들은 막연했던 그 의미를 뚜렷하게 인식하고 공유할 수 있게 된다.

사실 기업의 사회적 책임, 지속 가능한 경영, 창조적인 자본주의, 공유 가치 창조와 같은 개념들은 무無에서 만들어진 것이 아니다. 이미 존재하는 우리 주변의 기업 활동에서 의미가 있는 것들을 발견하고 명명한 것이다. 오래전부터 어떤 기업들은 좋은 방식으로 공유 가치를 만들어 왔고, 이로써 사회의 진보를 가져왔다.

자선이 '좋은 의도로 조건 없이 베풀기'라면 CSR은 기업의 '윤리적 의무'에 초점을 맞추고 있다. 지속 가능한 경영은 기업이 오랫동안 살아남으며 성장할 수 있게 하는 '장기적인(사회·경제·환경적) 생존 여건 조성'에, 창조적인 자본주의와 사회적 기업, 사회 공유 가치 창조는 '인류의 진보를 가져오는 좋은 방식으로 돈을 벌고 기업을 성장시키는 전략'에 초점이 맞춰져 있다.[77]

약간씩 다르지만 궁극적으로 '기업과 공동체가 다 같이 잘사는 방향으로 비즈니스를 벌여야 한다'는 개념이라는 점에서는 동일하다. 또한 이익이 기업의 유일한 목적이자 생존 조건이 아니라고 생각한다는 점도 같다. 결국 한 뿌리에서 나온 다양한 모양의 열매인 것이다. 그 자체로서 끝나는 정답이 아닌 앞으로 무한한 발전 가능성을 지닌 모범 답안들이다.

이름이 붙는 순간 그 존재는 우리의 머릿속으로 명확하게 들어오게 된다. 그리고 이 존재감이 커지면서 사람들이 현실을 보는 눈이 변화된다. 어떠한 규칙과 관계를 명확하게 정의해 주고, 정리해 줌으로써 우리가 더욱 쉽게 받아들이고 널리 퍼지도록 한다. 앞서 경제 이론의 자기 충족적 예언에 대해 이야기했다. 현상으로부터 이론이 태어나고 이론이 현실을 만들어내고, 그러한 현실이 또다시 이론을 강화하는 순환 구조다. 그동안은 '이기적인 경제인'이 그런 방식으로 시장을 주도해 왔다. 이제 사이코패스적인 이기적인 경제인을 따뜻한 인간의 마음을 지닌 '이타적인 경제인'이 대체해야 한다. 그럼으로써 사회적인 진보를 만들어낼 수 있도록 해야 한다. 이를 위해서는 더 많은 경영자들과 기업 활동에 참여하는 직장인들, 사회 구성원이 새로운 자본주의를 의식적으로 받아들이고 마음으로 추구해야 한다. 잊혀지지 않는 하나의 의미로 만들어야 한다. 그리고 새로운 자본주의가 뿌리내릴 수 있는 토양, 바람직한 생태계 조성에 나서야 한다.

지금 기업에 필요한 것:
새로운 환경, 새로운 성공 전략

⋮

당신의 우주선이 달에 불시착했다. 원래 당신은 불시착 지점으로부터 200마일 떨어진 모(母)우주선과 만나기로 되어 있었다. 불시착으로 인해 당신의 우주선은 심하게 망가졌고 우주선 안에 있던 장비들도 거의 쓸 수 없게 됐다. 당신의 팀원들은 200마일 떨어진 모 우주선으로 가야 살아남을 수 있다. 그 여정에 가져갈 수 있을 정도로 손상되지 않은 품목은 아래에 제시된 열다섯 가지다.

자체 팽창 구명보트, 45.5kg 산소탱크 2개, 우주 담요, 태양전지 조명, 신호용 거울, 물 38리터, 구급상자, 농축식품, 나침반, 태양전지 통신기, 달 표면 지도, 나일론 로프 15m, 성냥 한 박스, 낙하산 실크, 우주복 수선 박스 당신은 어떤 물건을 가져가겠는가? 남아 있는 물품 열다섯 가지를 꼭 필요한 우선순위에 따라 나열해 보자. 그렇게 순서를 정한 이유는 무엇인가? 참고로 달은 최저 영하 193℃(밤)에서 최고 111℃(낮)까지 기온이 변한다. 중력은 지구의 6분의 1이다. 태양을 받는 면과 받지 않는 어두운 면이 있다. 모우주선이 있는 곳은 태양빛을 받는 면에 있다.

이 문제는 '달에서 살아남기'라는 제목의 테스트다. 미국항공우주국NASA이 우주인 훈련 프로그램을 위해 개발한 시나리오다. 답은 대답하는 이에 따라 달라질 수 있다. 하지만 대체적으로 필수적인 요소와 필요하지 않은 요소는 비슷하게 나뉜다. 중요도에서 한두 순위 차이가 나더라도 모범 답안은 아래와 같다. 이 중에서 1~5번까지는 필수품이다. 10~15번까지는 생존에 크게 중요하지 않은 물품들이다.

1. 산소탱크 2개: 산소가 없으면 바로 죽는다. 가장 중요한 생존 필수품이다(무게는 상관없다. 왜냐하면 달의 중력은 지구의 6분의 1이라 탱크가 매우 가볍게 느껴질 것이기 때문이다).
2. 물: 필수품이다. 특히 빛이 비추는 면에서 과도한 수분 증발을 보충할 때 쓰인다.
3. 농축식품: 신체 에너지 보급을 위한 필수품이다.
4. 태양전지 통신기: 모우주선과 통신할 수 있다. 하지만 너무 원거리에서는 힘들다.

5. 구급상자: 부상으로 인한 감염 등을 예방하고 치료해야 한다.

6. 달 표면 지도: 나의 현재 위치와 목적지를 알아야 찾아갈 수 있다.

7. 우주복 수선 박스: 우주복이 찢어지거나 구멍이 나면 살아남을 수 없다.

8. 나일론 로프: 절벽을 오르거나 부상자를 묶을 때 쓴다.

9. 우주 담요: 급격한 온도 변화에 필요하다. 밤에는 체온을 빼앗기는 것을 막고 낮에는 과도한 태양열을 막는 데 쓴다.

10. 신호용 거울: 태양열 라디오 송수신기로 커뮤니케이션이 불가능할 때 쓸 수 있다.

11. 태양전지 조명: 밤에 이동할 때만 쓰인다.

12. 자체 팽창 구명보트: 산소탱크, 물 등의 물건을 운반할 수 있다. 또는 부풀릴 때 쓰는 이산화탄소 병은 추진력을 낼 때 사용할 수도 있다.

13. 낙하산 실크: 상대적으로 덜 중요하다. 구명보트 대신 물건을 싸서 운반하거나 햇빛을 막는 그늘용으로 쓴다.

14. 나침반: 달에는 자기장이 없기 때문에 작동하지 않으므로 필요 없다.

15. 성냥: 산소가 없어서 불이 붙지 않으므로 필요 없다.

이 테스트는 인간이 살아남는 데 성공하려면 어떤 사고를 해야 하는지 보여 준다. 내가 처해 있는 환경을 알고, 내가 가진 특성(인간은 숨쉬고, 먹고, 마셔야 한다)을 파악해야 한다. 또한 상황에 맞게 우선순위에 따른 선택이 필요하다. 어떤 품목은 생존에 필수적이지만 어떤 품목은 특정한 상황에서만 필요하다. 예를 들어 태양전지로 작동되는 조명을 보자. 만약 우주선이 태양빛을 받는 면에 불시착했다면 이 품목은 아무짝에도 쓸모가 없다. 지구에서라면 소용 있었을 나침반과 성냥도 마찬가지다. 환경이 바뀌면 쓸모가 없어진다. 이렇게 내가 닥친 상황에 알맞게 우선순위를 정하고, 선택을 하는 것이 '전략'이다. 지금 이 환경에서 내가 목표를 이루기 위해 가장 중요한 것이 무엇인지 종합적으로 판단해서 선택하는 것이다. 살아가는 데 필요한 물과 음식은 물론 앞으로 나아가는데 필요한 지도를 갖추고 통신으로 소통해야 한다.

인간뿐 아니라 '경제적인 사람'으로 취급되는 기업도 이처럼 생존의 규칙을 따라야 살아남는다. 환경의 변화를 감지하고 변화된 환경에서 나에게 필수적인 생존 요소들을 찾아내고, 치밀한 전략을 통해 생존 방법을 끊임없이 찾아야 한다.

세계가 사회 양극화, 환경오염, 경제 실패와 같은 자본주의의 부작용을 심각하게 겪었고, 그 결과 이제는 기업들에 보다 양심적이고 책임 있는 행동을 원하고 있다. 구제금융 이후 정부의 규제 움직임도 그 어느 때보다 여론의 지지를 얻고 있다. 심지어 잭 웰치와 빌 게이츠처럼 기업 이익 극대화를 외치며 무자비한 방식으로 사업을 키웠던 기업인들조차도 "무언가가 잘못됐다. 기업이 달라져야 한다"며 변심했다. 이렇게 기업을 둘러싼 환경이 변화하고 있다면, 즉 자본주의의 양상이 변화하고 있다면 기업들은 그 변화를 감지하고 이에 맞는 성공 전략을 세워야 한다.

기업 자신을 위한 동기를 부여하라

불황이 오면 기업들이 가장 먼저 깎는 예산은 바로 사회 공헌, 기부 예산이다. 기업이 추문에 휩싸이면 돈을 더 많이 쓰는 분야도 역시 사회 공헌이다.

그동안 사회적 책임 분야가 '덧붙여진', '미적인 장식' 기능을 해왔기 때문에 벌어진 일이다. 비즈니스의 핵심에 자리 잡지 못하고 변두리 역할을 하다 보니 쉽게 버려지기도 하고 악용되기도 했다. 현실의 붐과 동떨어져서, 대부분의 한국 기업에서는 여전히 이런 생각이 지배적인 듯하다.

"사장님이 CSR 담당자한테 참신한 기획을 하라고 다그치는데, 그게 그렇게 쉽게 나오겠냐?"

예전에 같은 직장에서 일한 적이 있는 한 선배가 말했다.

"그야 CSR을 이벤트성으로 생각하기 때문에 그런 거예요. 그건 핵심 경영 전략인데 말이죠. 전사적인 사업과 비전 분석 후에 그에 맞는 기획과 집행이 필요한 거예요."

내가 답했다.

"야, 아직 우리나라는 멀었어. 사장이 자기 다니는 교회에 냉방시설비 기부하라고 하면 집행하고 사회 공헌이라고 하는 게 현실인데 뭐. 10년쯤 후면 몰라도 아직은 그 수준 아니다."

알 만한 대기업에 다니는 선배에게서 이런 이야기를 들으니 한숨부터 나왔다. 그런데 놀랍게도 수많은 기업체의 중간관리자와 임원들을 만나서 이야기를 해봐도 거의가 비슷한 반응이었다.

"당장 돈도 안 되는 분야인데……. 사장님이 말은 그렇게 해도 그 분야는 일단 돈벌이에 밀릴 수밖에 없다."

"그건 일단 좀 나중에, 아직 그렇게까지 할 단계는 아니고."

이런 말이 먼저 나온다. 결국 '보도자료용 행사' 내지는 '한 번 크게 돈 쓰자'가 기업의 사회 공헌 활동의 대부분을 차지하고, 지속 가능한 경영의 본질적인 활동으로 비춰진다.

앞서 말한 새로운 개념들이 붐을 일으키고 있지만 아직 기업인들의 인식이라는 것이 이 정도다. 요즘 워낙 유행하니까 당장 전문가부터 찾아내서 구색부터 갖추고 보자는 식이다. 또한 CSR은 '돈을 버는' 것이 아닌 '쓰는' 일이라는 인식이 일반적이다. 이익에서 쪼개서 돈을 쓰다 보니 이익이 줄어들면 당장 CSR 예산부터 깎는다. 이처럼 이익과 사회 공헌, 책임 활동이 제로섬$^{zero\ sum}$, 즉 한쪽이 다른 쪽을 갉아먹는 개념이라면 사이코패스적인 이익 추구, 홍보 효과만 노린 눈 가리고 아웅하는 기업의 사회적 책임 활동이 계속될 수밖에 없다. 그리고 경기와 수익에 따라 이러한 활동을 슬그머니 접거나 대충 집행하는 문제도 생긴다.

사회적 책임 분야가 이렇게 경기에 따라 부침을 겪는 반면 환경 분야, 즉 에너지 절감 및 친환경 제품 생산, 자원 재활용 분야, 대체에너지 개발 등은 경쟁적으로 기술 혁신과 신제품 개발이 이루어지고 있다. 향후 이 분야가 기업의 미래에 중요한 이슈이자 돈벌이라고 보는 경영자들이 많아서다. 그래서 금전적 여력이 있는 많은 기업들이 자발적으로 이 분야에 뛰어들고 사업 예산을 늘려 가고 있다.

책임 있는 활동이 기업에 주는 혜택과 이익이 명백하고 타당할 때에는 기업들이 자발적으로 움직인다. 자발성은 내적 동기의 강화로 볼 수 있다. 이렇게 기업들의 사업적 자발성이 발휘되어야 이미 지용의 변칙적인 CSR을 막을 수 있다. 그래서 기업의 존재 의미와 비즈니스 방식에 대한 근본적인 시각의 전환이 이루어져야 한다. 기업의 사회적인 책임이 환경 경영만큼이나 지속적으로 기업이 발전해 가기 위한 핵심적인 요소이자 이익 창출과 밀접한 관련이 있는 분야라는 시각으로 말이다. CSR이 어째서 회사 전체 부서가 관여해야 할 경영 이슈이며, 왜 '전략적'이 되어야 할까? 전략적 CSR의 필요성을 쉽게 다이어트를 예로 들어 설명해 보겠다.

　다이어트는 살을 빼서 예뻐 보이기(이익을 얻기) 위한 것이다. 굶는 방법으로 살을 빼는 것이 기존의 자본주의 방식이다(이익만 추구). 이 경우 단기간에 살을 뺄 수 있지만 내 몸의 기관들이 고통스럽고(내 몸의 영양 상태를 쥐어짜서 악화시킨다), 장기적으로 부작용(요요 현상, 골다공증 등)이 생긴다.

　운동과 균형 잡힌 식이요법을 병행해서 건강한 방식으로 살을 빼는 것이 창조적 자본주의 접근이다(이익과 혜택을 동시에 추구). 후자의 다이어트는 종합적인 전략이 필요하다. 즉, 자신의 몸 상태와 부위별 지방 및 근육 상태, 성별, 나이, 물질대사량, 체질 등에 아울러 내가 놓인 현실적인 상황(직장에서의 근무 패턴, 라이프스타일 등)을 종합적으로 분석한다. 그 데이터를 바탕으로 지방을 줄이고 근육을 늘리되, 특정 부위가 비만일 경우 그 부분을 집중 공략할 운동 전략을 짠다. 식단도 몸이 필요로 하는 칼로리와 운동 목표, 즉 근육 증가

또는 지방 연소 중 우선순위에 맞게 조절해야 한다. 이처럼 내 몸에 최적화된 다이어트를 통해 최적화된 효과를 볼 수 있다. 내 몸이 날씬해지는 것(이익)은 1차적인 결과다. 더욱 근본적인 가치를 실감하게 된다. 몸의 기관들이 운동, 영양과 함께 종합적으로 강화되어 체질 개선(기업 경쟁력 강화)을 가져온다. 피부 탄력과 상쾌한 기분은 덤이다(심리적인 만족). 장기적인 부작용도 없어서 장수할 수 있다(지속가능성).

체질 개선을 통한 장기 생존까지 염두에 둔 다이어트라면 내 몸에 맞는 다이어트 전략이 필요하다. 기업도 마찬가지다. 기업들은 사회와 기업의 장기적인 건강을 희생시키는 단기 이익주의에 사로잡혀 있었다. 하지만 그 부작용을 심심찮게 겪었다. 자원 고갈, 지역사회의 오염, 고객의 웰빙 훼손, 비용 쥐어짜기로 인한 하청 업체의 생존 위협 등이 대표적인 예다. 이제는 보다 나에게 맞는, 건강한 방식으로 사업을 벌이도록 전략적인 해법을 찾아야 하는 것이다.

이타적 DNA를 더한 새로운 성공 방정식

기업은 이익 추구라는 목적을 벗어날 수 없다. 하지만 이익을 얻는 방식을 바꿀 수는 있다. 착한 방식으로 성장하는 것이다. 정부와 소비자가 정책이나 인센티브 등 외적인 규율과 보상을 강화한다면 기업들은 내적인 동기를 강화하는 방향으로 가야 한다. 자신의 비즈니스를 건강하게 키우고 싶은, 돈을 버는 동시에 보다 존경받고 사랑받고 싶은 기업 의도를 만족시키면서 말이다.

기업의 건강한 성장 전략을 어떻게 짜야 할지 아는 사람인 전략 전문가들도 새로운 자본주의의 성공 방식을 밝히는 데 나섰다. 바로 하버드 대학교의 마이클 포터 교수와 경영 컨설팅 회사 FSG의 마크 크래머 대표다. 이들은 사회적 이익과 기업 이익을 함께 추구하는 경영의 필요성과 그 구체적인 방법을 전략적인 관점에서 밝혔다. 그들의 시도는 2002년 '전략적 자선Strategic Philanthropy'의 개념으로 첫 형상을 갖추기 시작했다. 이어 2006년에는 '전략적 CSR', 2011년에는 '공유 가치 창조Creating Shared Value(이하 CSV)'의 개념으로 진화한다.[78]

마이클 포터가 누구인가? 아인슈타인이 상대성 이론으로 과학계에 신선한 충격을 던졌듯, 경영 전략 분야의 상대성 이론이라고 할 수 있는 '경쟁 우위competitive advantage' 개념을 제시한 사람이다. 그렇다면 경쟁 우위란 무엇인가?

국영수 모두 80점을 맞는 학생과 수학 100점에 영어와 국어에서는 70점을 맞는 학생이 있다. 둘의 평균 점수를 두고 보면 같다. 하지만 이들이 수학 가중치가 훨씬 높은 이공대에 동시에 지원한다면? 수학 100점짜리가 경쟁 우위다.

경쟁 우위란 특정 환경 속에서 자신의 장점이 상대방보다 더 강력한 힘을 발휘할 때 생긴다. 그리고 이러한 경쟁 우위는 경쟁자들이 쉽게 흉내 낼 수 없다. 기업 세계에서는 애플의 창의적인 디자인, 토요타의 하이브리드 기술이 대표적이다. 경쟁자들 대부분이 모방하고 넘어서려 하지만 쉽지 않다. 이들은 특정 분야에서만큼은 시장의 절대강자로 인식된다. 시장에서 벌어지는 경쟁에서 이기려면 자신만의 우위를 냉정하게 분석하고 이들처럼 자신에게 유리한 환경과 자질을 최대한 이용해야 한다.

포터는 기업 전략의 궁극적인 목표를 '지속적인 경쟁 우위를 확보하는 것'이라고 말한다. 남보다 한발 앞서 가야 경쟁에서 살아남을 수 있는 것이 기업의 생리다. 지속적으로 살아남기 위해서는 발빠른 전략으로 시장에서 경쟁자보다 우위를 지켜 나가야 한다. 전쟁터에서 승리하기 위해 유리한 고지를 먼저 점령하는 것과 같은 이치다. 그러기 위해서는 내가 이용하는 시장 환경과 나의 강점이 맞아 떨어져야 한다. 그렇다면 환경과 자신의 강점을 먼저 알아야 한다. 그러고 나서 자신에게 유리하게끔 환경에 변화를 주고, 이로써 그 상황에서 자신의 강점을 더 크게 키워야 한다. 전쟁터 상황을 알고 나를 알아야 백전백승이 가능하다.

전략적으로 활용하면 CSR을 통해서 지속적인 경쟁 우위를 만들어낼 수 있다. 바로 나의 경쟁력에 영향을 주는 환경을 바꾸고, 내 자신을 바꿈으로써 말이다.

그렇다면 어떻게 전략적으로 CSR을 활용할 수 있을까? 전략적 자선에서 시작해 전략적 CSR, 공유 가치 창조CSV 개념으로 발전한 새로운 자본주의 방식, 그 구체적인 실천 방안을 《하버드 비즈니스 리뷰》 기사를 중심으로 자세히 살펴보겠다.

자선도 전략이다

다국적 제약 기업 화이자는 급성 결막염을 예방할 비용 효율이 높은 처치 방법을 개발했다. 트라코마라고 하는 결막염을 예방하지 않으면 실명에까지 이른다. 의료 서비스가 일반화되지 못한 개발도상국에서는 이 질환으로 인해 실명에 이르는 경우가 많았다. 화이자는 세계보건기구, 에드나 맥코넬 클락 재단과 손잡고 현대적인 보건과 약물의 혜택으로부터 소외된 수많은 사람들에게 이 질환의 처방법을 널리 퍼뜨릴 인프라를 구축했다. 그 결과 1년 안에 모로코나 탄자니아의 대상 인구에서 급성 결막염 발병률이 50%나 줄었다. 이후 이 프로그램은 공격적으로 확장해서 빌 앤드 멜린다 게이츠 재단과 영국 정부까지 가세해 향후 3000만 명의 세계 인구에 도달하는 목표를 세웠다. 중요한 사회적 혜택을 제공했을 뿐 아니라 화이자는 자신들의 시장 확대에 필요한 인프라 구축을 도움으로써 장기적인 비즈니스 향상까지 꾀할 수 있게 됐다.

화이자의 사례는 기업이 어떻게 자신이 지닌 전문성을 이용해서 세상에 기여하며, 동시에 이익을 낼 수 있는 가능성까지 만들어내는지를 보여 준다. 이것이 전략적인 자선의 모습이다.

1980년대 후반부터 2000년대 초까지 기부 예산은 반으로 줄었지만 공익 연계 마케팅cause related marketing, 광고 등의 예산은 폭발적으로 증가해 왔다. 왜일까? 돈을 더 낸다고 해서 기업에 대해 비판적인 사람들을 만족시키지는 못한다. 기업들이 더 기부할수록 사람들은 더 바라게 된다. 반면 기부가 기업의 재무제표상의 이익을 높인다는 증거도 명확하지 않다. 그러다 보니 기업들이 기부보다는 기업이 더 크게 이득을 보는 분야인 PR, 광고, 기업 이미지 증진, 공익 연계 마케팅에 집중했다.

1990년대 1억 2500만 달러였던 공익 연계 마케팅 예산은 2002년에 8억 2800만 달러로 일곱 배나 늘었다. 하지만 기업 혜택에 더 초점을 맞추다 보니 '배보다 배꼽이 더 큰' 현상이 발생했다. 예를 들어 담배 회사인 필립 모리스는 1999년 7500만 달러를 기부 예산으로 집행했다. 하지만 1억 달러를 기부 행사 광고캠페인에 썼다. 이런 상황은 기업의 속내에 대한 냉소적인 반응을 이끌어낼 수 있다(자선보다 알리는 데 더 신경 쓴다는).

공익 연계 마케팅의 목표이자 장점은 기업의 대중 노출을 극대화하며 직원 윤리심을 높이고, 호의적인 반응을 이끌어낸다는 데 있다. 대표적인 예가 올림픽 스폰서다. 하지만 이런 공익 연계 마케팅은 사회적인 임팩트보다는 대중 홍보에 초점을 맞추기 때문에 전략적인 자선으로 볼 수 없다. 전략적인 자선은 사회적·경제적 혜택을 동시에 가져올 분야를 타깃으로 정한다. 기업의 자산과 전문성을 발휘해서 내가 속한 비즈니스 환경을 내 경쟁력을 높이는 데 유리하게 개선하는 데 있다. 결국 전략적인 자선의 핵심은 '어디에', '어떻게' 돈을 쓰느냐다.

'어디에' 초점을 두고 기부할 것인가?

다음 그림에서 보이는 자신을 둘러싼 네 가지 경쟁 맥락을 강화하는 곳에 돈을 써야 한다.

① 요소(투입) 조건(질 높고 특화된 투입 요소들을 이용할 수 있는가의 여부)
인력, 자본, 물리적 인프라(도로, 학교, 전기 시설 등), 행정 인프라,

표6 기업의 경쟁력에 영향을 미치는 4가지 맥락

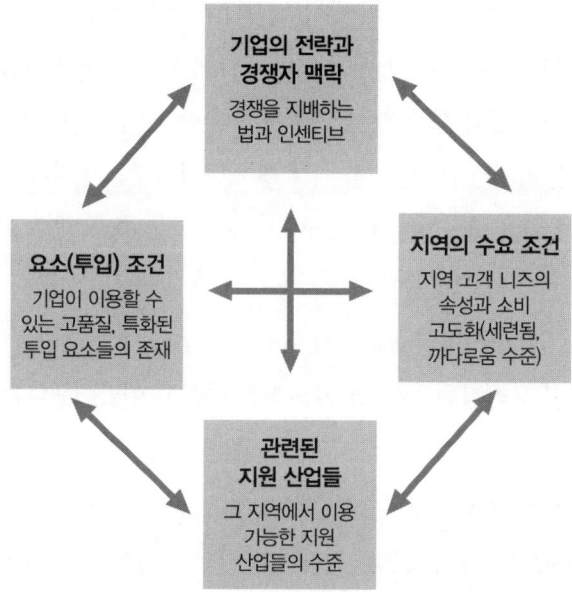

출처: 『하버드비즈니스 리뷰』 '기업 자선의 전략적 우위'(2002)

정보 인프라, 과학기술 인프라, 천연자원 등이 그 요소에 포함된다.
 드림웍스는 LA 지역사회의 빈곤층 학생들에게 엔터테인먼트 산업에서 일하는 데 필요한 기술들을 가르치는 훈련 프로그램을 만들었다. 지역 학교와 커뮤니티 칼리지, 방과 후 교실 등에서 특화된 과목을 가르치고 인턴십과 멘토링을 결합했다. 이는 드림웍스가 필요로 하는 인재 풀을 강화하는 효과를 가져왔다.

② 수요 조건(지역 시장의 크기, 품질 기준 적합성, 소비자들의 까다로운 취향 등)
 소비자들의 취향이 까다로울수록 기업들에 새롭게 대두되는 소

비자의 니즈에 대한 통찰력을 주고 기술 혁신을 촉진시킨다. 따라서 소비자들이 까다로우면 더 좋은 제품이 태어난다. 애플은 지역 학교에 교육용 PC를 제공했다. 이로써 사회적인 혜택을 만들어낸 동시에 애플의 제품을 살지도 모르는 잠재적인 소비자들의 수준을 높였다. 이런 방식으로 미래 시장과 기술 혁신의 필요성을 키운다.

③ **전략과 경쟁 조건**(경쟁을 좌우하는 규제, 인센티브, 기준들은 기업의 생산성에 근본적인 영향을 미친다)

투자 촉진 정책, 지적 재산권 보호, 시장 개방의 정도, 독과점 금지, 부패 감소는 시장의 매력을 높인다. 다국적기업들이 개발도상국이나 저개발 국가에서 뒤떨어진 시장의 기준, 투명성을 높이는 방법으로 비즈니스를 한다면(예를 들어 투명성을 높이기 위한 다국적기업 협회 활동을 통해 기업 정보를 공개하고 부패에 맞서는 방식으로) 경쟁자인 로컬 기업들의 문화도 변화시킬 수 있다. 이것이 기업들이 속한 시장 환경을 더 좋은 방향으로 바꾸는 방법이다.

④ 관련된 지원 산업들

한 기업의 경쟁력은 질 높은 지원 산업들과 서비스에 의해 크게 높아질 수 있다. 예를 들어 토요타는 부품 공급 업체들과의 공동 운명체적인 협업과 기술 개발, 투자 등을 통해 품질을 획기적으로 높일 수 있었다.

'어떻게' 공헌할 것인가?

그동안 대부분의 사회 공헌이 '얼마나 많이(기부 금액, 활동 수 등의 측면에서) 눈에 띄게 하는가?'에 초점을 맞춰 왔다. 하지만 이제는 '어떻게 하는가?'가 핵심이다.

우선 사회·경제적으로 어떻게 가장 큰 영향력을 줄 수 있는가를 고민해야 한다. 기업이 사회적인 가치를 극대화하는 네 가지 방법은 다음과 같다.

① 최선의 수혜자를 선택하라

조사를 통해 가장 큰 사회적 임팩트를 성취할 수 있는 대상을 정한다. 예를 들어 화장품 회사인 아모레퍼시픽과 철강 회사인 포스코 중에서 어떤 기업이 여성 가장들의 자립을 돕는 프로젝트를 했을 때 더 전문성을 발휘할까? 대부분의 고객층과 수많은 직원들이 여성이며, 여성들과의 연계, 마케팅 및 홍보 등의 비즈니스 노하우가 많이 쌓였다는 면을 감안하면 아모레퍼시픽이다. 기업이 전문성(직원들의 경영, 재정, 조사, 기술적 전문성)을 살리면 개개인이나 정부, NGO가 혼자 하는 것보다 훨씬 큰 효과를 내는 기부 활동을 할 수 있다.

② 다른 기부자들에게 신호를 보내라

기업들이 나서서 후원을 할 경우 타기업, 고객, 공급자 등 다른 기부자들의 동참을 훨씬 잘 이끌어낼 수 있다. 이는 일반인들이 만들어낼 수 없는 도달력과 파급력이다. 기업의 커뮤니케이션 전문성과 광범위한 도달력을 활용해야 한다.

③ 수혜자의 성과를 향상시켜라

비영리재단의 효율성을 향상시킴으로써 투자 비용당 사회적 가치 창출을 극대화할 수 있다. 다른 개인 기부자들과 달리 기업은 비영리집단, 다른 파트너들과 직접적으로 함께 일하며 그들이 보다 효율적으로 일하게끔 할 수 있다. '효율성 높이기'는 기업의 전문 분야가 아닌가. 더욱이 여러 지역과 국가에서 비즈니스를 벌이고 있는 기업은 한 지역에서 얻은 지식과 향상된 운영 방식을 다른 지역들이나 나라들의 비영리단체들이 공유할 수 있도록 도울 수 있다. 기업이 지닌 자산과 전문성은 비영리재단의 운영을 향상시킬 수 있다. 개개인의 기부로는 얻을 수 없는 커다란 사회적인 가치를 창출할 수 있도록 말이다.

④ 쌓은 지식과 관행을 발전·확산시켜 나가라

혁신은 비즈니스 분야뿐 아니라 비영리 분야의 생산성도 높인다. 가장 큰 진보들은 효율성의 점진적인 향상이 아닌 새롭고 더 나은 접근 방법으로부터 나온다. 사회적인 가치를 만들어내는 가장 강력한 방법은 무엇일까? 사회적 문제를 다루는 혁신적인 방법들을 개발하고 그 방법들을 널리 퍼뜨려 관행으로 만드는 것이다.

기업에 꼭 맞는 5단계 실행 방안

이렇게 사회 가치를 극대화하는 방법을 알았으면 나에게 맞는 실행 방안을 고민해야 한다. 어떻게 사회 공헌을 보다 전략적으로, 즉 경쟁 맥락에 초점을 맞춰 진행할 수 있을까? 포터와 크래머는 기업에 꼭 맞는 5단계 실행 방안을 제시한다.

1단계: 경쟁 맥락을 조사한다. 외부 경쟁 환경을 분석해서 '어디에 돈을 써야 기업의 인프라와 환경이 개선될 것인가? 생산성, 혁신, 성장, 경쟁력 저해 요소는 무엇인가?' 등을 알아야 한다.

2단계: 현재 진행하고 있는 자선 포트폴리오를 검토하고 이것이 얼마나 전략적인지 분석한다. 대부분의 자선 활동이 공동체적인 의무와 호의 구축에 초점을 맞추지만 이제는 전략적 베풀기로 가야 한다.

3단계: 어떻게 하면 우리의 자산과 전문성을 가장 효과적으로 쓸 수 있을까?'를 고민한다. 앞서 말한 네 가지 사회적 가치 창조에 비추어 현재 우리 기업의 자선 계획을 평가한다.

4단계: 산업 집단, 다른 파트너들과 공동 활동을 할 수 있는 기회를 찾아본다.

5단계: 엄격하게 결과를 추적하고 평가한다. 이는 매우 중요한 과정임에도 불구하고 현재 제대로 이루어지지 않는 분야다. 앞서 이야기했던 나이지리아의 쉘석유의 사례를 보라. 돈을 퍼부어도 프로그램이 제대로 운영되지 않으면 낭비로 끝난다. 그래서 NGO는 물론 기업이 프로젝트 성과를 추적하는 역할은 매우 중요하다. 그리고 그에 대한 대중의 끊임없는 관심과 정부의 감시 역할도 지속돼야 한다. 가장 성공적인 프로그램은 짧은 시간에 행해지는 캠페인이 아닌 장기적으로 규모와 정밀성이 지속 성장하는 공헌이다. 저소득 창업자에게 1000만 원을 당장 쥐어 주고 끝내기보다는 통신, 유통, 홍보, 광고 인프라를 구축하고 가게 경영 방식을 가르침으로서 가게 스스로 생산 효율을 높이고 지속 발전할 수 있게 해 주는 방식이다. 즉, 물고기를 주는 게 아니라 물고기를 잡는 법을 가르쳐 줌으로써 지속 성장의 기반을 닦아야 한다.

비즈니스의 핵심으로 침투한 전략적 CSR

전략적인 자선의 개념은 '돈을 더 현명하게 쓰는' 방법에 초점이 맞춰져 있었다. 기업에 영향을 주는 지역사회(경쟁 환경)가 최대한의 효과를 볼 수 있게끔 말이다. 하지만 2006년에 제시한 전략적인 CSR은 내부의 비즈니스 요소들과 조금 더 밀접해졌다. 일반적으로 기업들이 사업 전략을 짤 때는 경쟁 상황을 분석하기 위해서 일정한 틀(경쟁 환경, 내부 가치사슬 분석)을 사용한다. 전략적 CSR은 기업 내부의 가치사슬을 분석해 외부 환경과의 연결 고리를 발견하고, 즉 안팎으로 뒤집어 보고 둘 다 변화시키는 방식을 추구했다. 이로써 기업의 일상적인 비즈니스 활동의 단계마다 CSR이 침투할 수 있게 됐다.

① 사회적 혜택과 기업의 이익이 만나는 지점을 확인한다

우리 기업에 해당하는 그래프의 삼각형(공유 가치) 부분이 어디인지 알아야 한다. 기업을 안팎으로 뒤집어 보면 이 공유 가치 부분을

표7 가치사슬 활동과 관련된 사회적인 이슈들

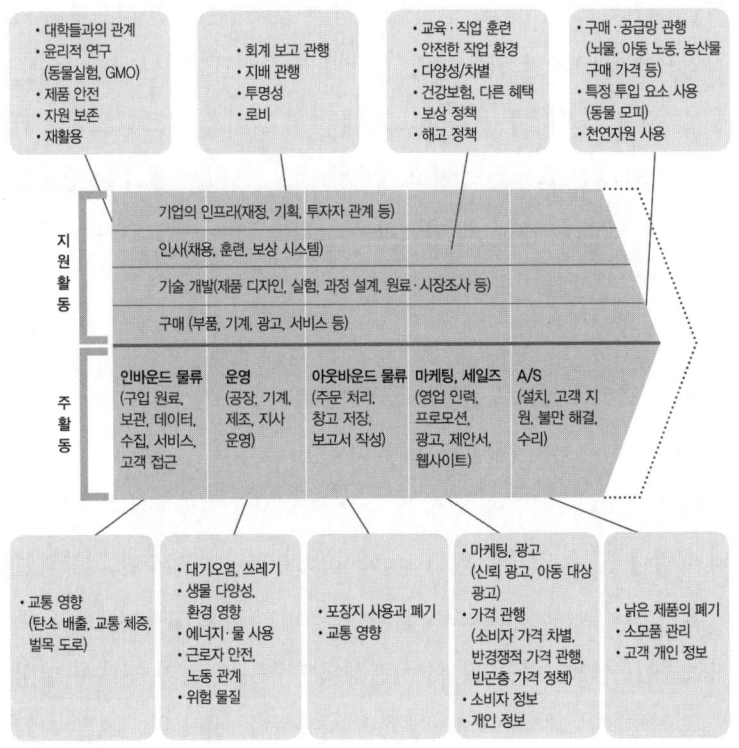

파악할 수 있다.

 기업의 모든 가치사슬 내의 활동이 해당 지역에 긍정적이든 부정적이든 영향을 주게 된다. 위의 그림을 보자. 고용 관행, 오염 물질 배출 등이 대표적이다. 이러한 영향은 지역에 따라 그 양상이 미묘하게 변화한다. 같은 제조 활동이 만들어내는 사회적 결과는 중국이냐 미국이냐에 따라 다르다. 시간에 따라서도 달라진다. 시간에 따라 사회적인 기준이 진화하고 과학이 진보하기 때문이다. 한때 크게 각광받던 약물이 시간이 지나고 과학기술이 더 발전되면서 심각한 부작용을 발견해내고 폐기되기도 한다. 이 경우 그 약물 생산에 의지하던 기업은 파산할 수도 있다.

오늘날의 사회적인 영향을 파악하는 것도 중요하지만 앞으로 변화하는 사회 환경에 따른 영향을 파악해야 기업이 생존의 위험을 줄일 수 있다.

기업의 외부 사회적 조건들도 기업들에 긍정적, 또는 부정적인 영향을 미친다. 이는 앞서 전략적 자선에서 말한 네 가지 경쟁 맥락(206쪽 그림 참조) 관점에서 파악할 수 있다.

② 어떤 사회적 이슈에 초점을 맞출 것인지 정한다

기업이 담당할 분야가 있고 사회, NGO가 담당할 분야가 있다. 중요한 것은 '그것이 얼마나 가치 있느냐'가 아닌 '그것이 공유 가치를 만들어내느냐'는 것이다. 이러한 이슈들은 크게 세 영역으로 나눌 수 있다.

- 일반적인 사회적 이슈 기업 활동에 의해 현저하게 영향을 받지 않으며 장기 경쟁력에 중요하게 영향을 미치지 않는 것들
- 가치사슬이 사회적인 임팩트를 줄 수 있는 이슈 기업에의 평상적인 비즈니스 과정에 의해 현저하게 영향을 받는 사회적 이슈
- 경쟁 맥락의 사회적 측면들 기업이 사업을 벌이고 있는 지역사회의 이슈들, 그중에서 기업의 경쟁력을 좌우하는 요소들에 중요한 영향을 주는 것들

표8 **기업의 사회 관여: 전략적인 접근법**

일반적 사회 영향	가치사슬 사회 영향	경쟁 맥락의 사회적 측면들
좋은 기업 시민	가치사슬 활동으로 인한 피해를 완화 (예) 환경오염 기업	기업의 경쟁력 강화에 영향을 미치는 사회 조건을 향상시키는 전략적 자선 (예) 그 기업이 필요로 하는 특수 기술직을 키워내는 저소득층 청소년 장학 제도
대응적 CSR	사회적 혜택을 창출하는 동시에 전략을 강화하는 방식으로 가치사슬 활동들을 변화시킴	전략적 CSR

③ 기업의 사회적 아젠다를 창조한다

기업이 사회에 미치는 해악을 줄여 나가는 것을 넘어서 사회적 여건을 개선함으로써 기업의 전략을 강화해야 한다. 전자는 대응적인 CSR, 후자가 전략적 CSR이다. 결국 후자로 발전해 가야 한다.

기업 시민의 의무는 단순히 돈을 주고 해결하는 것이 아니다. 명확하고 측정 가능한 목표를 세우고, 그 결과를 추적해 나가야 한다. 좋은 기업 시민이 되고, 환경오염 물질 배출을 줄이고, 공장 작업 위험을 줄이는 것은 대응적인 CSR이다. 단지 시민·환경 단체나 정부, 직원들의 요구, 압력에 반응하는 것뿐이다.

전략적 CSR을 위한 사회적 이슈란 그 기업의 경쟁 맥락을 향상, 강화하는 이슈들이다. 기업 활동이 사회적 혜택을 만들어내는 동시에 기업의 전략을 강화하는 방식이다. 예를 들어 IT 기업이 지역사회의 저소득층 중고교 학생들을 위해 교육과 기자재를 후원하고, 이 학생들이 이 기업의 잠재적인 고객이자 향후 우수한 인력으로 투입될 수 있다. 또한 하청 업체에 그린 기술을 소개해서 비용을 아껴 주고 오염 물질 배출을 줄인다면, 하청 업체의 경쟁력이 강화된다. 이는 결국 모기업의 경쟁력으로 돌아올 수 있다.

최근 국내에서 활발하게 논의되고 있는 중소기업 동반 성장, 상생의 모델도 결국 이러한 맥락에서 이해될 수 있다. 가치사슬 혁신을 추구하는 동시에 사회적인 경쟁 맥락에 투자하는 것이 통합되어야 한다. SK텔레콤의 경우 자사 직원들이 받는 온·오프라인 교육을 공급 업체들의 직원들까지도 수강할 수 있게 했다. 삼성전자는 지속 가능 경영을 위한 환경 경영 노하우를 공급 업체들에도 전수했다. 이러한 상생의 경영은 결국 공급 업체들의 경쟁력을 높이고 궁극에는 그 기업의 경쟁력으로 되돌아온다.

다국적기업이 낙후된 지역사회의 공급자들이나 인프라에 투자함으로써 세계적인 지식과 기술을 전하고, 사회적 혜택과 건강 증진, 보다 나은 교육, 경제발전 등을 가져올 수도 있다.

④ 그 기업만이 줄 수 있는 특별한 가치에 사회적 측면을 더해라

전략의 심장부에는 특별한 가치 제안이 자리 잡고 있다. 선택된 고객들의 니즈들을 만족시키며 열광시키는, 그 기업만이 줄 수 있는 차별화된 가치다. 다른 경쟁자들은 이 기업만큼 그 특정 고객들을 만족시키지 못한다. 가장 전략적인 CSR은 한 기업이 가치 제안

에 사회적 측면을 더할 때 나타난다.

유기농, 자연주의, 건강한 식품 판매를 '가치 제안'으로 하는 홀푸드마켓Whole Foods Market이 대표적인 예다. 건강한 식재료와 환경에 대해 열의를 가진 사람이 주 고객들이다. 사회적인 이슈들은 식품소매 분야에서 홀푸드마켓을 더 특별한 존재로 만드는 동시에 고객들이 더 비싼 값을 기꺼이 지불하게끔 만든다. 이 회사는 각 가게들로 하여금 지역 농부들로부터 직접 구매하도록 한다. 바이어들은 100개에 가까운 일반적인 원료들(회사가 생각하기에 건강하지 못하거나 환경적인 손상을 가져온다고 여겨지는)을 함유한 식품들을 제외한다. 내부적으로 만들어지는 제품들에 대해서도 똑같은 기준이 적용된다. 예를 들면, 홀푸드마켓에서 만든 빵들은 표백과 브론산염 처리를 하지 않은 밀가루만 사용해서 만들어진다.

더 나아가 이 회사는 최대한의 재활용 원료, 최소한의 순수 원료를 사용해 가게를 짓는다. 최근에는 가게들과 시설들이 쓰는 전기의 100%에 달하는 재생 가능한 풍력에너지 크레딧을 샀다. 기업의 전기 소비를 완전하게 보충한 것은 《포천》 선정 500대 기업 중에서 유일하다. 차량들은 바이오연료로 운행하게끔 바꿨으며 심지어 가게 청소에 사용되는 클리닝 제품들도 친환경적인 것들이다. 자선의 측면에서는 보다 자연적이고 인간적인 방법으로 농장 동물들을 사육하는 방법을 개발하기 위해서 동물보호재단Animal Compassion Foundation을 설립했다. 즉, 가치사슬의 모든 부분이 그 기업이 주는 가치 제안에서 사회적 측면들을 강화했으며, 홀푸드마켓을 그 경쟁자들과 차별화시켰다.

전략은 선택을 만들어내는 방식이다. 전략적 CSR은 어떤 사회적 이슈에 초점을 맞출지 선택하는 것이다. 공유 가치를 창조해내는 것은 R&D의 측면으로 봐야 한다. 기업의 미래 경쟁력에 장기적인 투자를 하는 것처럼 말이다.

함께 누릴 가치를 창조하라

"공유 가치란 기업의 경쟁력을 향상시키는 동시에 그 기업이 속한 지역사회의 경제적·사회적 조건들을 진보시키는 정책들과 운영 방식들이다."

2011년에 나온 공유 가치 창조의 개념은 전략적인 자선과 전략적 CSR을 종합, 발전시킨 개념이다. 그 전까지는 '전략적'이라는 말을 붙여서 그래프에서 삼각형 모양의 공유 가치 영역을 설명했다. 그러나 포터는 2011년 보고서를 통해 기존의 CSR에서 아예 분리된 새로운 개념으로 CSV를 제시한다. '전략적'이라는 수식어만으로는 기존의 CSR 개념이 지닌 지엽적인 성격(핵심 비즈니스가 아닌 대외관계를 위한 활동)을 완전히 떨칠 수 없다는 한계가 있기 때문이다. 앞서 지적했지만 자선이나 사회적 책임 마인드를 가진 많은 기업들에게 사회적 이슈는 비즈니스의 핵심이 아닌 지엽적인 것으로 여겨진다. 그래서 '새 술은 새 부대에'라는 말처럼 '새로운 자본주의 개념은 새로운 용어로' 설명하려는 것이다.

공유 가치는 사회적 책임도, 자선도, 지속 가능성도 아니다. 경제적인 성공을 이루기 위한 새로운 방식이다. '이익 추구'라는 작은 생각의 자본주의가 비즈니스로 하여금 기업이 지닌 모든 잠재력을 발휘하는 데 걸림돌이 되어 왔다. 기회는 항상 그곳에 놓여 있었지만 간과되어 왔다. 이익의 마인드를 초월해야 한다. 기업의 목적은 공유 가치 창조로 재정의되어야 한다. 이것이 글로벌 경제의 다음 혁신과 생산성 향상 물결을 이끌 것이다(이런 개념에 비춰 보면 2008년에 빌 게이츠가 제시한 창조적 자본주의와도 통한다). 새로운 기회 시장은 기업이 새로운 마인드를 갖고 자신의 잠재력을 활용할 때 열린다.

기업의 리더들과 매니저들은 새로운 기술과 지식을 발전시켜야 한다. 어떤 기술과 지식들일까? 사회적 니즈에 대한 훨씬 깊은 공감, 기업 생산성의 진정한 토대가 무엇인가에 대한 더 큰 이해, 그리고 이익 집단 및 비영리 집단의 경계를 넘나드는 협업의 능력 등이다. 이제 기업은 이익의 상쇄, 제로섬 게임의 생각을 버려야 한다. 장애인을 고용하는 것이 기업에 있어서 부담을 가중시킨다는 생각이 대표적인 예다. 이 좁은 생각이 기업이 더 큰 역량을 발휘할 기회를 막아버렸다.

CSR은 정부나 시민 단체 등의 외부 압력에 대한 대응으로 나타났다. 각종 세금, 규제, 벌금 등에 대응하고 기업의 평판을 좋게 하기 위해서. 그렇기 때문에 CSR 관련한 예산은 '비용'으로 간주됐고, 기업과 NGO, 정부는 서로를 각자의 목적을 달성하는 데 장애물로 생각해 왔다. 사회적 해악과 약점들이 회사의 내부 비용(에너지, 원료 낭비, 사고) 등을 증가시킨다고 여겨졌다.

하지만 공유 가치의 개념은 이러한 대결 구도, 손해의 개념을 변화시켰다. 기업들은 정부의 규제, 사회적 해와 제약들을 해결하기 위한 새로운 기술, 운영 방식, 경영 접근법들을 통해 혁신할 수 있고 그 결과 생산성을 향상시키고 시장을 넓힐 수 있다.

공유 가치는 개인적 가치 개념이 아니다. 또한 이미 기업이 만들어낸 가치를 공유하는 것(재분배)도 아니다. 경제·사회적 가치의 판을 키우는 것을 뜻한다. 가난한 제3세계 농민들에게 값을 더 쳐서 농작물을 구매해 주는 공정 무역은 그런 면에서 보면 재분배일 뿐 궁극적으로 판을 키우는 것이 아니다. 공유 가치의 관점에서는 재배 기술이라든지 지역 클러스터를 강화하고 농사의 효율성, 수확량, 작물의 질과 수확의 지속성을 향상시키기 위한 제도와 환경을 발전시키는 데 초점을 맞춰야 한다. 코트디부아르의 카카오 농장을 예로 보자. 공정 무역은 농장주들의 소득을 10~20% 늘렸다. 하지만 위에서 든 공유 가치를 위한 투자들은 소득을 300% 이상 키웠다. 처음에는 새로운 조달 관행을 정착시키고 공급자 집단을 개발하는 데 돈과 시간을 써야 한다. 하지만 그렇게 근본적인 공급 환경을 개선하면 모든 참여자들을 위한 더 큰 경제적 가치와 더 넓은 혜택이 돌아온다.

공유 가치 기회들을 창조할 수 있는 세 가지 방법을 소개한다.

① 제품과 시장에 대한 '새로운 눈'을 떠라

이 세상에서 아직 충족되지 않은 사회적 니즈들은 다양하다. 건강, 더 나은 주거, 영양 향상, 노인을 돕는 것, 더 나은 재정 안정, 환경 훼손을 줄이는 일 등이다. 이러한 사회적 니즈야말로 새로운 시장의 기회다. 기업들은 아직까지 충족되지 않은 이런 니즈들을 간과하고 있었다. 선진국에서는 사회적인 니즈를 만족시키는 제품과 서비스에 대한 수요가 급속하게 크고 있다. 맛과 양에 치중했던 식료품이 영양 균형에 눈을 돌리고 있다. 최근 불고 있는 웰빙 과자와 면, 유기농 식품의 열풍을 보라.

만년 2위 콜라 업체로 여겨졌던 펩시콜라는 1996년 웰빙의 낌새를 포착하고 과감한 승부수를 던졌다. 한창 잘나가던 패스트푸드 체인인 피자헛과 KFC를 분사시키거나 팔고, 웰빙의 대표 주자인 천연 주스 및 스포츠 음료 회사들을 사들이기로 한 것이다. 당시 비만의 주범으로 몰린 탄산음료에 대한 사회적인 반발이 거세지는 상황이었다. 이 과감한 승부수는 100년의 숙적이자 넘을 수 없는 산처럼 거대했던 코카콜라를 따돌리는 결정적인 계기를 마련했다. 2004년 펩시콜라는 100여 년 만에 처음으로 매출액에서 코카콜라를 꺾었다.

GE의 에코매지네이션은 어떤가? 보다 환경친화적인 제품들을 내놓음으로써 2009년에 180억 달러의 매출을 올렸다. 이는 《포천》 선정 150대 기업 중 하나의 매출에 맞먹는 규모다. 이렇게 다양한 방식으로 혁신을 하고 공유 가치가 만들어진다. 기업의 이익도 크지만 사회적 이익은 더 크다. 왜냐하면 기업은 정부나 비영리 집단에 비해 막강한 마케팅력을 갖고 있다. 소비자들을 자극해서 건강식품, 환경친화 식품을 사게끔 유도할 수 있다.

소외 계층과 개발도상국가 시장에는 선진국과 똑같거나 오히려 더 큰 기회들이 숨어 있다. 이곳에서의 사회적 니즈들은 오히려 더 절실하다(이 부분은 빌 게이츠가 말한 창조적 자본주의의 주장과 같다). 저소득, 소외 계층에 적합한 제품들을 제공하는 것은 사회적 혜택이 막강한 동시에 기업의 이익도 상당하다.

기업들은 모든 사회적 필요, 혜택, 폐해들 중에서 그 기업의 제품들과 관련된 사항을 파악해서 기회를 발견해야 한다. 또한 새로운 차별화와 재포지셔닝 기회들을 활용해야 한다. 그동안 무심하게 지나쳤던 새 시장을 찾고, 기존 시장을 재구성함으로써 말이다.

② 가치사슬에서 생산성을 재정의하라

가치사슬을 분석해서 새로운 방안을 찾아야 한다. 예를 들어 구매 단계에서 낮은 가격을 강요해 공급자를 쥐어짜기보다는 투자와 기술 공유를 통해 그들의 효율성과 경쟁력을 향상시켜 비용을 낮추는 것이 중요하다.

- 에너지 사용과 물류 에너지 가격 상승은 에너지 효율성이라는 기회들을 찾아냈다. 더 나은 기술, 재활용, 열병합 등 공유 가치를 만들어내는 방향으로 에너지 사용의 향상을 가져왔다.
- 자원 사용 환경보호에 대한 인식이 커지면서 물, 원료, 포장재 사용은 물론 재활용, 재생 등의 분야 기술이 혁신적으로 발전했다. 이러한 더 나은 방식의 자원 사용은 기업 가치사슬의 모든 분야로 스며들 것이며, 공급자, 각종 채널 등으로 확산될 것이다.
- 구매 그동안은 가격을 깎기 위해 공급자를 쥐어짜는 방식이 일반적이었다. 하지만 이런 방식으로는 공급자들이 생산적일 수도 없으며, 품질을 높이지도, 사업을 지속할 수도 없다. 기술을 공유하

고 파이낸싱을 제공하는 등의 방식으로 공급의 질과 생산성을 향상시킬 수 있다.

- **유통** 이익을 낼 수 있는 혁신적인 유통 모델을 개발해야 한다. 전자책은 종이나 플라스틱 사용을 줄인다. 유니레버는 '프로젝트 샥티Project Shakti'라는 소액 대출로 소외 계층 여성들에게 창업 자금과 훈련을 제공했다. 이들은 직접 판매자로서 인도 전역의 2000명 미만 거주 마을의 유통을 책임지게 됐다. 현재 4만 5000명의 창업자들이 수십만 개의 작은 마을 유통을 담당한다.
- **직원의 생산성** 그동안 임금을 낮게 유지하고, 복지 혜택을 줄이고, 해외 아웃소싱을 하는 방법이 인기였다. 하지만 이러한 전략은 안전성 확보, 건강 증진, 훈련 등을 통해 직원의 생산성을 높이는 방식으로 대체되고 있다.
- **지역** '혁신으로 물류 가격이 내려가고, 정보는 급속하게 소통되고, 마켓은 글로벌화된 오늘날 지역은 문제가 아니다'가 기존 비즈니스 입장이다. 그러다 보니 인건비와 원료비가 싼 지역이 최고였다. 커뮤니티 발전은 생각도 안 했다. 이렇게 과도하게 단순화된 생각은 도전받고 있다. 에너지 비용 증가, 탄소 배출비가 증가하는 상황에서는 지역사회를 활용하는 것이 답이다. 예를 들어 기존 비즈니스 입장에서는 아프리카 캐슈넛을 사서 생산성 높은 아시아에서 가공했다. 하지만 아프리카에서 가공하면 운송비와 함께 운송에 따른 탄소 배출을 줄일 수 있다. 실제로 한 캐슈넛 회사는 아프리카에 캐슈넛 가공 공장을 세우고 일꾼들을 훈련시킴으로써 물류비를 25%나 낮췄다. 물류가 줄어드니 탄소 배출까지 줄

어든 것은 당연하다. 게다가 일자리가 없었던 지역사회에서 1만 7000명의 고용을 창출했다. 이들 중 95%는 여성들이었다. 낮은 비용을 찾아서 공장과 시설을 이동하는 것은 현명한 방법이 아니다. 오히려 지역사회와 깊은 관계를 맺는 것, 발전시키는 것이 공유 가치를 창조하는 새로운 사고다. 기업의 성공은 지역사회의 인프라에 달려 있다.

그동안 글로벌 기업들이 추구하던 효율성은 근시안적 이익에 초점을 맞추고 있었다. 아웃소싱, 공장을 저임금·저비용 국가로 이전해서 생산하는 등의 활동은 기업과 커뮤니티 연계와 같이 근본적으로 중요한 것들을 잃게 했다. 커뮤니티의 성장 기반이 약화됨으로써 기업의 장기적인 성장 기반도 약화시켰다.

③ 주변과 함께 커 나가라

산업 클러스터를 다 같이 키워야 한다. 미국의 실리콘밸리가 IT 기업들의 메카가 될 수 있었던 것도 클러스터가 잘 구축됐기 때문이다. 클러스터란 기업들만을 포함하지 않는다. 한 지역의 교육 프로그램, 동업 조합, 기준 기관 등을 포함한다. 또한 더 넓은 의미의 공공 자산, 즉 커뮤니티의 학교, 깨끗한 물, 공정 경쟁법, 품질 기준, 시장 투명성 등을 포함한다. 기업의 성공은 지원 산업들과 이를 둘러싼 인프라에 의해 크게 좌우된다.

기업들은 기업 활동을 저해하는 클러스터의 취약점에 초점을 맞춰서 전략적이고 효과적으로 투자를 해야 한다. 기업들은 비용을 공유할 파트너 기업들을 발굴하고, 지원을 이끌어내며, 필요한 기술들을 제공해야 한다. 가장 성공적인 클러스터 발전 프로그램은 기업과 정부기관, 비영리 집단과 협회 등의 협력 관계를 통해 이루어질 수 있다. 이 과정에서 정부의 규제도 매우 중요하다.

포터는 말한다. "올바른 정부 규제는 단기 이익에 눈먼 기업들에게 공유 가치를 추구하게끔 하는 긍정적인 역할을 한다. 목표를 세우고 혁신을 자극함으로써 말이다."

종합해 보면, 기업의 공유 가치 창조 활동은 일정한 전략 과정을 밟는다. 사회적인 가치와 기업의 이익을 동시에 만들어내려면 우선 밀접한 외부 경쟁 환경을 분석해야 한다. 그중에서 내 경쟁력에 가장 큰 영향을 미치는 요소들을 알아낸다. 이어 기업의 내부에서 각각 가치를 창조해내는 활동들, 즉 마케팅, 영업, 구매, 기술이나 인사, 물류 등 상황을 분석한다. 그리고 이 활동들이 사회적으로 어떤 영향을 미칠지 밝힌다. 이렇게 안팎으로 뒤집어 보고, 이 환경에서 내가 남들보다 앞서 나갈 수 있는 활동에 집중해서 나의 강점에 영향을 줄 수 있는 사회적인 맥락을 개선시킨다.

사실 기업의 사회적 책임에 대한 전략적인 접근은 1960년대부터 여러 학자들에 의해 시도되어 왔다. 하지만 그 흐름이 일관성 있게 지속되지도 않았고 단편적인 하나의 아이디어로서 제시됐을 뿐이다. 그런 면에서 경영학 분야에서 세계 최고의 대학으로 손꼽히는 '하버드'와 전략 분야의 대가인 '마이클 포터'라는 권위 있는 이름은 '공유 가치 창조, 창조적 자본주의가 시대적인 요구이며 당신 기업 전략의 미래다'라는 설득을 기업들이 심각하게 받아들이게 할 정도의 막강한 파워를 갖고 있다. 특히 요즘처럼 시대적 대세와 맞아떨어지는 상황에서는 더욱 그렇다.

마크 크래머는 2011년 말에 마이클 포터와 함께 내한해 동아비즈니스포럼에 참석해서 말했다.

"공유 가치 창출 전략을 성공시키려면 여섯 가지 중요한 실천 원리가 뒷받침되어야 한다. CEO 및 최고위 경영층의 강력한 리더십, 혁신에 대한 긍정적인 자세 및 리스크 감수 의지, 실행력 강화를 위한 조직 구조 설계 및 성과 보상 체계 강화, 전 사업 부문 단위의 동시 이행, 외부 파트너십을 활용한 전문 역량 및 네트워크 강화, 적합한 성과 지표 및 측정 도구 개발 등이다."[79]

글로벌 기업의 CSR은 지금 머리를 쓰고 있다

2012년 뉴욕에서 글로벌 기업의 CSR 리더들과 실무자들이 모여 기업의 책임과 관련한 논의를 했다. 이곳에서 논의된 것을 바탕으로 최근 CSR 임원들이 주목하는 가장 뜨거운 다섯 가지 트렌드를 짚어본다.

(1) 협업이 대세

전방위적인 협업이 지배적인 트렌드다. NGO뿐 아니라 다른 이해관계자, 심지어는 기업들 간에도 협업이 이루어진다. 그렇다면 어떻게 당신 기업은 타기업과 협업과 경쟁의 균형을 맞출 것인가? 페덱스Fedex의 환경과 지속 가능 경영을 맡고 있는 밋치 잭슨Mitch Jackson은 다른 산업 간 협업이 어떻게 이슈를 해결하는지를 설명한다. 페덱스는 에너지 기업 EDF와 함께 하이브리드 배달 트럭을 개발했다. 하지만 페덱스는 그 기술을 독점하지 않았다. 왜냐하면 혼자서는 산업 전체를 변화시킬 수 없고, 하이브리드 전기차는 페덱스의 경쟁 우위가 아니라 단지 운송 수단의 경쟁력 향상 수단이라고 생각했기 때문이다.

(2) 다운스트림down-stream보다는 업스트림up-stream

기업들은 CSR 노력을 공급자와 기업 운영 측면, 즉 기업 활동의 상부 프로세스에 초점을 맞추고 있다. 공급자들과의 관계 향상이 더 많은 실적 상승효과를 가져온다는 생각이 크고, 하부 프로세스, 즉 제품 이후의활동에 대해 적당한 대안을 찾는 데 어려움을 느끼기 때문으로 해석된다. 소수의 기업들만이 소비자 행동을 바꾸거나 제품 폐기 단계에서 더 나은 선택권을 제공하는 데 나서고 있다. 갭은 낡은 청바지를 모으는 수거함을 각 가게에 두었다. 수거된 의류는 분쇄된 후에 저소득층의 집을 지어 주는 해비타트Habitat의 프로젝트에서 단열재로 쓰인다. 결국 다운스트림의 활동을 강화하는 것이 가장 큰 다음 도전이 될 것이다.

(3) 헬스케어 분야의 숨은 기회 포착

헬스케어를 보다 스마트하게 만들 기회들을 찾고 있는 IT와 텔레콤 회사들의 핫토픽이 되어 왔다. 이러한 기회들은 공유 가치 창조와 잘 맞아떨어지기도 한다. HP는 글로벌 헬스 분야의 초점을 '접근성 향상 및 기술을 통한 질과 효율성의 향상'에 맞추고 있다. 예를 들어

HP는 클린턴 헬스케어 이니셔티브와 함께 HIV 조기 진단 프로그램을 케냐에서 운영하고 있다. 케냐의 이동통신 기술을 활용하면 아동 HIV 진단의 신속성을 높일 수 있다. HP는 그 프로그램을 그들의 비즈니스에서의 영향력을 파악하기 위해 모니터링하고 있다. 현재 케냐 정부와 헬스 클라우드를 구축하는 것에 대해 논의하는 단계까지 이어졌다. HP는 "사회적·비즈니스적인 혜택을 동시에 만족시키기 때문에 그러한 프로그램을 추구할 수 있었다"고 말한다.

(4) CSR이 기업의 가치를 더한다

CSR이 기업의 재정적인 성과와 긍정적인 관계가 있다는 증거들이 많이 나오고 있지만, 많은 이들이 여전히 그 관계를 확신하지는 못하고 있다. 우리나라에 잘 알려진 노스페이스 브랜드를 갖고 있는 미국 의류 회사 VF는 2011년 아웃도어 브랜드인 팀버랜드를 20억 달러에 사들였다. 이때 세 가지를 고려했다. 첫째, 팀버랜드가 매우 건강한 브랜드이다. 둘째, 그 회사의 미국 밖에서의 시장점유율이 VF에 맞먹을 정도로 크면서 의류에 강점을 지닌 VF의 신발 분야의 경쟁력을 높일 수 있다(팀버랜드의 러그부츠rugged boots는 힙합 패션의 아이콘으로 떠올랐다), 팀버랜드는 CSR 분야에서의 전문성을 지니고 있다. 결국 CSR은 당신의 브랜드를 만드는 요소이자 M&A 가치 평가에서도 고려되는 사항이다.

(5) CFO를 영리하게 끌어들여라

재무 임원을 CSR에 호의적이 되도록 끌어들이는 것은 여전히

CSR 임원들의 가장 큰 도전이다(CSR이 비용이라는 생각은 재무 분야에서는 아직도 지배적이다). 이를 해결하기 위한 현명한 방법으로 기업 내 타 부서나 CEO를 끌어들여라. 버라이즌의 경우 CEO가 재무와 CSR 통합 보고서를 이끌어냈다. HP는 기업 내의 다른 사람들과 파트너를 맺는 방법도 효과적이라고 소개한다. 영업팀이 "고객들이 지속 가능성에 신경을 쓰며, CSR이 그래서 고객을 끌어들이는 데 중요하다"고 밀어 주면 재무도 움직일 수밖에 없다.[80]

착한 기업과 착한 척하는 기업의 차이

–삼성전자, 1조 5000억 원에 달하는 소모성 자재 구매 대행 시장에서 철수

중소기업들과의 동반 성장, 상생 경영을 위해서 중소기업의 텃밭이라고 할 수 있는 구매 대행에서 철수하기로 결정했다. 이에 따라 9개 삼성 계열사들이 삼성의 구매 대행 업체인 아이마켓코리아 지분을 모두 매각하기로 결정했다(2011년 8월).

–호텔신라, 빵집 사업 '아티제' 철수

대기업의 제과, 외식업 등 영세 자영업종 진출에 대한 비판 여론이 거세 아티제 역시 사회적 논란이 있어 과감히 철수키로 했다(2012년 1월).[81]

–SK 그룹, 소모성 자재 구매 대행 사업 사회적 기업 '행복나래' 출범

사회적 기업으로부터 자재를 우선 구매하고 취약 계층 인원의 채용을 늘려 나갈 계획이다. 연간 수익금의 3분의 2 이상은 사회적 목적을 위해 사용하기로(2012년 3월).[82]

최근의 착한 기업 열풍을 타고 대기업들의 활동과 사회 공헌 예산은 늘어 가고 있다. 기업들은 때때로 정부와 대중의 압력에 반응해 중소기업들과의 상생 경영, 동반 성장에 나선다며 중소기업과 영세업자들을 위협하는 사업을 접는다. 또한 공급 업체들에 경영 노하우를 전수하고, 재정 컨설팅을 해 주며, 조달 관행을 깨끗하게 변화시키겠다고 다짐한다. 현대자동차, SK, 한화와 같은 대기업들은 사회적 기업과 사회적 기업가들을 발굴, 지원에도 적극적으로 나서고 있다. SK는 카이스트와 손잡고 사회적 기업 MBA를 창설하는 한편, 최태원 회장이 "모든 기업은 사회적 기업으로 갈 것"이라고 내다보고 아시아 경제인들이 모인 2012년 상하이포럼에서는 "사회적 기업을 아시아적인 가치로 만들자"라는 제안까지 했다.[83]

하지만 이런 착한 모습과 극명하게 대비되는 또 다른 현실은 어떻게 해석해야 할까?

ㅡ삼성전자·LG전자의 가전 담합 적발 446억 원 과징금

공정위가 직접 소비자 소송을 지원하겠다고 하자 삼성 그룹 수뇌부가 나서 담합 문제 해결에 나섰다. 삼성 수뇌부는 "담합은 회사에 해를 끼치는 행위다. 근절하기 위한 구체적인 해결 방안을 마련하라"고 계열사 사장단에게 주문했다(2012년 1월).[84]

-국내에서 사회 공헌에 가장 큰 돈을 쓰고 있는 '행복나눔' 기업의 계열사 SK C&C에서 조사 증거 탈취 사건 발생

검사 출신의 준법 경영 책임자인 모 상무가 이 기업의 8층 회의실에 마련된 공정거래위원회 조사실에 '인사하러 왔다'고 들어와서는 계열사 부당 지원 데이터가 들어 있는 자료 박스를 옆에 있던 과장에게 건넸다. 그 과장은 쏜살같이 들고 도주. 순식간에 일어난 사건에 공정위도 당황해 쫓았지만 주변의 SK C&C 직원들에 의해 저지되며 속수무책으로 빼앗겼다. 공정위의 강력한 항의에 결국 뒤늦게 출장에서 돌아온 CEO가 나서서 사과했다. 하지만 사라진 박스 자료는 폐기됐다는 소식. 회사 측은 '개인의 우발적 행동'으로 사태를 축소했지만 직원들의 조직적인 모의하에 실행된 사건이라는 것이 밝혀졌다. 증거 인멸과 조사 방해에 대한 벌금은 물렸지만 부정행위 중요 관련 자료와 기업의 양심은 허공으로 사라져버렸다(2011년 7월).[85]

-현대모비스가 하청 업체들에게 '가격 후려치기'로 막대한 이익을 챙겨 온 것으로 드러났다. 이로써 23억 원에 달하는 과징금을 물게 됐다. 현대자동차 계열사 및 협력 업체들은 2011년 공정거래와 동반성장 협약을 맺었다. 그 결과 2012년 5월 10일 동반성장위원회가 발표한 동반 성장 지수 평가 결과에서 현대·기아차는 최고 등급인 '우수' 현대모비스는 '양호' 등급을 받았다. 결국 대기업의 상생 경영이 말뿐이었다는 점, 기관 평가도 현실을 제대로 검증하지 못했다는 점 등이 드러났다(2012년 7월).

―최고경영자들이 사람들 앞에서는 동반 성장 대책을 발표하면서 뒤에서는 원가 절감을 위해 중국산 부품의 구매 비중을 높이라고 닦달하고 있다. 그러니 그것이 고스란히 국내 부품 업체들에게 납품 단가 인하 압력으로 작용할 수밖에 없다. (……) S씨는 중소기업의 어려움을 뻔히 알면서도 회사가 하달한 단가 인하 목표를 달성하기 위해 악역을 맡을 수밖에 없는 어려움을 이렇게 토로했다. "구매 담당 임직원들의 인사 평가에서 단가 인하 실적이 가장 큰 영향을 미치기 때문입니다." (2012년 발간, 『재벌들의 밥그릇』, 25쪽)[86]

기업의 사회 책임 활동과 부정부패 사건이 동시다발로 쏟아져 나오는 상황이다. 이중적인 행태의 원인이 무엇일까? 외부로 보여지기 위한 책임 활동에 치중한 기존 CSR에서 기업의 비즈니스 방식 자체를 변화시키는 CSV로의 근본적인 인식 전환이 되지 않았기 때문이다. 거세지는 사회적 압력과 정부의 요구에 발맞춰 겉모습은 바꾸고 있지만 근본적인 내부 문제와 문화는 그대로다. 하나의 목적과 방향성을 갖고 구성원들이 일치된 목소리와 행동을 내지 못하면, 비즈니스 전략으로 녹아들지 못하면, 이처럼 한편으로는 착한 일을 하면서 다른 한편으로 범죄를 저지르는 자기 분열적인 모습이 드러난다. 결국 CSV에 대한 기업의 의식과 의지, 필요성 등이 기업 비즈니스 구석구석에 위치한 개개인의 행동을 하나로 단속하고 통합할 수 있을 정도로 내면화되지 못했다. 전사적인 비즈니스 활동 자체에 CSV가 녹아 들어갈 수 있어야 한다. 기업의 강력한 비전과

CSV의 여섯 가지 실천 원리를 결합해 기업의 DNA 자체를 변화시키는 대대적인 자기 혁신 과정이 필요한 것이다.

한국의 기업들이 진정성 있는 착한 기업으로 다시 태어나기 위해서는 아직 갈 길이 멀다. 지금의 노력들이 기업에 대한 반감과 규제를 모면하기 위한 모습, 겉과 속이 다른 모습으로 비춰지지 않기 위해서는 무엇보다도 기업과 기업인들 스스로가 오랜 시간 일관성을 갖고 그 진정성을 세우고 증명해야 하는 상황이다. 특히 상생의 경영, 사회적 기업 육성과 기업의 사회적 책임 실천의 가장 선두에 있는 바로 그 대기업들, 바로 그 오너들이 진정으로 사회 공유 가치 창조를 위해 변화하는 모습을 보여 줘야 한다. 왜냐하면 이들이야말로 최근까지도 횡령, 회계 분식, 공급자 쥐어짜기, 계열사 간 부정 거래 등 가장 가치 파괴적이고 비윤리적인 문화를 낳은 장본인이었기 때문이다. 그리고 몇몇 기업은 현재까지도 아직 법적 공방이 끝나지 않았다. 스캔들이 지속적으로 발생하면 지금의 노력도 또다시 눈 가리고 아옹하는 수준으로 폄하될 게 명백하다. 더 나아가 그 의도의 진정성까지도 퇴색될 것이다.

전국경제인연합회가 2010년 사회 공헌 백서에서 '기업의 사회 공헌 활동을 저해하는 외부적인 요인'으로 인정 부족(26.4%)과 반기업 정서 등 외부의 왜곡된 시선 및 보도(24.8%)를 꼽았다. 물론 애써 좋은 일 하겠다는데 색안경 끼고 보면 힘 빠지는 게 사실이다. 하지만 "이렇게까지 하는데 왜 못 믿는 거야?" 하고 대중과 언론을 탓하기에 앞서 원인 제공을 한 기업인들과 대기업들이 진실한 반성부터 해야 한다. 지금 한국 기업이 겪고 있는 신뢰의 위기, 반기업 정서는 지난 반세기 동안 보여 준 대기업들의 행동에 대한 결과일 뿐이다. 그 행동의 대가는 그 기업 스스로 지속적으로 치러야 할 몫이다. 나쁜 짓 한 번 저질렀으니 착한 일 두 번 한다고 해서 나쁜 짓이 사라지는 것이 아니다. 그런데 수많은 대기업과 오너들이 잘못을 덮고, 착한 일로 이미지만 세탁하려고 했다(몇몇 기업은 지금도 여전히 그러고 있다). 그래서 기업에 대한 불신이 쉽게 사라지지 않는 것이다. 더 이상 자선이나 경제적인 기여를 핑계로 빠져나갈 구멍을 찾지 말고 스스로 행동을 바로잡는 자기 개혁의 노력으로 대중의 마음을 얻어야 한다. 죄를 지었을 경우 법원에 '너그럽게 봐달라'는 탄원서를 내는 것이 아닌 대중을 상대로 사과 성명을 내고 죗값을 제대로 치르는 게 옳다. 솔직한 모습으로 대중 인식의 전환을 이끌어내고 신뢰가 돌아올 때까지 이 뿌리 깊은 불신을 감내하고, 묵묵하게 일관성 있는 착한 모습을 보여야 한다. 어쩌면 그 노력이 10년이 될 수도, 20년이 될 수도, 아니 한 세대를 키워낼 때까지가 될 수도 있다.

일본의 전자 업체들에 밀려 항상 2류 기업 취급을 받던 삼성전자가 세계 1위의 전자 업체로 올라서게 된 진정한 개혁과 변화의 계기는 무엇이었을까? 바로 1993년 '프랑크푸르트 선언'이었다. 독일 프랑크푸르트에 모인 200명의 삼성 사장단 앞에서 "마누라와 자식 빼고 다 바꿔라"는 강력한 말로 이건희 회장의 '신경영'이 선언됐다. 그리고 삼성은 디자인과 품질뿐 아니라 일하는 문화까지도 세계 최고를 지향하는 대대적인 변화에 나섰다. 15년여가 지난 2009년, 삼성은 그들이 늘 말하고 바라보며 달려온 꿈, 세계 최고의 자리에 섰다. 일본의 아홉 개 전자업체들의 이익을 다 합쳐도 삼성의 이익에 못 미쳤다. 강력한 의지와 확실한 목표, 그리고 변화의 필요성을 스스로 받아들인 기업은 분명 꿈을 현실로 이룰 수 있다는 것을, 최고가 될 수 있다는 것을 삼성이 보여 주었다. 이제는 착한 기업으로 환골탈태換骨奪胎하기 위해, 세계 일류의 기업 문화와 윤리를 세우기 위해 이러한 역사를 되풀이해야 한다. 또 다른 15년이 걸릴 수 있다. 그러한 스스로의 절실한 필요성에 의한 변화의 욕구, 전사적이고 근본적인 개혁 과정과 노력 없이, 당장 몇 번의 착한 일들과 돈의 액수로 쉽게 대중의 신뢰와 믿음을 살 수 있으리라고 바라지는 말아야 한다.

한국 사회에는 대중과 이해관계자들로부터 존경과 사랑을 받아 온 기업과 기업인들도 분명히 존재한다. 아마 대부분의 사람들의 머릿속에 먼저 떠오르는 몇몇 기업들이 있을 것이다. 이 기업들은 오너가 나서서 착한 방식으로 사업을 키우고 사회의 가치를 만드는 일을 창업 이래 수십 년 이상 지속적으로 해 왔다. 그리고 그 행동에는 일관성과 진심이 담겨 있었다. 기업 안에서 일하는 직원은 물론 대중이 그것을 지속적으로, 일관성 있게 느낄 수가 있었기에 이들 기업에 대해서만큼은 격려와 신뢰를 보내 주는 것이다.

'착한 척하는 기업'과 '착한 기업'의 차이는 무엇일까? 비슷한 범죄가 반복적으로 일어나느냐, 잘못을 드러내고 반성하느냐 그냥 덮느냐, 선행을 면죄부로 사용하느냐, 착한 일과 나쁜 짓이 공존하느냐, 그리고 그 착한 행동이 기업의 전 분야에 걸쳐 얼마나 일관적으로 지속되느냐의 여부다.

지금 우리에게 필요한 것: 냉정한 눈, 창조적 액션

:

인간은 스스로의 깨달음에 의해서만 변한다는 말이 있다. 지금 일어나고 있는 모든 자본주의의 개념 변화와 창조적인 시도는 결국 '왜 착해져야만 하는가'를 기업들 스스로가 깨닫게 함으로써 기업 스스로 행동을 변화시키게끔, 더 나은 자본주의 발전 방법을 자발적으로 추구하게끔 만들기 위한 것이다. 한마디로 이타심을 받아들여야 할 이유를 깨닫게 하려는 시도다. 이타적인 새로운 방식을 체득하고 내면화하면 더 많은 기업들이 착한 척하는 가면을 벗고, 진정 착한 방식으로 비즈니스를 펼칠 수 있다. 이런 방식이 성공을 거둘 때 이익과 함께 큰 사회적인 가치들을 만들어낼 수 있는 것이다. 착한 기업의 문화가 성공적으로 정착하기 위해서는 사회 구성원이 다 함께 창조적 자본주의, 공유 가치의 생태계를 구축하는 데 참여해야 한다.

기업은 홀로 크지도, 홀로 망하지도 않는다

"너무 늦어서 죄송합니다."

사장실에 헐레벌떡 들어서면서 사과부터 했다.

2003년 지방의 조그만 장갑 회사에 취재를 갔을 때였다. '시온글러브'라는 이름의 회사였다. 목장갑 등을 주로 만들어 수출하고 있었다. 네 시간 가까이 걸려 경상북도 칠곡의 그 회사까지 가는 동안 고속도로에서 작은 사고가 났다. 어쩔 수 없이 근처에 들러 자동차 수리를 했다. 그 바람에 한 시간이나 인터뷰에 늦게 도착한 참이었다.

"아이고. 큰일 날 뻔하셨네요. 사람 안 다친 게 어딥니까. 괜찮습니다."

작업용 점퍼 차림의 젊은 사장이 경상도 사투리로 시원스럽게 대답했다.

매출은 그다지 크지 않은 중소기업이었지만 당시 약 400만 달러의 수출 실적을 올리고 있었다. KOTRA 등의 지원으로 수출 실적을 매년 몇 배로 늘려가면서 수출 우수 중소기업 상을 받기도 했다. 시골에 박혀 있는 그곳이 당시 언론의 주목을 받은 것은 우수한 실적 때문은 아니었다. 아무도 써 주지 않는 중증 장애인들이 일하는 곳이었기 때문이었다. 공장근로자의 3분의 1 정도가 장애인이었다. 초등학생 지능밖에 안 되는 지체 장애인, 뇌성마비 장애인 등이 자립할 수 있는 터전이었다. 비교적 장애가 크지 않은 사람들도 섞여 있었지만 초점 안 맞는 눈, 어눌한 말투, 불편한 동작 등 겉으로 보기에도 장애가 확연하게 느껴지는 많은 직원이 넓은 교실처럼 된 생긴 공간에 옹기종기 모여 앉아 있었다. 무엇을 하고 있나 봤더니 장갑을 색깔별로 분류하고 봉지에 담고 있었다. 한 켠에서는 이렇게 담긴 봉지들을 운반해서 수출용 상자에 싣고 있었다.

"처음에는 전혀 일을 할 수 있을 것 같지 않았어요. 몇 년을 숙식을 제공하면서 데리고 교육시키고 나니 쓸 만한 일꾼들이 되더군요. 허허."

젊은 사장이 웃었다. 취재하는 동안에도 몇몇 장애인 직원들은 일을 안 하고 공장 주변을 배회하고 있었다. 사장이 저 멀리 회사 마당에서 배회하는 한 장애인 직원에게 큰 소리로 말을 걸었다.

"○○야, 또 어디 가냐?"

"저 친구는 유서를 써 놓고 죽는다고 가출한 적도 있었어요. 취침 시간이라서 기숙사 TV를 껐더니 자기가 원하는 프로그램 못 보게 했다고 말이죠. 일이 재미없다고 도망가기도 했고요. 저 친구 찾으려고 동네를 헤매다가 결국 오락실에서 발견했습니다. 준 월급을 며칠 동안 그 오락실에서 홀랑 다 잡아 썼더군요. 가장 속을 많이 썩인 친구였어요. '너 이러면 너희 어머니 속상해하신다'며 몇 번을 다시 찾아와서 달래고 참을성 있게 가르치면서 적은 월급이나마 벌 수 있게 했지요."

젊은 사장이 장갑 상자를 옮기는 한 커플을 가리키며 말했다.

"저 친구들은 부부에요. 회사 안에서 만나 마음 맞은 사람들끼리 결혼도 시켰습니다."

"힘드셨겠어요."

데리고 일하는 게 보통 일은 아니겠다는 생각이 들었다.

"말 마세요. 지금이야 어느 정도 자리를 잡아 가지만 처음에는 사실 마음고생이 크더라고요. 하하. 사실 믿음이 큰 힘이 됐죠."

장갑 공장의 이름에서 이미 눈치 채고 있었지만 사장의 기독교적인 신념과 사회의식이 반영된 비즈니스였다. 그 회사의 모습은 나에게 영리 기업의 사회적인 역할에 대한 희망을 보여 주었다.

2년 후 어느 날 아침, 신문을 보다가 기사 하나가 눈에 확 들어왔다. 지방의 한 장갑 공장에 큰 불이 나서 미처 피하지 못한 장애인 직원들이 네 명이나 죽었다는 기사였다. 시온글러브였다.

'아, 가혹하다. 장애를 딛고 열심히 살아가는 사람들이었는데.'

안타까운 마음에 그 이후로 나오는 소식들을 추적해 봤다. 재기를 꿈꾸던 회사는 몇 달 후 최종 부도가 나면서 사라졌다. "꼭 다시 일어서겠다"며 고군분투했던 사장은 부도 이후 행방이 묘연해졌다. 각종 신문 기사들만이 화재와 관련한 이야기, 그 직후의 상황을 말해 주고 있었다.

화재 당시 대피를 감독할 사람이 기숙사에 없었다. 그러다 보니 상황 판단력이 떨어지는 장애인 직원들은 불이 나자 대피하지 않고 오히려 기숙사 방으로 몰려 들어가 인명 피해가 더 컸다는 분석이었다. 이어 '기숙사 대피 시설이 장애인용으로 설계가 되어 있지 않았다', '장애인 고용 장려 보조금 등을 공장 증설에만 쓰느라 기숙사 시설이 미흡했다', '장애인들의 한 달 월급이 70만 원 정도였다. 장애인을 저임금 노동자로 착취해 매출 신장을 이루었다'는 비판이 터져 나왔다. 장애인들이 보험에 가입되어 있지 않아서 회사 측에서 보상금 마련에 어려움을 겪었다는 이야기, 회사 측에서 몇 년 전에 보험에 가입하려고 했으나 보험회사들이 장애인이라는 이유로 보험 가입을 거부했다는 이야기도 있었다(이 사건을 계기로 이후 보험사들이 장애인 단체 화재보험을 출시했다). 장애인 고용의 모범 사례는 어느 순간 장애인 착취 사례로 둔갑해 있었다.

'과연 그 기업만의 잘못이었을까?'

현장에서 장애인 직원들이 모여서 일하는 모습, 젊은 사장이 그들과 대화하는 모습이 생생하게 떠올랐다. 그들은 착취를 당하는 것처럼 보이지 않았다. 작업 환경이 좁고 지저분하다거나 열악하지 않았다. 아니 웬만한 공장들 보다 널찍하고 깨끗해서 좋았다. 서로 대화하는 분위기도 자유롭고 편안했다. 그 회사는 기숙사 숙식을 제공하고 있었다. 대기업도 아닌 지방의 중소기업이 장애인들에게 이 정도의 지원을 할 수 있다는 것은 당시로서는 꽤 파격적이었다. 기업들의 장애인 시설 운영에 적합한 제도도, 노하우도, 벤치마크 사례도 충분히 갖춰지지 않은 한국 사회에서 말이다. 이 회사가 장애인 고용 지원금으로 회사를 키운 것은 사실이다. 하지만 회사를 키움으로써 해마다 더 많은 장애인을 고용할 수 있게 되었다. 그리고 그 장애인들이 또다시 회사를 키웠다. 중증 장애인의 경우 업무에 대한 집중력이나 단순 작업의 속도가 현저히 떨어진다. 더욱이 고부가가치 사업도 아닌 장갑 제조는 중국이나 베트남 등의 저임금 제조업체들과 경쟁해야 한다. 숙식까지 제공하려면 일반인 수준의 임금을 줄 형편은 못 되었으리라 짐작된다. 아마 사 측에서는 장애인 시설에 대한 충분한 사전 지식도, 위기 상황에서의 대응 방식조차도 제대로 몰랐을 것이다. 불이 날 수 있다는 것을 인식하지도 못하고 있었다. 지금 이 순간 대기업들도 이렇게 갑작스러운 사고에 처했다면 수많은 문제점을 노출했을 것이다.

장애인을 그렇게 많이 고용하고도(화재 당시 80여 명으로 전체 종업원의 3분의 1에 달했다) 매년 2~3배 이상의 수출 성장을 일궈낸 회사다. 낙후된 지역사회에서 일자리를 만들어냈고, 특히 장애인 고용, 성공적인 매출 증대 등 다양한 경제·사회적 가치를 만들어냈다. 만약 시온글로브가 제대로 된 감시와 조언을 받고 장애인 직원 복지 개선을 통해 성공했더라면, 더 크게 성장해서 지역사회 발전을 이끌어낼 수 있었다면 공유 가치 창조의 대표적인 사례가 되지 않았을까?

이 사건은 중요한 사실을 깨닫게 한다. 기업이 혼자서 클 수는 없다는 점이다. 시온글러브 사건은 기업의 방심, 열악한 사회 인식, 장애인 복지 환경, 노하우와 제도 등 총체적 부실과 후진성이 낳은 참사였다. 만약 그 기업이 장애인 직원들의 안전 문제에 좀 더 주의와 관심을 기울였다면, 정부가 장애인 숙식 시설에 대해 의무적인 사안(감독관 상주, 장애인 대피 시설 규정)을 철저히 법으로 정하고 해당 기업을 꾸준히 감독했다면, 비영리 단체가 장애인 근무 환경과 기숙사 시설에 대해 사전에 감시하고 개선 방안을 제시했더라면, 생명보험사들이 장애인 단체 보험을 판매했다면, 참사에서 부도로 이어지는 시온글러브의 악순환을 예방할 수도 있었을 것이다. 한 기업의 생존은 자신을 둘러싼 경제·사회·제도적 환경과 자신이 지닌 자원의 상호작용에 의해 결정된다. 그렇기 때문에 기업은 더욱 자신을 둘러싼 환경을 개선하고 발전시켜야 한다. 이 과정에서 관련 또는 지원 기업뿐 아니라 정부와 민간의 협력도 필수적이다.

새로운 자본주의의 다양한 시도들이 더 많이 성공하고 시장의 발전과 진보를 이뤄내려면 그 시도를 성공할 수 있게 만들어 주는 환경, 협력과 체계도 함께 조성되어야 하는 것이다.

기업은 또한 홀로 망하는 것이 아니다. 시온글로브가 실패한 것은 그 구성원이었던 직원들, 지역사회 발전뿐 아니라, 장애인 고용, 기업들의 고용 인식 개선 등의 측면에서 큰 손실이었다. 그 기업에서 일하던 수많은 장애인들은 하루아침에 직장을 잃었다. 그 기업이 해마다 벌어들이던 수백억 원의 매출도 사라졌다. 경북 지역의 유망한 업체가 사라지면서 고용과 지역 개발도 그만큼 줄어들었다. 더욱이 장애인 고용 인식 제고에도 걸림돌이 되었다. 이렇게 위험에 노출될 줄 안다면, 일반인을 썼으면 겪지 않았을 수도 있는 크나큰 대가를 치러야 한다면, 누가 적극적으로 중증 장애인을 쓰겠는가? 결국 한 기업의 실패는 그와 관련한 모든 이들의 실패와 상처로 남았다.

요즘도 나는 종종 이 비극적인 사건이 생각난다. 사진기자의 사진기를 향해 색색의 면목장갑을 끼고 환하게 웃던 장애인 직원들과 사장의 모습이 떠오를 때면 마음 한구석이 짠하다.

자본주의의 새 역사를 쓰기 위한 여섯 가지 방법

"우리나라의 삼성이 그 구매 정책을 어떻게 가지는지에 따라 세상이 바뀝니다. 삼성이 쓰는 돈이라면 수많은 농촌 소기업, 장애인 기업, 사회적 기업들이 생존하는 데 결정적으로 기여할 수 있거든요. 그리고 삼성 정도의 규모가 아니더라도 많은 기업, 작은 중소기업이 100군데만 힘을 모아 좋은 일을 하겠다고 결심하면 세상이 바뀌는 겁니다."

3년 전쯤 당시 희망제작소에서 일하던 박원순 변호사를 만나 인터뷰를 했더니 이런 이야기를 했다. 그렇다. 기업은 세상을 바꿀 수 있을 만큼 큰 힘을 가진 존재다. 그래서 대중의 두려움도 크고, 정부의 견제도 크다. 역사적으로 기업의 성장과 그에 대한 반발, 존경은 궤도를 같이해 왔다. 하지만 갈수록 척박하고 양극화되는 환경에 살고 있는 우리는 기업의 큰 힘을 두려워하고 경계하기보다는 그 속에서 희망을 찾아야 한다. 그 힘을 좋은 방향으로 활용할 방법을 찾아야 한다. 우리가 당면한 문제를 해결하는 방향으로 말이다. 그리고 우리는 이미 희망의 단서를 역사를 통해 존경받는 기업인들, 그들이 일군 착한 기업에서 발견할 수 있었다.

새로운 자본주의의 성장 방향을 고민하고 그에 맞게 기업을 키우는 것은 기업가들만의 역할이 아니다. 기업과 관련을 맺고 있는 직원, 소비자 등 모든 개개인, 정부, 비영리 단체 등이 유기적인 역할을 담당해야 하는 것이다. 그렇다면 새로운 자본주의 생태계를 만들기 필요해 지금 당장 시작할 수 있는 조치들은 무엇일까?

① 기업의 비전과 존재 의미를 다시 세워라

기업인들의 생각의 틀을 넓혀야 한다. 기업의 내적인 동기를 스스로 강화하는 데 적극적으로 나서야 한다. 당장의 이익, 지금 여기, 나 자신 또는 내 기업만을 생각하는 낡은 자본주의의 좁은 생각에서 벗어나야 한다. 규제와 법안에 저항하기보다는 기술 혁신의 기회이자 전략적인 체질 개선, 변화의 기회로 삼아야 한다. 새로운 시도의 위험을 기피하고 단기 실적에 집착하는 작은 생각으로는 창조적 자본주의가 성공할 수 없다. 기업의 리더들부터 과감한 배짱, 변화에 대한 열정, 변화를 이끌어 가는 끈기를 가져야 한다.

리더가 나서서 기업의 비전과 존재 의미를 다시 세워야 한다. 비전이 조직의 DNA로 자리 잡을 때까지 이해관계자들과 지속적으로 소통해야 한다. 새로운 가치를 내면화하는 길고 고된 시간을 가져야 한다. 새로운 시대상을 받아들이고 공유 가치를 창조하는 방향으로 변화를 이끌어야 하는 것이다. 이 과정에서 기업 내 보상과 처벌 시스템도 비전에 맞게 다시 만들어야 한다. 이로써 하나의 비전과 목표를 갖고 기업의 구성원 모두가 일치된 행동을 할 수 있게 해야 한다. 내적인 동인이 완전하게 기업의 구석구석에 녹아들어 모든 개개인에 힘을 발휘할 때, 기업은 나쁜 짓을 하면서 착한 기업인 척하는 분열적인 모습을 벗어날 수 있게 된다.

2011년 말 방한한 마크 크래머는 "CSV를 기업 내 핵심 전략으로 안착시켜 실질적 성과를 이끌어내려면 최고경영진의 확신과 의지가 중요하다"고 강조했다. GE의 공유 가치 창조 사례로 꼽히는 에코매지네이션 프로젝트는 제프리 이멜트 회장이 2005년 새로운 비전으로 선포하며 대대적으로 밀었다. 또한 포터와 크래머는 일찍이 CSV 보고서를 통해 "공유 가치 창조는 R&D의 개념으로 봐야 한다"[87]고도 했다. 당장 올해 이익에 몇 자리 숫자를 더할 수 없다고 해서 포기해서는 안 된다.

'우리 강산 푸르게 푸르게'라는 유한킴벌리의 환경 캠페인을 기억하는가? 기저귀, 티슈, 생리대 등을 만드는 생활용품 업체들은 나무 펄프를 쓴다. 그러다 보니 '숲의 파괴자'라는 이미지를 갖고 있다. 그래서 유한킴벌리는 자신의 이익을 덜어서 숲의 재건에 투자했다. 당시만 해도 판매 이익의 1%를 기부한다는 아이디어는 일반적이지 않았다. 그래서 국세청이 기부금에 증여세를 물렸다. 유한킴벌리는 이 세금까지 군말 없이 냈다. 국공유지에 나무를 심고 가꿈으로써 3900만 그루(2009년 기준)의 나무가 생겼다. 우리나라 전체 산림 면적의 18%에 달하는 북한산 숲 황폐지를 복구했다. IMF 직후 5년간은 숲 가꾸기 프로젝트로 13만 명의 일자리를 만들어냈다. 더 나아가 이제는 국경을 넘어 동북아 사막화를 막기 위한 조림 사업에 힘쓰고 있다. 이 사업이 성공하면 우리나라가 받는 황사 피해도 줄일 수 있다. 더불어 이 회사는 청소년들을 대상으로 한 환경 체험 교육과 그린캠프를 통해 미래의 소비자들을 교육하고 있다. 30년에 가까운 오랜 역사 때문인지 혜택이 한 세대를 넘어갔다. 그린캠프에 참여했던 엄마들이 고등학생 딸을 보내는 경우가 생겼다. 생활용품을 직접 사는 사람들이 누구인지 생각해 보면 이 캠페인이 기업에 주는 혜택을 짐작할 수 있지 않은가? 유한킴벌리의 캠페인은 단순히 환경보호 마케팅, PR이 아닌 다각적인 공유 가치 제조 사업이었다.

   기업의 리더라면 단발성의 기부, 단기의 손익 계산, 몇 년간의 캠페인 수준을 벗어나는 세대를 이어 가는 장기적인 안목과 지속적인 의지를 가져야 한다. 그리고 비즈니스적으로 생각해야 한다. 기업의 전문성을 살려 가치가 가치를 스스로 만들어내는, 스스로 클 수 있는 사업으로 만들어야 한다. 이러한 비즈니스 방식이 기업의 DNA로 남아 지속 성장할 수 있도록 전략적인 실행을 계속해야 한다. 이렇게 크게 생각하는 리더들만이 창조적인 혁신을 마침내 성공시킬 수 있다.

② 인간의 창조성에서 답을 구하라

"20층짜리 빌딩에서 아이가 떨어졌습니다. 그런데 상처 하나 없이 멀쩡하게 살았어요. 어떻게 그럴 수가 있었을까요?"

어느 봄날 아침, CEO 조찬 모임에서 강사로부터 이 질문을 그 자리에 모인 수십여 명의 CEO들이 공개적으로 받았다.

어떤 CEO가 외쳤다.

"1층에서 뛰어내렸겠지요."

또 다른 CEO도 답했다.

"낙하산을 메고 있었거나."

기발한 대답들에 여기저기서 웃음이 터져 나왔다.

우리에게 주어진 데이터에서 어디에 초점을 맞추느냐에 따라 여러 가지 창의적인 답이 나올 수 있다. 20층짜리 건물이라고 해도 20층에서 뛰어내렸다는 것은 아니다. 아이가 떨어졌지만 맨몸으로 떨어졌다는 소리는 없다.

우리의 두뇌는 자동으로 운행하려는 속성이 있다. 무수히 많은 데이터를 처리해야 하기 때문에 필요 없는 데이터는 무의식적으로 흘려보낸다. 결국 의식을 작동시켜 의미 있는 데이터를 찾음으로써 두뇌를 깨워 줘야 한다. 그러면 적합한 해결책, 위기를 극복할 혁신 방법을 찾아낼 수 있다.

미개척의 상태인 새로운 자본주의 환경에서는 창조적이고 혁신적인 경쟁 전략이 필요하다. 이를 위해서는 생각의 프레임을 과감하게 틀어 보는 것이 중요하다. 창조적 자본주의, 공유 가치 창조의 사례가 된 기업들은 모두 우리가 생각하지 못했던 방식으로 돈을 벌고 사회적 가치를 만들어냈다. 이처럼 대담하고 창조적인 아이디어는 어떻게 나올까? '빅씽크 전략'을 주창한 번트 H. 슈미트는 창조적 아이디어를 이끌어내는 네 가지 방법을 알려 준다.[88]

첫째, 양립할 수 없는 것을 결합한다.

돈을 쓸수록 돈을 벌게 된다. 언뜻 보기에 양립할 수 없는 이 생각이 공유 가치 창조의 실마리가 됐다. 오랫동안 기업의 이익과 자선은 양립할 수 없는 것으로 여겨져 왔다. 하지만 창조적인 생각은 불가능해 보이는 양극단을 만족하는 해법을 내놓았다. 자신의 경쟁력을 높이는 방식으로, 당장 지금 시점에서는 돈을 쓰지만 미래에는 돈을 벌 수 있는 기회를 만드는 방법으로 돈을 쓰는 것이다. '자동차/맑은 공기'라는 대립된 요소들을 결합해서 아이디어를 짜 보자. 만약 '대기오염의 주범'인 자동차가 아닌 '대기 정화 자동차'는 어떨까? 자동차가 운행하며 대기의 탄소 물질을 정화한다는 아이디어가 현실이 된다면 자동차 회사들은 노력하지 않아도 자연스레 친환경 기업이 될 것이다.

둘째, 다른 업계를 벤치마킹한다.

이업종 간 교류와 융합 속에서 새로운 것을 발견할 수도 있다. 휴대전화 회사, 자동차 회사가 명품 패션 브랜드의 이미지와 디자인 컨셉을 차용한 제품을 출시한다. 이 경우 고급스럽고 감성적인 이미지를 딱딱한 제품에 입힐 수 있다. 벤치마킹뿐 아니라 제휴를 통해서도 새로운 아이디어가 발전될 수 있다. 전문성을 지닌 비영리단체와 기업이 손잡고 서로의 사업 방식을 활용해 사회적 기업이 태어나기도 한다. 아름다운 가게가 대표적인 예다. 서경배 아모레퍼시픽 사장이 2000년 아버지로부터 물려받은 재산 중 50억 원을 기부하고 싶다고 찾아간 사람이 박원순 당시 아름다운 재단 이사장이었다.

"어려운 여성 가장들을 위한 소액 대출을 해보시죠. 여성들을 상대로 번 돈이니 어려운 여성들을 위해 쓰면 가장 의미 있을 겁니다."

그렇게 만들어진 희망가게는 생활이 어려운 여성 가장들에게 4000만 원의 창업 자금을 연리 2%에 빌려 주며 7년 상환이라는 조건을 내걸었다. 그 결과 성공적인 사회적 기업 모델로 자리매김했다. 비즈니스와 자선의 만남이 일군 새로운 아이디어였다. 12년이 지난 지금 희망가게는 125개 점포로 늘어났다. 월평균 소득이 149만 원, 생존률이 46.4%에 불과한 일반 자영업자들과 비교했을 때 희망가게는 월 소득 290만 원, 생존률 81%로 두 배 가까운 성공률을 보인다. 창업자들도 설문 조사에서 소득, 주거 안정, 보험 및 적금, 자녀 교육비 등의 항목이 창업하기 전보다 두 배 이상이 늘었다고 답했다. 아모레퍼시픽은 매년 희망가게 창업 희망자를 모집하고 성과를 알리는 홍보, 마케팅을 아름다운 재단과 함께하고 있다.

셋째, 고정관념을 깬다.

원래 그래 왔던 것, 그래서 의심조차 하지 않았던 관념들을 의심하고 깨 본다.

- 인삼은 먹는 것 피부에 바른다면? 아모레퍼시픽의 한방 화장품 설화수
- 피부과에서 바르는 크림 집에서도 쓰면? 피부에 좋은 화장품 비비크림
- 호르몬 약은 먹는다 바르면 어떨까? 중년 이후 급격히 감소하는 남성 호르몬 테스토스테론을 지속적으로 보충해 주는 겔 타입 크림

이 모든 것은 고정관념을 깬 제품들이다. 동물의 배설물, 쓰레기에서 나오는 메탄가스는 지구온난화의 주범이다. 하지만 이 가스를 추출해 바이오에너지를 만들어 쓰면 조리, 난방, 조명 연료로 쓸 수 있다. 이 경우 화석연료 사용을 줄이는 동시에 대기오염도 줄일 수 있다. 즉, 공유 가치 창조의 에너지 모델이 된다.

넷째, 시간의 틀을 뒤집는다.

과거로 돌아가서 현재를 생각해 본다. 미래로 가서 현재를 생각해 본다. 현재의 자리에서 미래를 생각해 본다. 이렇게 시간의 한계를 벗어나서 생각해 보면 창의적인 대안을 찾을 수도 있다.

패션계에서는 미니멀리즘과 화려한 장식주의가 번갈아 가며 수십 년 주기로 유행이 돌고 돈다. 샤넬의 단발머리와 미니스커트로 대변되는 미니멀리즘이 1920년대에 유행했다면 1990년대 프라다와 구찌는 단순하면서도 미래지향적인 디자인의 새로운 미니멀리즘을 유행시켰다. 과거에 가능했던, 또는 미래에 가능할 것 같은 갖

가지 아이디어들을 현시점에서 실행 가능하도록 바꿔야 한다. 스스로에게 질문을 던져 보자. 요즘 같은 저출산·노령화 사회에서 1950~1960년대 베이비붐을 다시 일으키려면 어떻게 해야 할까? 기업은 어떤 제품과 서비스, 마케팅으로 이러한 붐에 기여하고, 또 이러한 붐을 활용할 수 있을까? 혹시 시대를 잘못 만나서 실패했지만 지금 와서 보면 충분히 히트를 칠 수 있을 만한 아이디어는 무엇이 있을까? 현재에 적용하면 어떻게 될까? 그런 아이디어를 쓸 만한 것으로 만들려면 어떻게 해야 할까? 아이디어를 미래의 현실로 만들려면 우리는 지금 무엇을 해야 하는가?

건전한 자본주의의 방식으로 돈을 벌게끔 하는, 창조적인 사업 아이디어가 기업 내부 곳곳에서 지속적으로 터져 나올 수 있어야 한다. 그러기 위해서는 조직의 문화부터 유연하고 투명해져야 한다. 조직의 구성원 개개인이 창의적인 아이디어를 통해 기업을 좋은 일로 이끌고, 착한 행동에 나서게끔 할 수 있다.

구매 담당자인 당신이 공급자들을 쥐어짜지 않으면서 비용 절감을 할 수 있는 방법을 생각해낼 수 있다면, 제품 디자이너인 당신이 일반인과 장애인들이 똑같이 편리하게 쓸 수 있는 제품을 만들 수 있다면, 엔지니어인 당신이 기계의 효율성을 높여 공해를 줄일 수 있는 방식을 생각해낸다면, 대기업의 임원인 당신이 중소 공급 업체에 실적을 높일 수 있는 경영 자문을 해 준다면 기업뿐 아니라 세상을 위한 공유 가치를 만들어내는 것이다. 영국 락그룹 U2의 보노, 그라민 은행의 무하마드 유누스 박사, 창조적 자본주의를 주창한 빌 게이츠, 공유 가치 창조를 말한 마이클 포터……. 이들 모두 우리와 같은 한 인간이며 자신의 자리에서, 창조적인 생각과 실천을 통해 기업과 세상을 바꿨음을 기억하자.

③ 재능과 자원을 서로 공유하는 융합의 성장 모델을 세워라
"아버지와 라면을 끓여 먹고 싶습니다."

초등학교 졸업 이력에 환풍기 수리 기사로, 행사 가수로 어렵게 살아가는 대한민국 청년 허각. 노래로 힘든 삶을 달랬던 한 청년은 그렇게 소박한 말로 우승의 기쁨을 전했다. 한 케이블 TV가 주최한 공개 오디션 프로그램에서였다. 눈물 섞인 그의 말을 들으며 수많은 시청자들이 함께 울고 웃었다. 그는 '희망과 인간 승리'의 메시지를 온 사회에 전했다. 이 청년은 우승 상금으로 가족이 살 전세 집을 생애 처음으로 마련했다. 그리고 정식 가수로 데뷔해 각종 음악 차트에서 1위를 차지하는 등 승승장구하고 있다.

최근 '나는 가수다', '위대한 탄생', '슈퍼스타 K' 등 재능 발굴 프로그램이 선풍적인 인기를 끌었다. 잊혀 가던 재능 있는 중견가수들을 대중 앞에 다시 선보여 그 가치를 재평가하거나 일반인들 중에서도 특출한 실력을 지닌 '진흙 속 진주들'에게 공개 경쟁을 통해 빛을 보게 해 주는 방식이었다. 이러한 시도들로 인해 그 한 사람의 인생이 바뀌는 것만이 아니었다. 지켜보는 사람들의 기쁨, 감동, 재미는 물론 돈, 광고, TV 프로그램, 음반 등 다각적인 비즈니스 가치까지 만들어낼 수 있었다. 한 인간이 지닌 잠재력과 능력은 그저 묻혀 있을 때 힘을 쓰지 못한다. 세상으로 나오고, 사람들과 함께 나누는 순간 그 가치는 무한대로 증폭된다. 우리 사회의 개개인과 기

업이라는 '사람'은 자신의 잠재력과 능력을 세상과 나눔으로써 사회를 발전시키고, 더 큰 가치를 만들어낼 수 있는 것이다.

사람들의 재능에 빛을 보게 해 준 것은 결국 미디어 산업이라는 컨텐츠 유통자들, 즉 비즈니스의 역할이었다. 이렇게 창조성과 비즈니스적 재능을 결합, 융합해서 세상을 바꿀 혁신을 낳는 것이 창조적 자본주의, 공유 가치의 방향이다.

세상에는 숫자 및 기술적 감각, 비즈니스 감각이 더 뛰어난 좌뇌형의 사람들이 있는 한편, 창의성이 뛰어난 우뇌형의 사람들이 있다.[89] 두 가지 분야를 다 탁월하게 잘할 수 있다면 좋겠지만 대부분의 사람들에게 신은 공평하게도 한쪽의 재능을 더 갖게 창조했다. 그래서 조화를 이루며 더불어 살게끔 만들어 놓았다.

지금은 혁신 기업의 대명사가 된 애플은 1985년 스티브 잡스를 자르는 엄청난 실수를 저질렀다. 매킨토시의 실패와 관련해 제품의 상업화를 맡고 있었던 CEO 존 스컬리가 스티브 잡스와 불협화음을 냈기 때문이다. 이사회는 존 스컬리의 편에 섰고, 잡스가 떠난 애플은 점차 기울었다. 애플의 치명적인 실수는 비즈니스 분야와 창의성 분야의 인재들, 즉 좌뇌형 인재와 우뇌형 인재들이 서로 조화를 이뤄야 혁신 제품이 나오고 시장에서 히트를 친다는 사실을 망각한 것이었다. 비즈니스를 잘하는 인재가 없으면 아무리 혁신 제품이 나와도 시장에서 실패할 수 있다. 반면 창의적 인재가 없으면 혁신 제품이 태어날 수 없다. 때때로 경영자들은 창의적인 아이디어에 대해 '시장성이 없다', '터무니없다'는 말로 싹을 자른다. 하지만 그런 아이디어라도 방향을 약간 틀어 주면, 시대 상황과 맞아

떨어지며 획기적인 제품으로 태어날 수 있다. 혁신의 90%는 기존의 아이디어를 죽이는 것이 아닌 방향을 바꿈으로써 성공한다. 결국 12년 후인 1997년 잡스는 애플로 돌아왔고 아이팟, 아이폰, 아이패드 등 혁신 제품을 잇달아 내놓으며 애플의 최대 전성기를 이끌어 낸다. 스티브 잡스가 애플에서 퇴출됐던 것은 당시의 시장 상황이 매킨토시의 혁신을 소화할 만큼 충분히 익지 않았었기 때문이었고(포터가 말한 경쟁 맥락이 제대로 강화되지 않은 상황이었다. 소비자들 취향이 요즘처럼 디자인에 민감하게 반응할 정도로 고도화되지 못했고, 매킨토시처럼 무겁고 호환성이 떨어지는 제품을 일반인들이 편하게 사용할 정도로 당시의 컴퓨터나 프린터 등 기기 수준이 발달하지도 못했다), 이사회 멤버들이 10년 후를 내다볼 수 있는 장기적인 안목이 없었기 때문이었다.

미국의 애니메이션 제작사인 픽사PIXAR는 예술가인 브래드 버드 감독(〈인크레더블〉, 〈라따뚜이〉 연출)과 사업가인 존 워커가 탁월하게 균형을 맞춤으로써 혁신과 성공을 이끌어낸 경우다. 완벽을 추구하는 예술가들은 언제 멈출지 모른다. 항상 재촬영하고 바꾸고는 한다. 결국 예산과 시간을 고려해 적절하게 행동을 멈추게 하는 것이 사업가인 존 워커가 하는 일이었다.

패션 산업, 기술 산업을 보더라도 좋은 디자인, 혁신적인 기기가 실패한 경우는 수도 없다. 상업화에 능한 파트너가 없어서인 경우가 대부분이다. 창의적 역량과 상업화 역량이 모두 갖춰져야 성공할 수 있다.

최근 불고 있는 사회적 기업의 열풍에 '따뜻한 가슴'과 '기업가로서의 열정과 창의력'을 지닌 수많은 젊은이들이 동참하고 있다. 하지만 창의적인 아이템과 열정만으로 불쑥 사업을 시작해도 성공하기는 힘들다. 재무 능력, 마케팅, 세일즈, 홍보, 유통 채널 등 다각적인 자원과 노력이 필요한 것이 비즈니스이기 때문이다. 사회적 기업 육성에 팔을 걷어붙이고 나선 대기업들이 단순히 돈을 지원하는 것을 넘어 자신들의 똑똑한 좌뇌형 재능, 즉 비즈니스 역량을 사회적 기업가들과 공유하는 것이 더 중요하다. 그럼으로써 사회적 기업들의 경쟁 맥락을 강화해 스스로 발전할 수 있는 생태계를 만들어야 한다.

직원들이 모금을 해 가난하고 어려운 이웃을 돕고, 장애인이나 노인 복지 시설을 찾아 며칠 동안 봉사를 하는 것이 다가 아니다. 한 기업의 전략 기획 담당자가 좌뇌형 활동, 즉 비즈니스 기획에 서투른 예술가들을 도와 수익 모델을 개발해 주거나, 홍보 담당자들이 사회적 기업의 홍보 전략을 짜 주거나, IT 부서 직원들이 온라인 마케팅을 위한 시스템 구축 노하우를 나누는 것, 기업의 자원들, 즉 광고나 마케팅, 유통 능력을 발휘해 사회적 기업과 함께 비즈니스를 키우는 것도 기업이 할 수 있는 공유 가치 창조의 예다. 기업이 가장 잘할 수 있는 분야에서 직원 개개인들로 하여금 창의성, 기획력, 비즈니스 감각 등을 사회와 공유할 수 있는 장을 만들어 주는 것이다. 이때 기업은 직원들의 자부심, 보람, 자발적인 열정을 끌어내는 한편 기업 자신의 내적 동기를 만족시킬 수도 있다. 즉, 향후 비즈니스에 활용할 수 있는 혁신적인 아이디어를 얻거나 인적 네트워크, 인프라를 구축하고, 기업에 대한 호의적인 반응과 협조를 이끌어낼 수도 있다. 이것이 서로가 진일보하는 자본주의의 창조적 혁신이자 공유 가치 창조의 기본 원리다.

④ 부정과 부패에 굴종하는 권위주의 문화를 없애라

"후쿠시마 원전 사고는 자연이 아닌, 사람이 만든 참사다."

2012년 7월 일본 국회 패널로 구성된 핵 참사 독립조사위원회에서 펴낸 보고서는 충격적인 조사 결과를 발표한다.[90] 2011년 일본 열도를 떨게 했던 핵 원전 사고 1년이 지난 시점에서였다. 보고서는 "핵 참사는 예측될 수도, 예방될 수도 있었다"고 말한다. 그리고 일본의 문화, 즉 복종, 권위에 도전하지 않는 문화, 핵 프로그램에의 집착, 집단주의, 편협한 섬나라 근성이 참사의 근본 원인이었다고 반성한다.

이 보고서는 원전 운영 기업인 텝코Tepco와 정부 감독기관의 결탁을 비판한다. 기업, 정부, 규제기관 그 모두가 가장 기본적인 안전 요구 사항을 마련하지 않았다. 예를 들면, 피해 가능성을 평가하고, 지진의 경우 발생할 수 있는 부수적인 피해에 대비하고, 방사능 오염시 주민들의 대피 계획을 수립하는 것 등이다. 법과 규제들도 국제기준에 맞게 심각하게 검토되지 않았다. 사건이 일어나야 개정되는 시스템 때문이었다.

텝코는 기업으로서의 책임을 다하지 않은 채 단지 관료제에 의존하고 따르기만 했다. 규제의 이빨을 뽑기 위해서 감독자들과 끈끈한 관계를 다졌다. 개개인이 행동을 정당화하고 책임 회피를 위해 기록을 남기지 않는 것을 조직, 제도, 법이 방조했다. 결국 문화가 규제까지 무력화시켰다.

일본의 자기 반성은 우리의 모습을 뒤돌아보게 만든다. 부정과 부패를 키우는 복종의 문화, 권위에 도전하지 않는 문화, 나쁜 의미의 집단주의는 바로 우리가 심각하게 해결해야 할 현실이 아닌가? 더욱이 실패와 부패를 돌아보기 싫어하는, 인정조차 하지 않고 은근슬쩍 넘어가려는 우리네 모습까지 반성하게 만든다.

"부정부패가 삼성그룹 전체에 퍼져 있다. 작은 부패도 용납해서는 안 된다."

2011년 6월 이건희 회장이 격노하는 사건이 벌어졌다. 이유는 내부 감사에서 드러난 삼성테크윈 경영진의 비리 때문이었다. 이건희 회장은 삼성테크윈의 CEO를 해고했다. 며칠 후에는 카드깡 비리가 드러난 삼성카드의 CFO도 경질했다. 이건희 회장은 "향응, 뇌물도 있지만 가장 나쁜 것은 부하직원을 닦달해 부정을 시키는 것"이라며 강도 높은 사정의 목소리를 냈다.

하지만 이건희 회장의 격노 이후 2012년 3월 삼성전자는 또다시 부끄러운 일에 휩쓸렸다. LG와 휴대전화 가격 담합을 했다는 이야기가 터져 나왔다. 그런데 더 부끄러운 일은 공정거래위원회의 조사에 대해 삼성전자 직원들이 데이터를 삭제하고 프로그램을 조작하는 등 조직적으로 방해 공작에 나섰다는 사실이다. 삼성전자는 조사 방해로 4억 원의 과징금을 물게 됐다. 공정위에서는 "삼성 계열사들의 조사 방해는 상습적이다"라는 이야기가 나온다. 이건희 회장의 격노 사건 이후 깨끗한 문화를 만들겠다며 여러 번 과감한 인사에 나서며 분위기 쇄신에 나섰지만 여전히 갈 길은 멀다. 삼성 사장단 내부에서 '도대체 뭐가 문제인가. 왜 이렇게 안 바뀌는 건가'

고민이 깊다.[91]

 하지만 기업 내부에 만연한 부패를 해결하려면 창립 이래 수십여 년간 뿌리내려 온 절대 복종의 권위주의 문화부터 바꿔야 한다. 철저한 자기 반성과 총체적인 개혁이 필요한 것이다. 한국의 재벌들을 지배하는 것은 '가신家臣' 또는 '-맨man'으로 상징되는 문화다. 윗사람을 존중하고 윗사람의 말에 복종하는 게 미덕이다. 이처럼 조직과 상사에 대한 충성심은 기업을 급격하게 키우는 힘이었다. 하지만 역으로 상사의 부패에마저 무조건적인 열정과 충성을 바치는 문화, 문제에 대해 침묵하는 문화를 낳았다. 특히 오너가 탈세와 비자금으로 형을 선고받고, 임직원들이 그러한 행위에 적극적으로 가담해 온 역사는 부패의 롤 모델을 세웠다. 계열사들은 이슈가 터지면 '걸릴 때까지는 아닌 듯 버틴다'와 '불리한 데이터는 조사 방해를 해서라도 없앤다', '유죄라고 하면 사과하되 회사 비용은 최소화 한다' 등의 후진적인 행동을 지속적으로 보여 주었다. 온 임직원들이 그러한 역사를 기억하고, 그런 문화 속에서 수십 년을 커 왔는데 오너의 호통과 몇 번의 해고만으로 쉽게 바뀌겠는가?

 새로운 롤 모델을 세우는 데 최고경영진이 직접 나서야 한다. 잘못을 먼저 인정하고 잘못된 행동을 공개적으로 바로잡아야 한다(우리나라에서 집행유예를 받은 수많은 오너들은 자신이 직접 나서 공개적으로 사과하거나 잘못을 인정하지 않았다. 다만 막대한 기부금으로 이미지 쇄신에 나섰다). 스스로 털어서 먼지 날 구석이 있는지 점검하고 공개적으로 과감하게 환부를 도려내야 한다. 당장 고통스럽다고 해서 썩은 부위를 도려내지 않고 은근슬쩍 덮어버리면 모르는 사이에 썩은 부위가 더 깊고 넓게 퍼져 나간다. 삼성의 계열사 부패 사건이 대표적인 예다(최고경영진이 스스로 나서지 못할 때 정부와 사법부의 강한 강제력이 필요하다. 하지만 우리는 후자도 제대로 못 해 온 것이 사실이다. 그리고 그것이 오늘날의 문제를 만성화시켰다).

아울러 잘못을 바로잡을 수 있는 기업 문화, 이에 대해 성과와 보상이 확실한 제도적 장치를 마련해야 한다. 상사의 잘못에 대해 '노No'라고 이야기할 수 있는 열린 채널, 그리고 그에 대해 불이익을 받지 않는, 아니 오히려 격려하는 문화와 제도를 세워야 한다. 그래야만 개인윤리가 직업윤리와 충돌과 갈등을 일으키지 않는 당당하고 깨끗한 기업 문화가 바로 설 수 있다.

김용철 변호사의 폭로 이후 변호사 및 학자들 사이에서 '고객의 비밀을 폭로해 직업윤리를 저버린 행위'라는 입장과 '정의를 위한 바른 행동'이라는 입장이 팽팽하게 맞섰다. '부패를 바로잡아야 한다'는 것이 문제의 본질이 아닌가? 그런데 왜 이렇게 2차적인 이슈, 개인윤리와 직업윤리의 우선순위를 따지는 상황이 발생했을까? 그 어떤 경우라도 인간으로서의 보편적인 윤리와 도덕성이 인위적으로 만들어 놓은 직업윤리의 근본에 자리 잡아야 한다. 이 논쟁은 기업이 보편적인 윤리의 잣대에서 비껴 나갈 수 있게 만들어 놓은 이상한 경제 정의, 주객(근본윤리와 직업윤리)이 전도될 정도로 과다한 직업윤리의 지배력이 문제의 본질을 흐린 대표적인 예다. 핵심은 '부패를 말해야 하나 말아야 하나?', '상사의 부패에 동참해야 하나?'처럼 직원들이 갈등할 상황을 기업이 아예 안 만들도록 해야 한다는 점이다. 이런 상황은 직원들에게 인간적인 양심을 지키도록 지지하는 바른 기업 문화, 부패에 대해 논할 수 있는 열린 문화, 부패를 거부할 수 있는 반권위주의 문화에서는 일어날 수조차 없다.

문화와 시스템뿐만이 아니다. 결국은 사람이 달라져야 한다.

직장인인 당신, 상사의 부패한 권위 앞에 더 이상 비겁해지지 말자. 눈앞의 이익 때문에 양심을 저버리는 행동이 아닌지 항상 스스로에게 되물어야 한다. 혼자서 잘못을 바로 잡을 수 없다면, 최소한 주변의 도움이라도 구하라. 해결의 방법이라도 고민하라. 그게 기업도, 당신도, 그리고 당신이 아끼는 이 사회의 모든 이들이 함께 잘 살 수 있는 첫걸음이다.

⑤ 정부가 나서서 옆구리를 찔러라

'옆구리 찔러 절 받기'라는 말이 있다. 스스로 움직일 생각을 못하거나 귀찮아서 못 본 척, 안 하려는 사람에게는 자극을 줘야 움직인다는 말이다. 무분별한 자유의 부작용을 호되게 겪은 경영경제학자, 정치가, 대중, 언론 등 많은 이들이 이제는 적절한 정부 개입의 필요성을 강조한다. 정부의 개입이 바로 옆구리 찌르기다.

우리 속담에 꼭 들어맞는 책 이름을 몇 년 전에 보고 깜짝 놀랐다. 바로 '팔꿈치로 슬쩍 찌르다'라는 뜻의 '넛지nudge'다. 행동경제학자인 리처드 탈러와 캐스 선스타인은 '타인의 선택을 유도하는 부드러운 개입'이라고 이 개념을 설명한다.[92]

어떤 상황에서 이러한 개입이 필요하고, 어떻게 해야 가능할까? 우리는 때때로 다이어트, 투자, 자신의 신념 등과 관련해 어리석은 결정을 내릴 때가 있다. 몸에 안 좋은 줄 알면서 패스트푸드를 찾고 담배를 피운다. 살은 빼고 싶으면서도 음식의 유혹을 떨치지 못한다. 인간의 인간적인 결점 즉, 욕망, 무지, 편견, 실수 등이 이런 어리석은 결정에 기여한다. 결국 사람들의 그릇된 선택을 하는 패턴을 체계적으로 분석하면 그 선택을 바르게 이끌 수 있는 환경을 조성해 줄 수 있다는 논리다. 예를 들어 살을 빼고 싶은 사람들에게는 메뉴판에 칼로리를 적어 놓고, 작은 그릇에 음식을 담고, 작은 스푼으로 음식을 먹게 하면 된다. 금연 정책을 추구하던 몬태나 주에서는 '몬태나 주 청소년 대부분(70%)은 담배를 피우지 않는다'는 내용의 광고를 내보냈다. 이후 청소년 흡연율이 현저히 떨어졌다. 남들이 잘 안 한다고 하면 나도 안 하게 된다. 통계에 근거한 현실 강조만으로 인식과 행동을 부드럽게 변화시킬 수 있었던 것이다.

이런 개입을 통해 사람뿐 아니라 기업들로 하여금 더 나은 선택을 하도록 유도할 수 있다. 정부는 착한 행동을 기업들이 스스로 선택하도록 환경을 조성하는 역할을 해야 한다. 최근 동반성장위원회가 출범해 대기업의 상생 지수 평가, 발표와 함께 우수 기업에는 인센티브, 미흡한 기업에는 공공사업 수주 불가의 불이익을 주기로 하는 등의 활동도 벌이고 있다.[93] 이러한 제도적 노력과 함께 공유 가치 창조, 창조적 자본주의 아이디어의 구체적인 성공 사례와 실행 정보를 기업들에 알리고 성공적인 전략을 공유하는 것, 착한 기업을 보다 명확하게 분석하고 실제를 반영할 수 있는 새로운 방식의 지수 측정법, 또는 효율적인 행동 감시 방법을 개발하는 것 등은 일종의 옆구리 찌르기가 될 수 있다. '다들 이렇게 해서 성공하는데 왜 당신 기업은 안 하는가?'라는 부드러운 방식으로 말이다. 반응이 없다면 반응이 있을 때까지 찔러야 한다. 떨어지는 물방울이 돌을 뚫는다고 했다. 지속적이고 끈질기게 하다 보면 결국 가장 딱딱한 기업들도 변하게 되어 있다. 하물며 그 변화가 기업의 비즈니스에 도움이 된다면야 말할 것도 없다.

기업의 외적인 동기인 규제와 법안, 평가 및 정책 인센티브, 소비자들의 지지와 반발 등 경제 시스템과 양상을 총체적으로 변화시켜야 한다. 최근의 경제 위기로 인해 더욱 커진 착한 기업에 대한 사회적 요구, 기업인과 정치인, 학자 등 각계 인사들의 노력, 이 분위기와 에너지를 근본적인 제도 개혁의 기회로 활용해야 한다. 부정부패에 대한 규제와 감시 기능 강화, 재발 방지를 위한 강력한 제재 방법도 세워야 한다. 더 이상 경제성장과 기부금을 빌미로 부패를 세탁하려는 기업인들을 봐 줘서는 안 된다. 이러한 이중적인 법의 잣대가 그동안 우리의 발등을 찍었고, 기업 개혁의 싹을 잘랐다. 이중적인 법과 물렁한 규제하에서 경제의 투명성 향상, 경제의 민주화와 선진화는 이뤄질 수 없다. 거듭되는 기업 범죄와 눈 가리고 아웅하는 기업의 편법, 꼼수들이 여전히 우리 사회에 만연하는 것은 크게 두 가지 이유를 갖고 있다.

첫째, 기업 측이 정부와 규제기관을 두려워하지 않을 정도로 그동안의 처벌과 규제, 법안이 효과적이지 못했다. 경제적 안녕을 들어 거듭되는 집행유예, 특별사면과 솜방망이 처벌에 대해서는 앞서 충분히 설명했다.

대기업 경제 사범에 대해 너그러운 우리나라가 오히려 기업의 부패와 거듭되는 범죄를 키우고 있다. 수천억 원을 횡령하고, 탈세와 불법을 저질러도 집행유예 정도에 특별사면이 남발된다면 누가 법을 두려워하겠는가? 법적 원칙이 사회적인 계층과 지위에 상관없이 공평하게 작동하는 환경을 만들어야 한다.

"노르웨이에서는 살인자보다 경제범이 훨씬 더 가혹한 형벌을 받아."

금발에 푸른 눈을 한 빅토리아가 말했다.

"예를 들어 살인자의 형이 징역 3~5년 정도라고 하면 경제범은 무기징역까지 받을 수 있어."

"아니 왜? 사람 목숨이 중요하지 돈이 중요한가?"

"글쎄, 살인은 개인 간에 일어난 일이지만 경제 범죄는 더 많은 사람, 심지어는 국가, 사회에 피해를 주니까."

매우 일상적인 대화였지만 사법과 정의에 대한 국가 간 큰 차이를 느꼈다. 우리나라가 진정한 선진국으로 가기 위해서는 선진국 수준의 법적, 제도적 장치가 마련되어야 한다. 동시에 그것이 지켜질 수 있는 문화와 사회적인 여건, 정부의 강력하고 투명한 집행 원칙, 그리고 그 일에 관여되어 있는 개개인의 높은 정의 의식이 있어야 한다.

둘째, 정책 및 법안, 규제를 투명하고 공정하게 세워야 할 사람들조차도 기업과 결탁했다. 엔론 사태, 월 스트리트의 보너스 잔치, 일본의 핵 원전 사고 등 모든 참사의 기저에는 규제와 감시를 마비시킨 결탁이 있었다는 것을 명심하자.

2012년 국내에서 발생한 저축은행 비리 사건도 부패한 기업인들이 정치권과 정부 고위 관료의 친인척들에 광범위한 로비를 펼침으로써 가능했다. 그 결과는 어땠는가? 저축은행 부도로 이 은행에 전 재산이라고 할 수 있는 돈을 맡겼던 사람들, 사회적인 약자들이 특히 큰 고통을 받았다. 그렇다면 기업과 감시기관의 결탁은 어떻게 막아야 할까? 이것은 건전한 감시 기능을 가진 제3세력이 필요하다. 시민 단체, 언론, 조직 내 고발자 등 정의와 공정성에 대한 높은 의식을 지닌, 우리 사회의 개개인들이 예리한 눈을 뜨고 있어야 한다. 그리고 그들의 의견과 정보가 널리 퍼질 수 있고 세상에 노출되고, 힘을 응집시킬 수 있는 인프라가 구축되어야 한다. 그런 면에서 최근 발달한 소셜 미디어나 다양한 목소리의 인터넷 언론사 등은 사회의 투명성, 공정성을 높이는 데 기여를 하고 있다(물론 악의적인 개인이나 집단에 의한 악성 루머, 사생활 침해 등의 문제도 발생한다. 어떠한 현상에는 이중적인 특성이 공존한다는 것을 인정하자).

재미있는 것은 이러한 공정성, 투명성을 높이는 인프라들도 결국 기업들이 만들어낸다는 것이다. 기업의 부패, 이를 막기 위한 사회적 정치적 감시, 이를 주관하는 집단의 부패, 또다시 부패를 감시하는 또 다른 세력들, 그리고 이 세력의 활동 기반이 되는 인프라 및 서비스는 다시 기업의 역할로 돌아오는 순환적인 생태계다. 각 생태계를 담당하는 우리 모두가 이러한 과정을 이해하고 각 단계에서 자신의 역할을 충분히 다할 수 있어야 한다.

⑥ 안 되면 될 때까지! 관심을 끈을 놓지 마라

기업과 같은 시대, 환경, 사회를 공유하면서 살아가는 우리들의 가장 중요한 책임은 무엇일까? 착하게 성공한 기업에 대해 아낌없는 지원과 신뢰를 보내지만 그 진정성에 대한 의문과 관심의 끈은 놓지 않는 것이다. 문제가 해결되리라는 막연한 믿음, 또는 해결되지 않으리라는 불신과 체념, 그 양극단의 태도 모두가 결국 문제를 바로잡아야 할 기회를 놓치게 만든다.

미국식 자본주의에 익숙한 한 재미교포와 토종 한국인이 만났다.
"한국 재벌은 망해야 해요."
교포가 말했다. 그는 미국에서 태어나 30여 년을 살았다. 청년기에 한국에서 10년 정도 살다가 미국으로 돌아가 실리콘밸리에서 일하고 있는 엘리트였다.
"망하면요? 당장 그 기업에 다니는 사람들과 그 가족들, 공급 업체와 그 직원들은 어쩌고요?"
한국인이 반문했다. 그는 한국에서 태어나고 30여 년을 자랐으며 유럽에 유학을 다녀온 토종이었다.
"재벌 망해도 한국은 안 망해요. 대체할 수 있는 더 좋은 기업들, 창의적인 기업들이 나타날 걸요. 일자리도 생길 것이고, 다들 새 직장을 찾아야죠."
"기업이 그렇게 하루아침에 생기고 성공하는 것은 아니잖아요."
"그렇게 생각하니까 재벌이 안 망하는 거예요. 두려워하니까. 망하면 오히려 창의적인 기업들이 더 많이 생길 수도 있어요."
"그럴 수도 있지만 그 과정에서 겪는 시간, 비용과 사람들의 고통은 어쩌고요? 기업에서 일하는 사람들이 그렇게 쉽게 다른 직장을 잡고, 사회가 그렇게 쉽게 대체 일자리를 만들어낼 수가 있다고 보세요? 기업 하나가 망했을 때 사회적으로 얼마나 큰 불행이 생기는지, 한국은 외환 위기 때 이미 경험했어요."

"취업할 능력이 없으면 살아남기 위해서라도 새로운 능력을 키우게 되겠죠. 스스로 경쟁력을 키워서 돈을 버는 게 자본주의의 룰인데. 그리고 그런 고통을 겪고 나면 더 좋은 방향으로 발전할 수도 있죠."

"모든 사람이 다 능력이 같은 게 아닙니다. 노력해도 똑같이 능력을 키울 수 없는 사람들도 있어요. 게다가 세계적인 기업을 일궈낸 피와 땀, 시간을 그렇게 쉽게 버릴 수는 없다고 생각해요. 잘못된 것은 잘못된 것이고 잘한 것도 있다는 것은 인정을 해야죠. 자원도 없고, 기술도 없는 작은 나라 한국을 이 수준까지 끌어올린 한국 기업인들과 직장인들의 열정과 근성, 머리 나는 그 모두가 대단하다고 생각합니다."

"한국인과 한국 기업이 특별히 대단하다는 것은 당신의 민족주의적인 착각입니다. 미국에 똑똑하고 열정적인 사람들이 더 많아요. 훌륭한 기업들도 비교할 수 없이 많고."

"그거야 땅도 넓고 사람도 많은 데다가 자원, 자본 다 풍족한 상황이었고 우리는 열악한 환경에서 시작했잖아요. 전쟁을 겪고 폐허밖에 없었는데."

"그렇게 봐준다면 재벌들이 부패하고 한국 국민들을 이용하는데 어떻게 해결할 겁니까? 한국인들이 행복해요? 아니면 삶이 풍족하기를 해요? 미국에서는 훨씬 싼 현대자동차를 왜 한국인들은 더 비싸게 사야 하는데요? 한국 일반인들의 삶의 질이 미국보다 낮은 것도 대기업들이 누리는 특권 때문이라고요."

"무조건 해체하거나 망하게 하는 것보다 변화시키는 게 사회적인 충격을 줄이는 더 나은 방향이 아닐까요?"

"그게 그렇게 쉬웠으면 벌써 했겠죠. 왜 이러고 있겠어요?"

그렇다. 우리는 이러지도 저러지도 못하는 상황에 빠져 있다. 바꾸고 싶지만 쉽게 바뀌지 않기 때문에 '차라리 해체시키자, 망해야 한다'라는 극단적인 주장도 나온다. 하지만 위의 대화에서 교포가 말한 미국식 자본주의의 극단적 해결법은 실업의 고통, 사회 경제적 영향, 잘못될 수 있는 결과에 대한 대안도 고통받을 약자에 대한 배려도 없다.

중요한 것은 사회를 위해서라도 기업들이 더 개선된, 좋은 방향으로 가야 한다는 것이다. 그리고 우리 모두가 이러한 변화, 방향성에 힘을 실어 줘야 한다. 재벌이나 대기업 해체가 능사가 아니다. 더 낳은 해결의 가능성에 대해 열린 태도를 견지하자. 단순히 '재벌은 다 망해야 돼'와 '발전을 위해서는 자유가 최고야' 같은 과잉 단순화된 논리에서 벗어나는 한편 대안 없는 비판에서도 벗어나자. 결국 기업을 움직이는 것은 모두 인간의 역할이다. 그것을 바꿔야 할 의무와 책임도 우리에게 있다. 쉬운 비판보다는 '어떤 방향으로 가야 하는가'를 고민하고 '어떻게 나의 힘, 재능, 열정을 기업이 더 좋은 방향으로 발전하는 데 보탤 수 있을까'를 고민하는 것이 더 유익하다.

또한 항상 결과를 지켜보고 잘못된 결과에서 끝나지 않도록 관심을 유지하는 것이 중요하다. 대중은 결과에 무심하다. 삼성전자, 현대차 오너들이 내놓은 수천억 원 기부금이 어디에, 어떻게 쓰였는지 알고 있는 사람이 몇이나 될까? 그것이 효과적으로, 제대로 쓰였는지 관심을 갖고 평가하는 사람들은 어디에 있는가? 기부 발표만 관심을 끌지 그 이후는 잊힌다. 온 국민이 관심을 쏟았던 태안 기름 유출 사건이 어떻게 해결됐는지도 고작 4년여가 지났지만 대부분의 대중이 모른다. 이처럼 결과에 신경 쓰지 않는 무심함이 어쩌면 기업들의 '착한 척을 위해 한 번 크게 쓰자'는 식의 한탕주의 할리우드 액션을 부추겼는지 모른다. 무심함에 빠진 사람들의 주의를 환기하는 것은 언론의 역할이기도 하지만 대중 스스로의 역할이기도 하다. 또한 기업의 역할이자 정부의 역할이다. 무심하게 넘어가지 않도록 하는 것은 더 나은 자본주의의 발전 방향을 고민하는 우리 모두의 의무이자 역할이다.

"그 영화 보는 내내 너무 불편했어. 막 분노가 치솟더라고."

2011년 이 사회를 달군 최고의 이슈 중 하나는 '도가니' 사건이었다. 영화를 본 사람들은 "너 그 영화 봤니?"로 대화를 시작했다. 언론도 들끓으니 영화를 안 본 사람들은 입 소문 때문에라도 "도대체 어떻길래?" 하며 영화를 보러 갔다. 관객이 450만 명을 넘어섰다. 이 영화 하나로 억울하게 묻혔던 광주 인화학교 장애인 성폭행 사건이 6년이 지난 시점에 다시 조명됐다. 영화가 일으킨 대중의 관심과 분노, 해결 촉구의 목소리가 너무 큰 나머지 정부와 사법부마저 다시 사태 해결에 발 벗고 나섰다. 결국 아동·장애인 성폭력 범죄에 대한 처벌을 강화하는 '도가니 법'이 제정되고 가해자 중 한 명에게 검찰 구형보다도 높은 12년형의 중형이 내려졌다. 잊힐 뻔했던 사건이 해결의 실마리를 다시 찾게 된 것은 그 사건에 끝까지 매달린 사람들이 있었기 때문이다. 『도가니』라는 소설을 쓴 작가, 이를 영화화 한 감독, 그리고 사건 해결을 위해 뛰었던 교직원 등 이들의 적극적인 관심과 노력이 잊혀 가는 사건을 끝까지 붙잡았다. 마침내 이 관심의 끈을 대중이 함께 부여잡음으로써 문제를 해결할 수 있었다.

문제를 해결하려면 사회 구성원 개개인이 거듭되는 기업 부정과 비리에 둔감해져 가는 인식을 다잡고 더욱 예민해져야 한다. 이는 기업 외부뿐 아니라 내부에서 일하는 사람들도 마찬가지다. 한국의 대중이 지닌 공정성에 대한 높은 욕구는 기업의 잘못된 행동을 감시하고 바로잡는, 더 나은 방법을 찾는 행동으로 분출되어야 한다.

기업에 따뜻한 심장을 심기, 그리고 나의 네 가지 책임

대통령 선거를 앞두고 여야를 떠나 경제 민주화가 최대 이슈로 떠올랐다. '이대로 가서는 미래가 없다'는 위기 의식이 그만큼 크다는 것을 반영한다. 자살률이 치솟고 출산률은 떨어지고, 서민들의 상대적인 박탈감과 궁핍감은 극에 달했다. '불행한 한국인'을 낳은 불공정한 경제구조, 극단적인 경제 양극화는 성장 위주의 정책이 공공의 선을 실현하는 데 실패했다는 것을 적나라하게 드러냈다.

최근 우리 사회에 불고 있는 기업의 사회적 책임, 지속 가능한 경영, 자본주의 4.0의 붐은 모두 잘못되어 가는 경제, 사회 현실에 대한 치열한 반성과 방향성 찾기의 산물이다. 하지만 이러한 자기반성과 사회적 요구도 기업의 가치관을 근본적으로 변화시키지 못하면 헛수고가 된다. 막대한 돈을 착한 일에 쓰면서 나쁜 방식으로 비즈니스를 벌이는 자기 분열적인 기업들, 착한 척하는 기업들이 여전히 시장을 주도할 것이다. 지난 수세기 동안 수많은 기업들이 그러한 역사를 되풀이 해 왔듯 말이다.

기업과 자본주의의 근본 정의, 가치관을 다시 세우는 일, 기업과 기업인들로 하여금 스스로 이 사회에서 더불어 사는 인간으로서, 인간의 마음을 받아들이고 그에 맞는 책임감과 양심을 갖게 하는 일은 이제 우리 사회의 가장 중요한 화두가 됐다. 하지만 결국 이 모든 논의는 '기업'과 '그들'에서 시작해 '나'와 '우리'의 문제로 돌아온다. 내가 이러한 총체적인 문제, 거대한 전체 시스템을 이루어가는 요소이기 때문이다. 기업을 운영하는 나, 기업에서 일하는 나, 기업이 만든 물건과 서비스를 사는 나, 기업에 투자하는 나, 기업에 관한 정책과 제도를 만들고 이를 집행하는 나, 기업의 행동을 감시하는 나, 새롭게 기업을 창조하는 나인 것이다. 우리는 앞으로 기업과 경제의 거대한 변화, 무수한 '모범 답안'을 만들어낼 수 있는 존재다. 각자가 행동하는 창의적 인간의 역할을 해야 한다. 미래에 대한 긍정적인 상을 그리고, 그러한 상을 현실로 만들기 위해 행동함으로써 현실을 주도해야 한다. 내가 속한 자리에서 기업의 외적인 동기와 내적인 동기를 강화하는 활동에 직접 참여해야 한다. 이렇게 개개인이 하나의 방향성을 향해 힘을 합칠 때 우리 사회의 기업과 사회가 동시에 변화하고, 그로써 앞으로 나아갈 수 있다.

이 시대를 사는 내가, 우리가 기업에 따뜻한 심장을 심기 위해 담당해야 할 가장 중요한 역할과 책임은 무엇일까?

첫째, 관심을 가져라. 착한 기업 신드롬에 가려진, 이면에 감춰진 문제를 제대로 감시, 인식하고, 의문을 품고, 기업과 사회에 관심을 갖는 것이 출발선이다. 착한 행동으로 인해 근본적인 문제들을 못 보는 순간, 착한 기업의 흐름은 단지 유행이 되고 만다. 앞서 살펴본 기업과 경제 이념의 역사를 떠올려 보자. 착한 기업 붐은 역사적으로 되풀이되어 왔다. 기업에 대한 규제가 강해지면 몸을 숙이고 착한 일을 하다가도 자유화의 흐름에 편승해 또다시 탐욕의 고개를 드는 방식으로 말이다. 본질적인 문제를 해결하지 못하면 시대적 변화에 따라, 정책의 주도권을 누가 쥐느냐에 따라 또다시 부패를 키우고, 나쁜 방식으로 성장하는 기업들이 나타날 수 있다. 이 경우 기저에서 커진 문제가 곪아서 터져야 표면으로 불거져 나올 것이다. 그러면 그 고통과 상처를 또다시 그 기업과 세상을 공유하며 살아가는 대중들이 뒤늦게 책임져야 한다. 기업의 부패에 대중이 민감해질수록, 저항이 심할수록, 정부가 나서 사정의 고삐를 쥘수록 나쁜 기업들은 몸을 숙이고 행동을 바꿨다. 궁극적으로 대중의 소비와 지지를 기반으로 이익을 내고 성장해야 하는 것이 기업이기 때문이다. 그래서 문제의식을 우리 모두가 공유하고 이 문제를 해결하기 위해 민감하게 반응하는 것이 중요하다. 착한 행동에는 아낌없이 지지를 보내며 나쁜 행위에 대해서는 철저하게 파헤치고 반발하는 내가 되어야 한다. 착한 행위로 나쁜 짓을 덮지 못하도록 눈을 똑바로 떠야 하는 것도 나의 몫이다. 기업과 사회의 리더들은 이러한 대중들의 인식을 소통을 통해 파악하고 명확하게 공론화하는 작업, 해결의 방향성을 찾고, 대중의 앞에서 이끌고 뒤에서 밀어 주는 적극적인 역할을 해야 한다.

둘째, 문제 상황을 '바꾸고 싶다'는 욕구와 더불어 '바꿀 수 있다'는 자신감을 가져야 한다. 한국 사회에서 대중들의 바꾸고 싶다는 욕구는 강하지만 자신감은 많이 떨어져 있다. 나 스스로에게 물어보자. 조직의 잘못된 현실에 대해 '노No'라고 목소리를 낼 수 있는가? 어떤 일이든 누가 시키지 않아도 스스로 바꾸기 위해 먼저 나서는가? 지금 우리에게는 용기와 적극성이 있는 '나'가 필요하다.

하버드 대학교의 공부벌레들이 보여 준 용기 있는 모습은 우리의 현실을 돌아보게 한다. 신자유주의 경제학자이자 『맨큐의 경제학』이라는 베스트셀러로 유명한 맨큐Greg Mankiw 교수 경제학 강의는 약 700여 명의 학생이 수강하는 하버드 대학교의 대표적인 인기 수업이었다. 그런데 2011년 겨울 어느 날, 수업이 시작하자마자 약 70여 명의 학생들이 자리를 박차고 우르르 교실을 빠져나갔다. 이들은 수업 전에 편지를 통해 공개적으로 수업 거부 의사를 밝혔다.

"(교수님이 가르치는) 편협한 경제학 수업의 시각은 경제적 불평등이 만연한 비효율적이고 문제적인 오늘날의 사회 시스템을 영속화할 것이라고 믿습니다. 경제학 연구가 정당성을 얻으려면 경제학적으로 단순화된, 각기 다른 모델들의 혜택과 오류들에 대한 비판적인 토론이 포함되어야 합니다. 하지만 교수님의 수업에는 (주류) 경제학에 대해 대안적 접근을 알 수 있는 1차적 자료들도, 논문도 없습니다. 맨큐 교수님의 보수적인 경제학이 편협한 시각의 하버드 졸업생들을 배출해냈고 이들이 전 세계 금융기관, 정책기관에서 중요한 역할을 함으로써 지난 5년간 경제 위기를 가져왔습니다. (……)

우리는 월 스트리트 반대 시위에 동참하기 위해 교실을 떠납니다."
 이들은 졸업 후 '하버드'라는 간판으로 자신들이 얻을 수 있는 좋은 직장의 특권에 안주하지 않았다. 사회를 위한 대안을 촉구하고, 고민하고, 행동했다. 이들의 모습은 전 세계적인 반향을 일으켰다. 문제를 자각하고 비판할 수 있는 독립적인 시각, 현실을 바꾸기 위해 행동으로 나서는 용기와 양심이 살아 있는 젊은이들의 모습이었기 때문이다.
 이 기사를 보고 문득 대기업에 취업하기 위해서 학점과 자격증 취득에 매진해야 하는 한국의 젊은이들이 떠올랐다. 등록금, 학점, 취업이라는 현실에 억눌려 자신의 목소리를 잃은 우리의 젊은이들, 이들이 주체적으로 행동할 수 있는 자신감은 어떻게 되살려야 한단 말인가? 팍팍하고 불안한 삶에 찌든 사회적 현실이 기업의 잘못된 시스템과 부패에 복종하고 돈, 안정된 직장 등의 특권을 위해 부패에 마저 충성하는 직장인들을 만들어낸다. 이 상황에서 기업의 근본적 변화는 결코 이뤄질 수 없다. 우리가 기업의 변화뿐 아니라 사회적 시스템, 그 구성원 개개인의 의식의 변화를 함께 이끌어내야 하는 이유도 여기에 있다. 이 모든 것이 순환하고 연결되어 있는 거대 생태계이기 때문이다. 무력한 개인을 낳는 현실을 변화시키기 위해서도 나 스스로의 자각과 노력이 먼저다. 이와 함께 정부와 정치 지도자들은 물론 기업들도 사회적인 의식 변화를 위해 나서야 한다. 경제와 사회, 기업의 변화는 의식과 양심이 건강한 개인들, 생각과 의견이 살아 있는 대중이 있어야만 가능하기 때문이다.
 셋째, 직접 참여하라. 선거를 통해 보다 공정한 규칙을 세우고 집행할 수 있는 정치인을 뽑는 행동에서부터 여론 형성, 선거에 동참해 부패한 정치인을 축출하는 일도, 불공정한 법안에 반대하거나 새로운 법안을 촉구하는 일도, 착한 기업의 제품, 좋은 방식으로 생산된 제품을 장바구니에 담는 그 작은 실천도 모두 기업의 변화, 더 나아가 경제, 사회의 변화를 이끌어내는 나의 행동이다. 더 나아가 내가 몸담고 있는 기업에서 나부터라도 바꾸기 위해 창조적으로 일하는 것, 조직의 부패에 동참하지 않는 것 또한 변화를 위한 적극적인 행동이다. 우리는 진정성 있는 착한 기업만이 살아남을 수 있는 환경을 만드는 데 동참해야 한다. 그럼으로써 더 많은 기업이 양심과 책임감, 사회적 진보와 환경적 대안에 대한 자발적인 열망을 느끼고 강화하게끔 만들어야 한다. '행동하는 나'의 마인드를 가져야 한다. 스스로 시스템에 굴종하는 무력한 마인드, 기업에게 책임을 전가하고 비난만 하고 앉아 있는 비겁함을 버려야 한다.

넷째, 끝까지 포기하지 마라. 안 되면 될 때까지 매달려야 한다. 우리 모두가 '나 하나로부터 변화는 시작될 수 있다'는 자신감과 희망을 갖고 끝까지 포기하지 말아야 한다. 이 모든 시스템을 바로잡을 책임도, 힘도 '나'와 '우리'에게 있다. 아니타 로딕 여사처럼, 이나모리 회장처럼, 유일한 박사처럼, 박태준 회장처럼, 유누스 박사처럼, 빌 게이츠처럼 우리는 끝까지 가야 한다. 이들이 평생 동안 지키고자 했던 기업과 사회를 움직이는 주체로서의 책임 의식, 바른 행동에 대한 개인적인 신념, 함께 잘사는 더 나은 세상과 내일에 대한 꿈은 기업의 상을 바꾸고, 신성한 정신과 따뜻한 마음을 비즈니스에 불어넣을 수 있었다.

결국 사람이 모든 열쇠를 쥐고 있다. 나부터가 책임 의식과 함께 공동체를 생각하는 큰 생각을 바로 세워야 한다. 그리고 이러한 의식에 맞게 일관적으로 행동할 때 진정성 있는 착한 기업이 더 많이 태어나고, 이 땅에 뿌리내릴 수 있다. 기업과 같은 사회, 환경을 공유하며 살아가는 나에게는 기업을 변화시킬 책임이 있는 것이다. 나는 인간과 기업이 지닌 그 긍정적인 능력과 변화의 가능성에 한 표를 던진다.

'일곱 빛깔 무지개' 관념에서 벗어나기

⋮

영국의 트라팔가 광장 앞에 있는 내셔널 갤러리National Gallery에는 전 유럽에서 모인 엄청나게 많은 그림들이 걸려 있다. 13세기부터 20세기 초에 걸친 수천 개의 작품을 따라가다 보면 어릴 때 미술책에서 본 낯익은 그림들과 종종 마주친다. 설명을 읽어 가며 하나하나 자세히 감상하려면 며칠이 걸린다. 넋 놓고 구경하다 길을 잃기도 쉽다.

'얀 반 아이크Yan Van Eyck의 〈아놀피니의 결혼식〉을 꼭 봐야지.'

런던에서 살던 무렵, 나는 대학교 시절 미술사 시간에 배운 이 작품이 너무 보고 싶어서 처음부터 각오를 하고 갔다. 그림에 담긴 스토리를 내가 직접 확인해 보고 싶었다. 그런데 도중에 번번이 다른 그림들에 한눈을 파느라 한참 시간을 보내게 됐다. 한참 그림을 보다 다리 아프고 지치게 되면 '그 그림은 다음에 와서 보자'며 집으로 돌아왔다(영국은 큰 미술관, 박물관이 대부분 무료 입장이라서 부담 없이 여러 번 갈 수 있다. 문화와 예술을 사랑하는 관광객에게는 천국이다). 결국 다섯 번째 찾아갔을 때야 그 작은 그림 하나를 기어이 볼 수 있었다 여러 번, 습관적으로 가다 보니 대략 어느 그림이 어디쯤 있는지 알게 되었다. 그리고 처음에는 무심하게 지나쳤던 흥미로운 광경도 인식하게 되었다.

시대별로 나눠진 방들 중에서 항상 유독 사람들이 바글바글 모여 있는 방이 있었다. 입구에서 가장 가까운 곳, 바로 모네, 고흐, 르느와르, 세잔, 쇠라 등 인상주의 작가의 유명 작품들이 걸려 있는 방이었다. 아마 달력이나 각종 팬시 제품에서 고흐의 〈해바라기〉나 모네의 〈수련〉쯤은 많이 봤을 것이다. 이미지가 여기저기서 친근하게 자주 사용되다 보니 '한국인이 가장 좋아하는 것이 인상주의'라고도 한다. 내셔널 갤러리에서 보니 인상주의를 사랑하는 것은 외국인들도 마찬가지였다. 그런데 이렇게 대중의 인기를 누리는 인상주의야 말로 서양 미술사의 한 획을 그은 혁명적인 사조였다.

무지개는 몇 가지 색일까? 초등학교를 졸업한 대부분의 사람들은 일곱 가지라고 답한다. 우리는 무지개가 빨주노초파남보 일곱 가지 색이라고 '배웠기' 때문이다. 그러한 배움을 받아들이는 순간 아이들은 어느새 일곱 가지 색의 무지개를 미술 시간에 그려 대기 시작한다. 결국 배움에 의해 단순화된 생각이 다른 색들의 가능성을 아예 고려조차 안 하게 만드는 것이다.

사실 무지개를 구성하는 색은 엄청나게 많다. 빨간색과 주황색 사이에는 무수한 종류의 다홍색이 있고, 노란색과 초록색 사이에는 무수한 연두색의 점이지대가 존재한다. 자연 속의 색상과 사물은 실제로는 명확히 선으로 경계가 나눠져 있지 않다. 무지개를 일곱 가지 색으로 쪼갠 것은 인간의 관념이 만든 착각이지 신이 아니다. 경계선이란 인간의 편의에 의해서 나눠 놓은 임의적인 기준이라는 뜻이다. 우리의 인식이, 단순화 경향이 만들어낸 편리한 분류일 뿐이다.

색과 선에 대한 고정관념에 도전한 것이 모네, 르누아르 등이 이끈 인상주의였다. '무수한 빛의 입자에 의해 보이는 사물은 실상 경계선이 없다'는 혁명적인 생각에서 출발했다. 모네와 르누아르의 그림을 들여다보면 다양한 색상의 빛을 점으로 찍듯이 해서 흐릿한 경계의 형태를 만든다. 빛의 순간적인 변화에 따라 보이는 사물의 모습을 그대로 그린다는 의도에서다. 원근법의 정형화되고 짜인 구도에서 벗어나 마치 스냅사진을 찍듯 부분적이고, 삐뚤어지고, 자연스러운 일상적인 현실을 캔버스 가득 그려 넣는다. 더 이상 눈을 살포시 뜨고 예쁜 척하며 관람객을 바라보는 황금 비율의 비너스는 없다. 식스팩의 아폴로도 주인공이 아니다. 완벽하게 붉고 동그라며 반짝이는 사과가 테이블에 완벽한 구도로 역시나 완벽하게 아름다운 바나나, 오렌지 등과 조화롭게 진열되지도 않는다. 풍경화에서 강조되는 원근법의 소실점도 없다. 이러한 고전 회화의 이상화·관념화된 아름다움의 묘사를 벗어나 자연의 빛에 의해 순간적으로 변화하는 현실과 있는 그대로의 인상, 감각에 충실하고자 했던 인상주의는 초기에 엄청난 조롱과 비난을 받았다. 너무나 낯설고 투박한, 삐뚤어지고 비례도 안 맞는, 이상한 색채의 '못생긴 그림'이었기 때문이었다. '이게 그림이야? 말도 안 돼. 나도 저 정도는 그리겠네.' 사람들은 비웃었다. 사실 인상주의라는 이름도 한 비평가의 비아냥에서 따온 것이다.

하지만 이 '못생긴 그림'들이 현대 미술의 기원이 됐다. 거친 붓터치와 다양한 색채, 뒤틀어진 구도로 이뤄진 고흐의 강렬한 후기 인상주의 작품들부터, 원근법과 단일 시점을 파괴한 피카소의 입체주의 등은 이러한 창조적인 실험으로부터 나온 위대한 현대 미술이다. 인상주의는 회화를 넘어 조각, 문학, 음악 등에도 영향을 미쳤다. 드뷔시와 라벨 등이 대표적인 인상주의 작곡가로 꼽힌다. 예술의 전 영역에서 관념과 이론의 파괴, 그리고 창조력과 상상력, 현실적인 감각의 무한한 실험이 시작됐다. 이처럼 기존 관념을 깬 창조적 파괴는 시대의 흐름을 바꾸고 새로운 위대함, 새로운 역사를 낳는다.

'인간은 합리적인 이기심을 지닌 존재, 기업은 이익을 추구하는 자본의 운용 단위, 이기심이 모두의 이익을 가져온다.'

이처럼 단순한 고전 경제학의 정의도 결국 '일곱 빛깔로 단순화된 무지개'의 관념일 뿐이다. 이제 시시각각 변화하는 경제적 현실의 빛을 인식하고 관념을 새롭게 뒤집어 보자. 이렇게 제대로 보기 시작할 때 역사를 바꾸고 시대의 흐름을 바꿀 엄청난 창조가 시작된다.

나는 창조적인 자본주의가 단지 한 번의 유행이 아닌, 인상주의처럼 새로운 시대 흐름을 낳는 결정적인 전환점이 될 수 있을 것이라고 믿는다. 경제 이론과 관념의 전환, 기존 비즈니스 방식과 기업에 대한 개념 파괴, 그리고 창조적이고 과감한, 다양한 경제 실험을 이끌어내고 정착시키는 데 마침내 성공할 경우 말이다. 그 신선함과 큰 의미를 대중이 인정하고 받아들이게 되는 순간 새로운 흐름은 경제의 양상과 역사를 바꿀 것이다. 이러한 시도가 성공하게 된다면 새로운 사조에 동참하는 기업들도 인상주의 다양한 작품들처럼 결국에는 대중의 사랑과 인기를 얻게 되지 않을까? 고흐, 르느와르, 피카소의 작품들이 우리에게 새로운 미적 시각과 감동이라는 최고의 가치를 선사함으로써 시공을 초월한 사랑을 받게 되었듯 말이다. 이렇게 새롭게 사랑받는 기업들과 이를 사랑하는 대중이 어우러질 때 변화는 현실이 될 수 있다. 혼자 꾸는 꿈은 그저 꿈일 뿐이지만 함께 꾸는 꿈은 현실이 된다고 하지 않았던가. 이러한 현실에서 기업은 경제 영역의 경계를 넘어 사회와 환경을 변화시키고, 시간의 경계를 넘어 우리의 미래 모습까지도 바꿀 수 있을 것이다. 더 많은 사람들이 깨끗하고 풍요로운 환경에서 더불어 행복하게 잘 사는 모습으로.

:: 에필로그 ::

변화의 열쇠는 우리가 쥐고 있다

"저가 항공이라 황당한 일 종종 생겨. 원래 엉망이야."
"워낙 소비자 불만도 많지만 잘 안 고쳐져. 상대해 봤자 시간 낭비야. 나도 지난번에 정말 화나는 일 겪고 항의했는데, 어쩔 수 없다며 발뺌하더라고."
이지젯 사건 이후 유럽인, 아시아인 가릴 것 없이 주변 사람들은 말했다.
유럽은 비행기로 한두 시간 정도면 대부분의 주요 국가를 여행할 수 있을 정도로 가까이 붙어 있다. 때문에 근거리 여행용 저가 항공사가 많고 많은 사람들이 이용한다. 이지젯은 유럽 시장 최대 저가 항공사 중 하나다. 저가 항공사들은 싼 가격, 단순화된 서비스, 잦은 운행, 많은 취항지 등을 바탕으로 고객을 모아 돈을 번다. 그런데 당시 내 경우 편도 비행기 티켓 값보다 호텔비가 더 많이 나온 상황이었다. 배상을 안 하는 게 당연히 기업에 이익이다. 그러다 보니 어떻게 해서든 발뺌을 하려 했던 것이다.
이지젯 고객센터의 무책임한 응답 후 나는 살짝 고민에 빠졌다.

'호텔비도 많지 않고, 시간 아깝고, 귀찮은데 그냥 넘어갈까?'

그런데 그럴 수가 없었다. 몇 가지 본질적인 문제가 남아 있었다.

첫째, 분명 그날 아시아 승객들에게만 차별적인 출국 수속 절차를 요구했다. 추후 다른 아시아인들도 이런 차별적인 절차로 인해 비행기를 놓치게 된다면 중요한 순간에 큰 불이익을 당할 수 있다.

둘째, 그 경우 승객의 피해에 대해 이지젯은 똑같이 무책임하게 무마할 것이다. 외국인이라서 법적 또는 시스템적인 절차도 모르고 언어도 자유롭지 못하니 번거로워서 그냥 포기하리라고 여길 것이다.

셋째, 드골 공항의 프랑스 직원들은 사과하지도 않았다. 아시아인에게는 그래도 된다고 생각한다면 앞으로 많은 고객들이 나처럼 불쾌한 경험을 할 것이다.

나쁜 선례를 남기고 싶지 않았던 나는 끝까지 문제에 매달리기로 했다.

'나는 당신들의 배상 거부를 못 받아들이겠습니다. 다시 검토해 주세요. 그리고 서비스 담당자의 사과와 사건의 재발 방지 약속을 원합니다.'

답 메일을 보냈다. 약 4회 정도 더 항의 이메일을 주고받았지만 회사 측 대답은 한결같았고 내 대답도 한결같았다. 입장 차이를 좁힐 수가 없었다. 더 나아가 이지젯 측에서는 이후 응답조차 하지 않았다. 3주가 지나도 답이 없자 내가 다니던 학교 측이 제공하는 무료 법률 상담 서비스를 찾았다.

두 명의 영국인 변호사들은 내 설명을 듣고는 함께 어이없어 하며 말했다.

"정말 무례하고 말도 안 되는 행동이네요. 이대로 포기하지는 마세요."

변호사들이 몇 가지 안을 제시했다.

첫째, 불공정한 조치에 대해 서면으로 항의한다. 우선 사건의 개요를 시간별 순서로 나눠서 상황을 자세하게 적고 문제가 무엇인지, 그에 대해 이지젯에 요구하는 것이 무엇인지를 쓰라고 했다. 그리고 문서 마지막에 '2주 안에 응답을 하라'는 내용을 꼭 넣으라고 했다. 문서가 작성된 후 '등기우편'으로 고객센터에 보내고 응답을 기다린다.

둘째, 그들이 또다시 배상을 거부한다면 항공, 여행 관련 소비자 기관인 CAA_{Civil Aviation Authority}에 불만 사항을 접수하라. 이 경우 잘못이 발견되면 CAA에서 업체 측에 시정 명령을 내린다. 하지만 권고성이라 법적 강제력이 없다는 단점이 있다.

셋째, 소송은 하지 마라. 시간과 돈이 많이 들어가고 결과를 장담할 수 없다. 영국은 소송비가 매우 비싸다.

내가 한 일은 2단계까지였다. 사건 이후 약 1년여 동안 10회 이상의 이메일 항의와 등기우편 항의, 아울러 관계 기관과의 이메일 소통, 개입 등 수많은 노력이 들었다.

그 결과는 어땠을까? CAA의 개입 이후 4개월 만에 이지젯은 호텔비를 배상했다. 배상 이후 CAA 담당자로부터 확인 메일이 왔다.

"이지젯이 당신의 요청을 제대로 수용했습니까? 이에 대해 만족하십니까?"

나는 몇 가지 문제를 관계 기관에 제시했다.

"호텔비는 배상받았습니다. 하지만 저는 이 일로 너무나 많은 시간과 노력을 허비했습니다. 앞으로 이처럼 국적, 인종 등과 관련한 차별이 다시 일어나지 않도록 회사 경영진 측에서 정책적인 대책을 세우게 해 주십시오. 그리고 드골 공항의 직원들에게 서비스 마인드부터 제대로 가르쳤으면 합니다. 그 어떤 직원도 나에게 사과하지 않았거든요."

약 2개월 후 이지젯은 소정의 보상을 추가적으로 하겠다고 먼저 사과 메일을 보내왔다.

말과 행동이 다른 기업의 잘못된 행동을 고치게 할 수 있었던 이유는 네 가지다. 귀찮다고 해서 무책임한 행동을 못 본 척 넘어가지 않았다. 전문성을 지닌 사람들(변호사들)과 해결 방법을 함께 고민했다. 관계 기관도 합세해 시정 요청을 계속했다. 그리고 가장 중요한 것은 모두가 끝까지 포기하지 않았다는 것이다.

우리가 해야 할 첫 번째 행동은 그 현상 이면에 있는 문제의 본질을 똑바로 보는 것이다. 문제를 제기하고 방법을 찾다 보면 해결의 실마리가 보인다. 해결의 실마리를 찾았다면 함께 행하라. 결과를 볼 때까지. 우리가 하는 집단적인 고민, 끈질긴 노력, 단합된 행동은 문제들을 마침내 해결할 수 있게끔 도와준다.

기업의 변화와 관련한 모든 열쇠는 결국 우리들이 쥐고 있다. 자물쇠를 여는 일, 새로운 기업상을 세우는 일을 결코 포기해서는 안 된다.

:: 감사의 글 ::

최근 '힐링healing'이라는 말이 주목 받고 있다. 책, TV 프로그램, SNS, 음악, 여행지……. 어디서든지 힐링을 구하는 사람들이 넘쳐난다. 왜, 어디가 아파서 다들 치유에 이렇게 목말라 하는가?

우리가 무엇인가에 집착할수록, 무엇인가 하나만을 얻기 위해 채찍질하고 내달릴수록 사람들은 그 하나가 아닌 수많은 것을 잃게 된다. 이제 사람들은 탐욕, 이기심을 기반으로 한 경쟁이 낳은 피로감, 이기심을 만족시키지 못했을 때 그 채워지지 않은 욕망이 만들어내는 박탈감에서 벗어나고 싶어한다. '우리 정말 이렇게 살아야만 하는 걸까?' '정말 이기심 밖에 방법이 없는 것일까?' 경제성장, 이익만 보고 달려온 지난 시간 동안 우리는 이기심이 낳은 수많은 부작용을 무시했다. 이제 눈을 떠보니 불행한 사회, 팍팍한 경제적 현실이 우리를 짓누르고 있다. 얼마나 잘못된 현실인가? 그래서 사람들은 이 불행을 치유하고 싶어 한다.

사람뿐 아니라 기업도, 경제도 힐링이 필요하다. 결국 '착한 기업'은 이기심의 험한 부작용을 보게 된 사람들이 찾은 새로운 방향성이다. 이익의 압박만으로 앞만 보고 달려온 기업들의 영혼의 때를 벗겨내는 일, '나'뿐 아니라 더 넓은 시야로 자신이 발 딛고 있는 세상도 보게 만드는 일, 그 근본의 이타심이 왜 필요한지 스스로 깨닫게 하는 일. 그것이 우리가 해야 하고, 또 할 수 있는 일이다. 진정한 힐링은 스스로를 돌아보고, 무엇이 잘못되었는지를, 그 아픔의 근본을 깨닫는 데서 시작된다.

"이런 책도 필요하다는 게 저희 측 입장입니다."

출판을 결정했다는 21세기북스의 대답을 듣고 웃을 수밖에 없었다. 너무나 솔직하고, 그리고 정확한 대답이었기 때문이었다.

사실 무엇인가를 비판한다는 것, 입바른 소리를 한다는 것은 참 불편한 일이다. 나도 단점이 많은 인간인데 누구의 잘못을 입에 올린단 말인가? 게다가 희망적이고 긍정적인 면을 이야기하고 쓰는 것이 더 신나고, 책을 읽을 때도 마찬가지다. 대부분의 사람들이 책을 덮고 난 후의 희망 찬 느낌, 세상이 아름다워 보이는 그 기분을 즐기기 때문이다. 우울하게 왜 굳이 나쁜 면을 찾아본단 말인가? 요즘처럼 피곤하고 팍팍한 세상에는 좀 더 좋은 이야기, 힘나는 이야기, 행복한 이야기가 더 많아졌으면 좋겠다. 그런 이야기를 많이 썼으면 좋겠다.

그럼에도 불구하고 내가 이 책을 쓰고자 용기를 낸 데에는 의무감도 한몫했다. 나는 수많은 기업에서 사회생활을 했다. 이 과정에서 기업들은 나에게 많은 것을 주었다. 나는 소중한 사람들은 물론 경험과 지식을 얻었다. 인생을 살아가는 데 도움이 되는 인내력과 성숙함도 얻었다. 극한의 힘든 상황에서 '왜 일하는가?', '회사는 나는 서로에게 어떤 존재인가?', '어떤 일이 나에게 의미가 있는가?'를 생각하면서 나 자신을 더 잘 알게 되고, 정신적으로도 성장할 수 있었다. 기업은 새로운 기회도 가져다 주었다. 10년간의 사회생활 끝에 행복하게 유학을 갈 수 있었던 것은, 내 지난날의 직장 경험을 인정한 영국 정부의 장학금 후원 덕이었다. 이 장학금은 영국 국민들의 세금과 영국 기업들의 지원이 더해진 것이었다. 결국 나는 기업과 사회로부터 고루 혜택을 입어서 교육받고 지금의 나로 성장한 셈이다. 그래서 내가 기업과 사회에 돌려줘야 할 뭔가가 있다는 의무감이 생겼다. 내가 존경하는, 책에서 밝힌 성공적인 기업인들이 느꼈던 것도 이런 사회적인 의무감이 아니었을까? 어렴풋이 짐작해 본다. 지금 기업에는 변화가 필요하고, 그 변화가 긍정적인 방향을 향해야 한다는 믿음이 그 의무감 속에 깔려 있었으리라고. 옳다고 믿는다면 당장은 보기 싫고, 하기 힘든 것들도 담담하게 마주해야 한다는 것을. 어쩌면 출판사나 나도 같은 생각이었는지 모른다. 이제는 한국의 사회와 기업들이 근본적인 변화를 맞이해야 한다는. 그래서 기업이라는 존재의 불편한 모습, 그 근본을 파헤치는 데서 이 책을 시작했다. 문제를 똑바로 보는 것이 진정한 힐링의 시작이라는 생각에서였다.

항상 느끼지만 다듬어지지 않은 글솜씨로 무형의 생각과 마음속의 열정, 믿음을 제대로 표현한다는 것은 참 어렵다. 원고를 볼 때마다 손대고 싶고, 바꾸고 싶은 생각뿐이다. 내 의도가 제대로 전해질까 걱정도 된다. 그래도 이제는 손을 털어야겠다. 그래야 아이디어가 세상에 빛을 볼 테니. 머릿속 아이디어만으로 이룰 수 있는 것은 없다. 아이디어가 현실이 되도록 행동하자. 그것이 내가 이 책에서 진심으로 전하고 싶은 메시지이기도 하다.

책을 읽은 단 한 명의 독자, 단 한 기업가. 단 한 직장인의 마인드라도 바꿀 수 있다면 좋겠다. 그가 세상을 위해 할 수 있는 일과 스스로의 가치를 깨달을 수만 있다면, 행동할 수 있는 동기가 된다면, 그것이 내가 이 책으로 줄 수 있는 가치라고 위안 삼을 수 있을 것 같다.

나에게 더 넓은 세상과 다양한 현실을 접하게 해 준 내 인생의 모든 직장들, 그곳에서 만난 선배와 동료, 후배들, 새로운 시각으로 현상을 볼 수 있게 해 준 세인트앤드류스 대학교의 모든 사람들과 영국 정부, 디아지오코리아 권수진 부장님, 방인영 선생님께 감사드린다. 눈보라로 인해 히드로 공항에서 발이 묶인 나를 도와준 잔디에게, 런던안착에 도움을 준 소정에게도 고맙다는 말을 전하고싶다. 그 모두가 이 책을 쓸 동기가 됐다. 특히 영국에서의 1년여는 내 인생에 있어 가장 행복했던 배움의 순간이었고, 휴식이었으며, 이제는 잊을 수 없는 멋진 추억으로 남았다. 이 책의 내용 중 상당 부분은 내가 그곳에서 배우고, 느끼고, 생각한 것들임을 밝힌다. 마지막으로 이 모든 것들을 경험할 수 있는 값진 삶을 나에게 준 내 사랑하는 가족, 특히 하늘나라에 계신 아버지께 감사드린다.

주석

1. 전 세계를 충격에 빠뜨린 동명의 다큐멘터리 'The Corporation(2003)'의 원작이 된 책이다. 한국어로는 『기업의 경제학』이라는 제목으로 2009년 번역됐다.
2. 『기업의 경제학』(2009), 조엘바칸 저, 윤태경 역, 황금사자.
3. Fabrizio Ferraro, Jeffrey Pfeffer and Robert I. Sutton (2005) 'Economics Language and Assumptions: How Theories Can Become Self-Fulfilling'. 《The Academy of Management Review》, Vol. 30, No.1 (Jan., 2005), pp. 8-24.
4. 《헤럴드 경제》(2011.08.20) http://biz.heraldm.com/common/Detail.jsp?newsMLId=20110820000007)
5. 《New Zealand Herald》(2011.08.20) http://www.nzherald.co.nz/business/news/article.cfm?c_id=3&objectid=10746219
6. 《경향신문》(2008.11.30) http://news.khan.co.kr/kh_news/khan_art_view.html?artid=200811301903485&code=920100
7. 'BBC' http://www.youtube.com/watch?v=aC19fEqR5bA
8. 『직장으로 간 사이코패스』(2007), 로버트 D.헤어·폴 바비악 저, 이경식 역, 랜덤하우스코리아.
9. Bauman Z(1989), 『Modernity and the holocaust』, Cambridge. Polity Press. 노동의 분화는 개개인을 그들이 하는 행동의 결과로부터 떼어놓는다. 이 경우 기술적 책임이 도덕적 책임을 대체한다. 나치의 유대인 학살을 예로 보자. 독일병정 개개인은 자신의 직무에 충실했을 뿐 범죄에 가담하고 있다는 의식은 없었다. 바우만은 이를 '잡초를 뽑아내는 정원사'에 비유했다. 즉 잡초를 뽑아버리고 화단의 식물들을 잘 가꾸는 것이 정원사의 임무인 것처럼 유대인을 사회에서 제거하는 것이 그들의 임무였던 것이다.
10. Paul du Gay(2000), 『In Praise of Bureaucracy』 Alasdiar MacIntyre의 관료제 비판.관료제는 인간을 목적이 아닌 수단으로 전락시킨다. 경제적 실용주의는 분석의 공통언어를 제공하며 사람을 익명적인 하나의 단위이자 측정 가능한 대상으로 본다.

11. 《시사IN》 112호 (2009. 11.12) '오바마 금융개혁 안에서부터 무너지나'
12. 1933년 미국의 대법원 판결문에 " 프랑켄슈타인이 만든 괴물처럼 기업이 악을 저지를 수 있다"는 표현이 처음 등장했다. (조엘 바칸의 책 참조)
13. 《머니투데이》(2008.01. 21) http://www.mt.co.kr/view/mtview.php?type=1&no=2008012116073963058&outlink=1
14. 《뉴시스》(2008. 12.22) 선박소유자의 책임제한에 관한 법률에 따르면 선박 소유주는 선박으로 인한 손해에 대해 선박의 톤수에 따라 책임제한신청을 낼 수 있다. 이 법에 따라 삼성중공업의 예인선은 50억여 원의 책임 제한 신청을 낼 수 있다.
15. 《매일경제》(2009.03.24) http://news.mk.co.kr/newsRead.php?year=2009&no=182810
16. 《스포츠조선》(2011.11.03) 소비자고발, 《연합뉴스》(2011.12.06) '태안기름유출 4년… 배상은 아직 먼 길'
17. 《New York Times》(2002.01.21) http://www.nytimes.com/2002/01/21/us/enron-s-collapse-politicians-enron-spread-contributions-both-sides-aisle.html?pagewanted=all&src=pm
18. 《National Review Online》 (2008.10.14) http://www.nationalreview.com/articles/225981/krugmans-posthumous-nobel-donald-luskin
19. 《조선비즈》(2012.05.18) http://biz.chosun.com/site/data/html_dir/2012/05/18/2012051801163.html
20. 『기업의 경제학』(2009), 조엘바칸 저, 윤태경 역, 황금사자, pp. 32 재인용.
21. 상동
22. Evan, W. & Freeman R. (1993) 'A Stakeholder Theory of the Modern Corporation: Kantian Capitalism' in Beauchamp T. & Bowie N. (eds.), Ethical Theory and Business, 4th ed. Englewood Cliff's: Prentice Hall
23. 『기업의 경제학』에서 재인용.
24. Hofstede G. (2001), 『Culture's consequences: Comparing values, behaviors, institutions, and organizations across nations』, 2nd ed. Thousand Oaks, CA: Sage.
25. Hofstede G. (2007), 'Asian Management in the 21st Century', Asia Pacific Journal of Management, Vol. 24, pp. 411-420.
26. 『기업의 경제학』(2009), 조엘바칸 저, 윤태경 역, 황금사자, pp. 58-59.
27. 『카르마 경영』(2005), 이나모리 가즈오 지음, 김형철 역, 서돌.
28. 상동 pp. 138.

29. 《한국경제》(2012.02.02) http://www.hankyung.com/news/app/newsview.php?aid=201202027611g

《중앙일보》(2012.02.02) http://article.joinsmsn.com/news/article/article.asp?total_id=7266687&cloc=olink|article|default

30. 《매일경제》(2011.12.14) http://news.mk.co.kr/newsRead.php?year=2011&no=804435

《시사저널》(2008.04.07) http://www.sisapress.com/news/articleView.html?idxno=45859

31. SaKong I., Koh Y., Kim D., et al. (2008) 'The Korean Economy: Six Decades of Growth and Development': Seoul. Korean Development Institution

32. 『나쁜 사마리아인들』(2007), 장하준 저, 이순희 역, 부키.

33. 『대한민국에서 꼭 살아남아야 할 가치기업 9』(2007), 김효순 저, 지식여행.

34. 두산은 외환 위기 직전인 1996년에 철저한 자기 분석을 통해 기업의 위기상황을 간파하고 발 빠르게 잘 나가던 주류사업을 매각한다. 그리고 이후 중공업 분야로 전략 사업을 재편하는 등 사업구조조정에 나선다. 이듬해 외환위기가 닥치자 빚을 내어 사업을 벌이던 수많은 재벌들이 유동성 위기로 무너졌지만 두산은 제 2의 도약기를 맞게 된다.

35. 『화폐전쟁』(2008), 쑹훙빙 저, 차혜정 역, 랜덤하우스코리아.

36. http://www.naeil.com/News/politics/ViewNews.asp?nnum=650744&sid=E&tid=1

37. 《매일경제》(2012.06.04) http://star.mk.co.kr/v2/view.php?sc=41000021&cm=%EB%B0%A9%EC%86%A1&year=2012&no=337524&relatedcode=&category=home

38. 《중앙일보》(2012.06.04) http://koreajoongangdaily.joinsmsn.com/news/article/article.aspx?aid=2953869

39. 'SBS'(2012.07.01).공정거래위원회가 2012년 밝힌 63개 대기업 집단의 지분 구조 보면 삼성그룹의 경우, 계열사가 81개이며 이중 이건희 회장의 지분은 0.52%에 불과하다. 79개 계열사를 거느린 롯데 신격호 회장의 지분율은 0.05%, 현대차그룹의 정몽구 회장의 지분율은 2.08% 이었다. 상위 10대 대기업 집단의 총수 지분율은 올해 처음으로 평균 1% 미만으로 떨어졌다. 이렇게 적은 지분으로 그룹 전체를 지배할 수 있는 건 바로 계열사 간 출자를 통해서다. 삼성을 예로 보면 총수 일가가 지분의 절반 정도를 가진 에버랜드를 시작으로 생명과 전자, 그리고 SDI 등을 거쳐서 다

시 에버랜드로 이어지는 순환 출자 구조를 갖고 있다.

10대 그룹 계열사들이 이런 식으로 소유하고 있는 '계열사 지분율'은 90년대 30% 중반에서 올해는 52.7%까지 높아졌다

40. 『대한민국에서 꼭 살아남아야 할 가치기업 9』(2007), 김효춘 저, 지식여행, pp. 81-89에서 사례 인용
41. 『한국금융연구원 보고서 2007』
42. 《중앙일보》(2012.04.23), '세계의 그린기업 〈상〉 "녹색이 돈" GE CEO 녹색제품으로 850억 달러 벌다'
43. Deborah Doane (2005), 'The Myth of CSR: The problem with assuming that companies do well while also doing good is that markets don't really work that way', 《Stanford Social Innovation Review》, Fall 2005, pp. 27.
44. Christian Aid가 출간한 『Behind the Mask: The real face of Corporate Social Responsibility』에서 인용
45. 상동, Porter & Kramer의 2006년 HBR 기사 Strategy & Society 동시 참조.
46. 『야성적 충동』(2009), 로버트 쉴러 저, 김태훈 역, 랜덤하우스 코리아.
47. Doane. D (2005), 『The myth of CSR』
48. 『기업의 경제학』(2009), 조엘바칸 저, 윤태경 역, 황금사자.
49. 『영적인 비즈니스』(2001), 아니타 로딕 저, 이순주 역, 김영사.
50. 《Financial Times》 http://www.ft.com/cms/s/0/3ca8ec2e-0f70-11de-ba10-0000779fd2ac.html#axzz1vTrYGNcx
51. 《글로벌 스탠더드 리뷰》(2009), '잭웰치의 고해성사', 윤혜임 글, 가을호, pp. 108-109.
52. 《New York Times》(2007.04.29) http://www.nytimes.com/2012/04/29/business/apples-tax-strategy-aims-at-low-tax-states-and-nations.html?ref=business
53. 《머니투데이》(2012.04.06) http://www.mt.co.kr/view/mtview.php?type=1&no=2012040610220728072&outlink=1

《동아일보》(2012.03.31) http://news.donga.com/3/all/20120331/45183474/1
54. 《멀티내셔널 모니터》, 'GE: Decades of Misdeeds and Wrongdoings', 2001년 7-8월호.
55. 글로벌 기업으로서 전세계인들에게 삼성이 어떻게 리포트를 통해 이야기 하고 있는지를 보고자 2000년부터 2010년까지의 영문리포트 내용을 당시 한국에서 일어난 상황을 곁들여서 비교해 봤다.

삼성의 지속가능경영은 1992년 6월 새로운 환경정책을 발표하면서 시작됐다. 당시 공장에서 환경오염물질 배출을 줄이고 사고를 예방하기 위한 차원에서였다. 그리고 2000년에 첫 환경경영 테마 리포트를 발행하기 시작했다. 2000년과 2001년에 EHS리포트(Environment, Health, and Safety의 이니셜을 딴)를 시작으로 2년의 공백기 후에 2004년 '녹색경영리포트(Green Management Report)'로 이름을 바꿔 리포트를 낸다. EHS리포트가 환경문제에 보다 초점을 맞추고 있었던 반면 녹색경영리포트부터는 사회적 웰빙을 위한 보다 넓은 사회적 기여를 감안하고 있다. 이때부터 원원의 개념, 즉 '더 낳은 제품과 서비스를 통해 더 나은 세계를 만든다'는 말이 나오기 시작했다.

삼성은 2004년부터 글로벌 리포트 이니셔티브(Global Reporting Initiative:GRI)가 정한 가이드라인에 따라 3개의 축, 즉 경제적, 환경적, 사회적 측면의 활동내용을 언급하기 시작했다. 이 리포트에서는 그러나 구체적인 수치 데이터 등은 제시되지 않았다. 다만 홍보 자료로서 '우리는 좋은 기업이다' 식의 미사여구가 많았다.

이때부터 기업지배구조에 대한 언급이 처음 나오지만 주요 이슈들은 드러나지 않았다.

56. 《Financial Times》(2005.12.14), 'Samsung Chief Cleared in Bribery Scandal', http://www.ft.com/cms/s/0/17f4f6fe-6d0f-11da-90c2-0000779e2340.html#axzz1VOeXeBaF

57. 현재 가장 일반적으로 활용되고 있는 사회책임경영 표준은 2010년 발표된 ISO 26000, GRI 보고 지침, 그리고 지속가능성에 대한 검증 원칙과 절차에 대한 표준인 AA1000 AS 및 APS다. 기본적으로 ISO 26000은 사회책임에 대한 전반적 테마, 이슈와 실행지침을 다루는 국제 표준이며, GRI는 기업사회책임의 성과 보고를 위한 지침, 그리고 AA1000은 검증에 대한 실질적 국제표준(De-facto standard)으로 이해될 수 있다. (《한겨레》 2011.04.27)

58. 《한겨레》(2012.01.29) http://www.hani.co.kr/arti/economy/economy_general/516540.html

59. 'International Tobacco Online' http://www.internationaltobaccoonline.com/kenya-farmers-dissatisfaction-intensified-transnational-tobacco-companies-p-953.html

60. 이는 쉘의 전체 매출의 13%정도를 차지하며 2000년 이후 10년간 쉘의 비즈니스 확장의 주요 원천이 될 것으로 전망됐다. 애널리스트들은 2001-2006년 사이 쉘 사업 확장매출의 56%정도가 나이지리아에서 나올 것으로 분석했다.

61. 이에 대해 쉘 측은 '총과 칼로 무장한 사람들이 직원들을 내쫓고 1250만 달러에 달하는 금전을 요구했다'며 '그래서 부서장이 경찰 보호를 요청하는 편지를 보냈다'고 항변했다. 그러나 1995년 NGO인 인권 감시단(Human Rights Watch)의 리포트에 따르면 '회사측은 마을 젊은이들의 평화적인 시위가 석유 배관시설 지역에서 행해지기도 전에 첫 보호요청을 보냈다'고 밝히고 있다.
62. 쉘석유가 나이지리아의 군부 독재자인 정권의 협조를 받아 사업을 영위하면서 나이지리아에서 저지른 일들은 1995년 전세계에 알려졌다. 당시 9명의 나이지리아 사회운동가들이 독재정부의 군인들에게 사살됐다. 이 중에는 쉘에 반대하는 환경론자였던 사로 위와(Saro Wiwa)가 포함됐다. 그는 나이지리아의 소수민족이었던 오고니(Ogonis)족을 이끌던 시인이었다. 오고니족은 그들의 터전인 니제르강 하류의 삼각지 지역에서 이뤄지는 쉘의 석유 시추에 반대해왔다. 1995년 이전에 수 천명의 오고니 사람들이 쉘에 반대하는 시위 중에 사망한 것으로 알려졌다.
63. Mintzberg H. (1983), 'THE CASE FOR CORPORATE SOCIAL RESPONSIBILITY', Journal of Business Strategy, Vol. 4 Issue: 2, pp.3-15.
64. Deborah Doane(2005), 'The Myth of CSR: The problem with assuming that companies do well while also doing good is that markets don't really work that way'. 《Stanford Social Innovation Review》, Fall 2005, pp. 23-29.
65. 상동
66. 상동
67. 《한국경제》(2012.03.09)
68. 《한겨레 21》(2011.10.10)
69. 1982년 11월 6일 PRSA 전국총회에서 채택된 'PR은 조직과 공중이 서로 적응하도록 돕는다(Public relations helps an organization and its publics adapt mutually to each other)'는 종전 PR의 정의는 2012년 3월에 미국PR협회에 의해 다시 개정되었다. PR은 '조직과 공중 사이에 서로 유익한 관계를 구축하는 전략적 커뮤니케이션 과정(Public Relations is a strategic communication process that builds mutually beneficial relationships between organizations and their publics)'이란 의미로 재탄생 됐다. '관계'와 '전략', '커뮤니케이션'의 세 가지 중요 요인이 접목된 것.
70. Porter, M. & Kramer, M. (2002), 'The Competitive Advantage of Corporate Philanthropy', 《Harvard Business Review》, December 2002, pp. 57-68.
71. 《Time》(2008.07.31), Bill Gates, 'Making Capitalism More Creative'http://www.

time.com/time/magazine/article/0,9171,1828417,00.html
72. 상동
73. Tedx Cambridge, Michel Norton: How to buy happiness
74. 『가난 없는 세상을 위하여』(2008), 무하마드 유누스 저, 물푸레.
75. 상동 pp. 14.
76. 《경향신문》(2010.06.30) http://news.khan.co.kr/kh_news/khan_art_view.html?artid=201006301756305&code=970205
77. 유행만큼이나 발표된 논문, 책, 기관 리포트 등도 많고 이 분야의 용어정의는 수백 가지가 될 듯하다. 심지어는 같은 용어, 예를 들어 CSR만 해도 그 개념이 CSR1, CSR2 심지어는 CSR 3 등으로 다양하게 활용, 발전되고 있다.
78. Porter, M. & Kramer, M. (2002), 'The Competitive Advantage of Corporate Philanthropy', 《Harvard Business Review》, December 2002, pp. 57–68.

Porter, M. & Kramer, M. (2006), 'Strategy & Society: The Link Between Competitive Advantage and Corporate Social Responsibility', 《Harvard Business Review》, December 2006, pp. 78–93.

Porter, M. & Kramer, M. (2011), 'Creating shared Value: How to reinvent capitalism—and unleash a wave of innovation and growth', 《Harvard Business Review》, January–February.
79. 《동아일보》(2011. 12. 07) http://news.donga.com/3/all/20111206/42417955/1
80. 'CSR wire'에서 재인용
81. 《한국경제》(2012.01.26) '삼성그룹, MRO · 빵집까지 '속전속결' 철수한 까닭은?'
82. 《한국일보》(2012. 3.20) http://news.hankooki.com/lpage/people/201203/h2012032021081391560.htm
83. 《동아일보》(2012. 05.29) http://news.donga.com/3/all/20120528/46577610/1
84. 《한국경제》(2012.01.26) '삼성그룹, MRO · 빵집까지 '속전속결' 철수한 까닭은?'
85. 《조선비즈》(2012.07.08) http://biz.chosun.com/site/data/html_ir/2012/07/08/2012070800145.html
86. 『재벌들의 밥그릇』(2012), 곽정수 저, 홍익출판사.
87. 《동아일보》(2011. 12.07) http://news.donga.com/3/all/20111206/42417955/1
88. 『빅씽크 전략』(2008), 번트 H 슈미트 저, 권영설 역, 세종서적.
89. 세계적인 경영컨설팅사인 베인 앤 컴퍼니(Bain & Company) 혁신 및 유통부문 글로벌 대표인 대럴 릭비(Darrell Rigby)가 2009년 내한해 발표한 사례와 이야기

에서 발췌. IGM세계경영연구원에서 한국 CEO들을 대상으로 '좌뇌형 인재와 우뇌형 인재, 즉 양쪽 뇌(Both Brain)의 팀워크가 혁신 성공의 제 1 조건'이라고 밝혔다.

90. BBC (2007.07.05) http://www.bbc.co.uk/news/world-asia-18718486
91. 《한국경제》(2012.03.21) http://www.hankyung.com/news/app/newsview.php?aid=201203219233g

    《중앙일보》(2012.03.22) http://article.joinsmsn.com/news/article/article.asp?total_id=7682696&cloc=olink|article|default
92. 『넛지』(2008), 리처드 탈러, 캐스 선스타인 저, 안진환 역, 리더스북.
93. 《조선일보》(2012.05.10) http://biz.chosun.com/site/data/html_dir/2012/05/10/2012051000802.html

KI신서 4350

착한 기업의 불편한 진실

1판 1쇄 인쇄 2012년 10월 23일
1판 1쇄 발행 2012년 10월 29일

지은이 김민조
펴낸이 김영곤 **펴낸곳** (주)북이십일 21세기북스
부사장 임병주
출판사업부문 총괄본부장 주명석
MC기획1실장 김성수 **BC기획팀** 심지혜 장보라 양은녕
편집팀장 박상문 **책임편집** 조유진 **디자인 표지** 정 란 **본문** 모아
마케팅영업본부장 최창규 **마케팅** 김현섭 강서영 최혜령 김다영 **영업** 이경희 정병철 박용희
출판등록 2000년 5월 6일 제10-1965호
주소 (우 413-756) 경기도 파주시 회동길 201
대표전화 031-955-2100 **팩스** 031-955-2151 **이메일** book21@book21.co.kr
홈페이지 www.book21.com
21세기북스 트위터 @21cbook **블로그** b.book21.com

ⓒ 김민조, 2012

ISBN 978-89-509-4107-9 03320
책값은 뒤표지에 있습니다.

이 책 내용의 일부 또는 전부를 재사용하려면 반드시 (주)북이십일의 동의를 얻어야 합니다.
잘못 만들어진 책은 구입하신 서점에서 교환해 드립니다.